W0064312

Zu diesem Buch

Wen frustrieren sie nicht, die chaotischen Auseinandersetzungen, wo Argumente weggeredet und Gesprächspartner kleingemacht werden? Wer jedoch Probleme lösen, Meinungsdifferenzen ausgleichen und gemeinsames Handeln anregen will, der muß Regeln und Techniken der Diskussion beherrschen. Dieser Kurs weist ebenso leicht verständlich wie praxisnah den Weg zu vernünftigem Argumentieren: von den Prinzipien der Diskussion – Begründungspflicht, Sachlichkeit, redlicher Bezug auf Gesagtes, logische Gültigkeit – über die Muster für Argumentationen zu angemessenen und wirksamen rhetorischen Figuren.

Manfred Kienpointner, 1955 in Hall in Tirol geboren, studierte Klassische Philologie (Lehramt) und Allgemeine Sprachwissenschaft (Doktorat) an der Universität Innsbruck. 1981 Assistent am Institut für Klassische Philologie, 1982 Promotion, seit 1990 Universitätsdozent für Allgemeine Sprachwissenschaft sowie Linguistik des Lateinischen und Griechischen an der Geisteswissenschaftlichen Fakultät der Universität Innsbruck. Seine Dissertation «Argumentationsanalyse» erschien in den «Innsbrucker Beiträgen zur Kulturwissenschaft» und wurde mit dem Förderpreis der Stadt Innsbruck ausgezeichnet. Die Habilitationsschrift wurde 1992 unter dem Titel «Alltagslogik» in der Reihe «problemata» (Frommann/Holzboog, Stuttgart) veröffentlicht.

Manfred Kienpointner

Vernünftig argumentieren

Regeln und Techniken
der Diskussion

Rowohlt

Originalausgabe
Veröffentlicht im Rowohlt Taschenbuch Verlag GmbH,
Reinbek bei Hamburg, Mai 1996
Copyright © 1996 by Rowohlt Taschenbuch Verlag GmbH,
Reinbek bei Hamburg
Redaktion Wolfgang Müller
Umschlaggestaltung: Philipp Starke
(Illustration: unter Verwendung eines Freskos
von Cesare Maccari, 1889,
«Cicero beschuldigt Catilina im Senat der Verschwörung»/
Archiv für Kunst und Geschichte, Berlin)
Satz Garamond (Linotronic 500)
Gesamtherstellung Clausen & Bosse, Leck
Printed in Germany
1490-ISBN 3 499 60109 5

Inhalt

Vorwort   7

1. Prinzipien vernünftigen Diskutierens

Was heißt schon «vernünftig»?   11
Zehn Regeln für vernünftiges Diskutieren   25
    Regel 1: Redefreiheit   27
    Regel 2: Begründungspflicht   31
    Regel 3: Redliche Bezugnahme auf
              das Gesagte   34
    Regel 4: Sachlichkeitsgebot   38
    Regel 5: Redliche Bezugnahme auf
              implizite Voraussetzungen   45
    Regel 6: Gemeinsame Ausgangspunkte
              respektieren   48
    Regel 7: Verwendung plausibler
              Argumentationsmuster   54
    Regel 8: Logische Gültigkeit   56
    Regel 9: Annahme des Ergebnisses
              der Diskussion   63
    Regel 10: Klarheit des Ausdrucks und
              korrektes Verstehen   66
Zusammenfassung   71

2. Bausteine der Argumentation

Allgemeine Grundbegriffe   73
    Plausible Muster der Alltagsargumentation   83

Definitionen: inhaltliche Äquivalenz   83

Art – Gattung: Unter- und Überordnung   90

Teil – Ganzes: Enthaltensein und Einschließen   98

Vergleiche: Ähnlichkeiten und Unterschiede   103

Gegensätze: Widersprüche und Alternativen   116

Ursachen und Wirkungen, Mittel und Zwecke   129

Beispiele: Verallgemeinern und Illustrieren   157

Autoritäten: Fachleute und Respektspersonen   168

Analogien: indirekte Vergleiche   176

Zusammenfassung   183

3. Formulierungstechniken

Angemessenheit   185

Verständlichkeit   189

Sachlichkeit   201

Wirksamkeit   208

  Lautfiguren   210

  Wort- und Satzfiguren   216

    Wiederholungsfiguren   216

    Auslassungsfiguren   221

    Umstellungsfiguren   224

    Austauschfiguren   226

  Text-/Dialogfiguren   240

Zusammenfassung   258

Literaturhinweise   261

Vorwort

MARIANNE: Ich weiß, warum Katarina und Peter eine Hölle haben.
JOHAN: Aha.
MARIANNE: Sie sprechen nicht die gleiche Sprache.
(Ingmar Bergman: Szenen einer Ehe, 1. Szene)

Die Grenzen meiner Sprache bedeuten die Grenzen meiner Welt.
(Ludwig Wittgenstein: Tractatus logico-philosophicus, 5.6)

Argumentieren gehört zu den gewaltfreien Formen der Lösung von Konflikten. Argumentieren ist ein Versuch, durch Austausch von Argumenten eine gemeinsame Sprache und damit eine gemeinsame Sicht der Welt zu finden oder wiederherzustellen.

Gleichzeitig wird mit diesem Versuch, durch Diskussion und nicht etwa durch Gewalt Meinungsverschiedenheiten auszugleichen und eine gemeinsame Handlungsbasis zu finden, der berechtigte Anspruch verbunden, solche Lösungen seien vernünftig. So gesehen kommt argumentativen Auseinandersetzungen in den modernen Industriegesellschaften mit ihren zahlreichen konfliktträchtigen Problemen im öffentlichen und privaten Bereich eine überragende Bedeutung zu.

Es ist daher kein Wunder, wenn seit vielen Jahren eine Flut von einschlägigen Ratgebern, Einführungen und Nachschlagewerken erscheint: Die Palette reicht von praktisch orientierten Einführungen in die (dialogische) Rhetorik über Handbücher der Gesprächsführung bis hin zu anspruchsvolleren theoretischen Darstellungen.

Die Unterschiede dieser Ansätze und Perspektiven bringen ein Dilemma mit sich: Praxisbezogene Einführungen sind weitgehend erfolgsorientiert, sie lassen sich somit ungeachtet ihres oft hohen praktischen Werts dahingehend kritisieren, daß ethische Überlegungen meist zu kurz kommen. Andererseits stellen anspruchsvolle Arbeiten zur Argumentation oft sehr strenge Normen für

Vernünftigkeit auf, die zwar hohen theoretischen und moralischen Ansprüchen genügen, aber für die Praxis weitgehend unfruchtbar bleiben.

Im vorliegenden Buch versuche ich daher, ausgehend von strengeren Normen der rationalen Führung von Dialogen, Strategien vorzuschlagen, wie diese Normen praxisnah abgemildert werden können und dennoch in den oft ziemlich chaotischen Auseinandersetzungen des Alltags möglichst viel Vernunft umgesetzt werden kann. Dabei geht es insbesondere darum, die Probleme der Sachauseinandersetzung (Inhaltsebene) mit Problemen der persönlichen Beziehung der Gesprächsteilnehmer (Beziehungsebene) in Zusammenhang zu bringen (Kapitel 1).

Weiter behandle ich einen wichtigen Bereich sehr ausführlich, der in den meisten einschlägigen Darstellungen gar nicht oder viel zu knapp erörtert wird: Für eine vernünftige Konfliktlösung durch Argumentieren ist es unerläßlich, die verschiedenen Arten und Typen von plausiblen Argumenten genau zu kennen und auf ihre formalen und inhaltlichen Stärken und Schwächen hin zu analysieren. Ich stelle daher etwa 30 wichtige Muster der alltäglichen Argumentation ausführlich dar und grenze sie von fragwürdigen oder fehlerhaften Formen des Argumentierens (den Trugschlüssen) ab (Kapitel 2).

Schließlich wird die alte Einsicht der Rhetorik, daß die wirkungsvolle Formulierung von Argumenten einen entscheidenden Anteil am Überzeugungsprozeß hat, mit den Ansprüchen auf Vernünftigkeit der Dialogführung gekoppelt. Entsprechend präsentiere ich in einer systematischen Übersicht effiziente Formulierungstechniken, die die bestmögliche argumentative Konfliktlösung im Interesse aller am Dialog Beteiligten erleichtern, ohne jedoch deshalb zu unfairen Tricks oder bloßer Schönfärberei zu degenerieren (Kapitel 3).

Die drei Teile dieses Buches hängen zwar inhaltlich eng zusammen; sie können jedoch auch einzeln mit Gewinn gelesen werden, falls ein spezielles Interesse zum Beispiel nur an den Diskussionsregeln oder an den Formulierungstechniken besteht.

Alle Regeln, Muster und Techniken des Argumentierens werden durch zahlreiche Beispiele veranschaulicht. Die meisten dieser Beispiele sind im Interesse der Lesbarkeit leicht abgewandelte authentische Ausschnitte aus privaten und öffentlichen Diskussionen. Zur inhaltlichen Ergänzung und Auflockerung werden auch häufig Beispiele aus literarischen Dialogen und witzigen Anekdoten angeführt. Solche Beispiele sind außerdem gut geeignet, Trugschlüsse und andere Abweichungen vom rationalen Argumentieren und Formulieren wie im Zerrspiegel zu veranschaulichen.

Meine Darstellung fußt besonders auf der antiken und mittelalterlichen Rhetorik und Dialektik (= der Lehre von der rationalen Diskussionsführung), vor allem auf den fundamentalen Darstellungen des Aristoteles (seiner Rhetorik und seiner Topik), sowie auf den zeitgenössischen Fortsetzern dieser Tradition wie den Philosophen Stephen Toulmin und Chaim Perelman. Bei der Formulierung der Normen vernünftigen Argumentierens folge ich weitgehend den Linguisten Frans H. van Eemeren und Rob Grootendorst, die einen «pragmadialektischen» (von pragma = Handlung; dialektisch = dialogorientiert) Ansatz entwickelt haben.

Aus dem bisher Gesagten geht bereits deutlich hervor, daß mein Buch vorwiegend auf dialogische Argumentation ausgerichtet ist. Das rechtfertigt sich auch dadurch, daß die Mehrzahl der gängigen Rhetorikeinführungen eher das monologische Halten von Reden in den Vordergrund stellt.

Meine Arbeit ist als Grundlage für Anwendungen in allen Bereichen gedacht, wo privates und öffentliches Diskutieren gelehrt wird: im Deutschunterricht, in Rhetorik-Seminaren, in Kursen für Gesprächsführung sowie in Management-Seminaren. Mein Hauptziel ist, das reiche Wissen, das in zwei Jahrtausenden der Beschäftigung mit Techniken des plausiblen und wirkungsvollen Diskutierens gesammelt worden ist, in konzentrierter Form allgemein verfügbar zu machen. Um die praktische Umsetzbarkeit des Buches zu steigern, habe ich auf eine ausführliche Auseinandersetzung mit der einschlägigen wissenschaftlichen Literatur verzichtet. Ebenso wird von einer streng wissenschaftlichen Zitierweise Abstand genommen. Hinweise auf die reiche, mehr als zwei Jahrtausende umfassende Auseinandersetzung mit Prinzipien, Strategien und Techniken der Rhetorik, Dialektik und Argumentation finden sich jedoch in den Literaturhinweisen am Ende des Buches. Zur leichteren Orientierung habe ich diese Hinweise jeweils kurz kommentiert.

Ich wende mich in gleicher Weise an Männer und Frauen, orientiere mich jedoch am traditionellen Sprachgebrauch, nach dem bei Personenbezeichnungen maskuline Formen für Männer **und** Frauen verwendet werden. In allen Fällen, wo ich nicht ausdrücklich auf ein Geschlecht Bezug nehme, sind daher mit Ausdrücken wie «Gesprächspartner» oder «Diskussionsteilnehmer» männliche **und** weibliche Personen gemeint.

An dieser Stelle möchte ich allen zuständigen Stellen für die Ermöglichung eines einjährigen Forschungsaufenthaltes an der Universität Amsterdam 1990–91 (im Rahmen eines Schrödinger-Stipendiums) danken: So wurde mir möglich, die Grundlagen für dieses Buch zu schaffen. Vor allem bin ich meinen niederländischen Kollegen Frans H. van Eemeren und Rob Grootendorst zu Dank verpflichtet, die diesen Aufenthalt durch ihre stete Hilfsbereitschaft zu einem bereichernden Erlebnis machten und mit ihren Ideen wesentlich zu diesem Buch beitrugen. Danken möchte ich auch meiner Frau für ihre Geduld und moralische Unterstützung, aber auch für ihre zahlreichen kritischen Anmerkungen zu dieser Arbeit, die Schwachpunkte in meiner Argumentation ebenso unerbittlich wie kritisch-heilsam aufdeckten. Schließlich möchte ich Herrn Wolfgang Müller vom Rowohlt Taschenbuch Verlag für viele Anregungen und Verbesserungsvorschläge meinen Dank aussprechen.

Innsbruck, November 1995

Ich schlage vor, alle Gedanken, Gefühle oder Handlungen als rational zu bezeichnen, die das adäquate Funktionieren und Wachstum des Ganzen, von dem sie einen Teil bilden, fördern, und als irrational alles, was dazu tendiert, das Ganze zu schwächen oder zu zerstören.
(Erich Fromm: Anatomie der menschlichen Destruktivität. Dritter Teil, Kap. 10)

Was heißt schon «vernünftig»?

Platon hat in seinen Dialogen Paradebeispiele vernünftigen Diskutierens stilistisch meisterhaft gestaltet: Sokrates und die jeweils am Gespräch Beteiligten versuchen meist, der Lösung des Sachproblems näherzukommen, bleiben bei dem, was sie gesagt haben und verzichten weitgehend auf persönliche Attacken. Dies gilt selbst für die von Platon sonst so scharf kritisierten Sophisten, zum Beispiel den Redner Gorgias, wie die folgende Passage aus dem gleichnamigen Dialog über die Redekunst zeigt; dort wird zugleich das niedrige Niveau vieler alltäglicher Diskussionen beklagt (Gorgias 457 c–458 b):

SOKRATES: Ich denke, Gorgias, auch du wirst schon vielen Unterredungen beigewohnt und dieses dabei bemerkt haben, daß nicht leicht eine Zusammenkunft so auseinandergehen kann, daß sie dasjenige, worüber sie zu sprechen unternahmen, gemeinschaftlich bestimmt und so einander belehrt und voneinander gelernt hätten; vielmehr, wenn sie über etwas uneins sind und einer den andern beschuldigt, er rede nicht richtig oder nicht bestimmt, so erzürnen sie sich und meinen, der andere sage so

11

etwas aus Mißgunst gegen sie, weil er nämlich nur um seine Ehre sich ereifere beim Gespräch, nicht aber den vorliegenden Gegenstand suche. Ja, einige gehen zuletzt auf die schändlichste Art auseinander mit Schimpfreden und indem sie dergleichen Dinge einander anzuhören geben, die es sogar den Anwesenden leid machen für sich selbst, daß sie solcher Leute Zuhörer haben sein gewollt. Weshalb nun sage ich dies? Weil mich dünkt, du sagst jetzt etwas nicht Folgerechtes und nicht Zusammenstimmendes mit dem, was du vorher sagtest von der Redekunst. Ich fürchte mich aber, dich zu widerlegen, damit du nicht denkst, ich sage es nicht im Eifer auf die Sache, daß sie uns offenbar werde, sondern auf dich. Bist du nun eben ein solcher als ich, so möchte ich dich gern durchfragen; wo nicht, so würde ich es lassen. Und von welchen bin ich einer? Von denen, die sich gern überführen lassen, wenn sie etwas Unrichtiges sagen, aber auch gern selbst überführen, wenn ein anderer etwas Unrichtiges sagt; nicht unlieber jedoch jenes als dieses. Denn für ein größeres Gut halte ich jenes um soviel, als es ja besser ist, selbst von dem größten Übel befreit zu werden, als einen anderen davon zu befreien. Denn nichts, denke ich, ist ein so großes Übel für den Menschen, als irrige Meinungen über das, wovon jetzt die Rede ist unter uns. Behauptest nun auch du ein solcher zu sein, so wollen wir weiter reden; dünkt dich aber, daß wir es lassen müssen, so wollen wir es immerhin lassen und die Unterredung aufheben.

GORGIAS: Allerdings behaupte auch ich ein solcher zu sein, wie du jetzt vorzeigst.

Heute nicht anders als zur Zeit Platons passiert es allerdings allzuhäufig, daß Leute «zuletzt auf die schändlichste Art auseinander-(gehen) mit Schimpfreden». Besonders bei gestörten Beziehungen eskalieren Streitgespräche oft in Schimpfduelle oder sogar brachiale Auseinandersetzungen. Dies führt der folgende Ausschnitt aus Ingmar Bergmans «Szenen einer Ehe» in besonders drastischer Weise modellhaft vor Augen (S. 164 f). Johan und Marianne haben sich getroffen, um ihre Scheidungspapiere zu unterzeichnen. Es gelingt ihnen nicht, sich über die Details der Scheidung zu einigen. Schließlich will Marianne gehen:

MARIANNE: Es ist spät. Kann ich ein Taxi bestellen?

JOHAN: Du mußt erst eine Null wählen, dann hast du eine Amtsleitung.

MARIANNE: *(telefoniert)*: Guten Abend. Kann ich einen Wagen in die Malmrosgatan fünfundvierzig bekommen? Kommt sofort? Danke. *(Legt auf)* Willst du mit mir fahren? Es hat keinen Sinn, daß du deinen eigenen Wagen nimmst. Du hast zuviel getrunken.

JOHAN: Ich bleibe noch ein Weilchen hier.

MARIANNE: Tu's nicht, Johan. Komm jetzt bitte mit. Es tut dir gar nicht gut, wenn du hier allein sitzen bleibst und vor dich hinbrütest.

JOHAN: Das laß nur meine Sorge sein.

MARIANNE: Komm jetzt, Johan.

JOHAN: Ich finde, du solltest noch ein bißchen bleiben.

MARIANNE: Ich möchte aber nicht länger bleiben.

JOHAN: Bitte, geh nicht.

MARIANNE: Fang nicht so an, lieber Johan. Du bist nur müde und betrunken.

JOHAN: Du sollst nicht gehen!

MARIANNE: Laß mich vorbei!

JOHAN: Ich lasse dich nicht gehen.

MARIANNE: Mach dich nicht lächerlich!

JOHAN: Mach dich doch selbst nicht lächerlich.

MARIANNE: Solchen Blödsinn haben wir in unserer Ehe nun wirklich nie gemacht. Wir sollten uns das auch jetzt ersparen. Ich bitte dich, gib mir den Schlüssel.

JOHAN: Ich scheiße vollständig auf alles, was du jetzt vorbringst. Jetzt sehe ich, wie es in Mariannes perfekt durchgeplantem Schädel summt! Was mache ich jetzt nur? Ist er verrückt geworden? Will er mich vielleicht schlagen?

MARIANNE: Wenn du wissen willst, was ich denke, so finde ich dich nur wahnsinnig komisch.

13

JOHAN: Aha, komisch bin ich also? Warum lachst du dann nicht? Ich muß sagen, du siehst eher ängstlich aus.

MARIANNE: Laß mich zumindest anrufen und das Taxi abbestellen.

JOHAN: Warum das denn? Der Fahrer wartet zehn Minuten, und dann haut er ab. Setz dich jetzt hin. Immer mit der Ruhe. Das hier wird lange dauern, das verspreche ich dir.

MARIANNE: Also, bitte. Na, was hast du mir zu sagen?

JOHAN: Nichts. Ich will dich nur ansehen.

MARIANNE: Bitte sehr. *(Lächelt höhnisch)* Eigentlich ist dies genau das, was man von einem Kerl wie dir erwarten kann. Ich würde gern wissen, wie oft ich von Berufs wegen in Scheidung lebende Frauen davor gewarnt habe, mit ihren übervorteilten Ehemännern in einem Raum allein zu sein. Ich muß zugeben, daß ich nie für möglich gehalten hätte, einmal selbst in diese Lage zu kommen.

JOHAN: Halt die Schnauze!

MARIANNE: Glaubst du, ich habe Angst? *(Schüttelt den Kopf)* Wenn du's genau wissen willst: Mir ist vollkommen gleichgültig, was du jetzt unternimmst.

JOHAN: Halt die Schnauze, habe ich gesagt! *(Er schlägt sie)*

MARIANNE: Du bist wohl verrückt geworden. *(Schlägt zurück)*

Natürlich drängt sich angesichts eines solchen Extremfalles die Frage auf, ob und wie die vielen weniger hoffnungslosen, aber ebenfalls aggressiv und unsachlich geführten Diskussionen des Alltags auf ein vernünftigeres Niveau gehoben werden können. Dies wirft außerdem die Frage auf, was überhaupt «vernünftig» zu nennen ist. Es stellt sich weiter die Frage, ob nicht zwischen dem Chaos des Bergmanschen Dialogs und dem (allzu) edlen Betragen der idealisierten Gestalten in den platonischen Dialogen ein Mittelweg gangbar sein könnte.

Ich glaube, daß die letzte Frage ohne weiteres mit Ja zu beantworten ist. Es gibt sogar eine ganze Reihe von Stufen zwischen hoffnungslos verfahrenen Dialogen wie dem oben angeführten und idealen Dialogen wie Platons philosophischen Modelldiskus-

14

sionen. Meines Erachtens gibt es auch verschiedene Grade und Stufen von «Vernunft», je nach Gesprächsart, Teilnehmern und Sprechsituation. So kann in einem gewissen Sinn auch ein hochgradig emotionales Streitgespräch «vernünftig» sein, sofern es nämlich den Beteiligten ermöglicht, angestaute Aggressionen zu entladen, spontan Emotionen zu äußern (und nicht mühsam zu unterdrücken) und somit das Gesprächsklima von Spannungen durch ein «reinigendes Gewitter» zu befreien. Es handelt sich dann allerdings um «konstruktives Streiten», bei dem es nicht ausschließlich um völligen Sieg oder totale Niederlage geht, sondern für alle Beteiligten noch ein gewisser positiver Effekt möglich bleibt. In «persuasiven Dialogen» (zum Beispiel Verkaufsgesprächen oder Dialogen mit dem Ziel der politischen Beeinflussung oder religiösen Bekehrung) ist «vernünftig», was dem Ziel der Überredung oder Überzeugung der jeweiligen Gesprächspartner optimal nützt. Dabei kommt es je nach Berufsethos oder Weltanschauung mehr oder weniger skrupellos auch zum Einsatz von manipulativen Techniken. Es gibt jedoch auch Beeinflussungsdialoge, denen eine ehrliche Überzeugung von der Rechtmäßigkeit des eigenen Standpunktes und der Vernünftigkeit der eingesetzten persuasiven Techniken zugrunde liegt. In einem ähnlichen Sinn ist auch das vorrangige Vertreten von egoistischen Interessen «vernünftig» bzw. «zweckrational», wenn in einem weiteren Gesprächstyp, der «Verhandlung» (zum Beispiel in der Wirtschaft, vor Gericht oder in der Politik) alle Techniken der Diskussion legitimerweise dem eigenen Vorteil oder dem Interesse der Gruppe, für die man eintritt, untergeordnet werden. Dies schließt natürlich nicht aus, daß wir in Verhandlungen häufig Kompromisse eingehen und somit auch die Interessen der Gegenseite berücksichtigen. In demokratischen Gesellschaften ist der Ausgleich zwischen den verschiedenen Interessen sogar institutionell vorgegeben, indem alle Beteiligten zu Wort kommen oder vertreten werden (Staatsanwalt gegen Verteidiger, Regierung gegen Opposition, Unternehmer gegen Gewerkschaft). In dem Gesprächstyp «kritische Diskussion» die in diesem Buch vorrangig behandelt wird, bedeutet «Vernunft», daß wir von vornherein nicht ausschließlich das Ziel verfolgen, die eigenen Interessen so vollständig wie möglich durchzusetzen, sondern daß ein (selbst)kritischer Abstand zu den strittigen Positionen eingenommen wird. Als Hauptziel des Gesprächs wird das gemeinsame Interesse der Gesprächsteilnehmer oder zumindest ein ausgewogener Interessenausgleich angestrebt. Ein Idealtyp vernünftigen Argumentierens ist schließlich die wissenschaftlich-philosophische Diskussion, in der von Eigeninteressen vollständig Abstand genommen wird. Die Klärung der strittigen Frage stellt das alleinige Hauptziel und Hauptinteresse dar. Alle Regeln und Techniken der Diskussion werden nur so eingesetzt, daß vollkommene Rationalität der Diskussion erreicht wird.

Die eben vorgenommene Unterscheidung verschiedener Typen von Diskussionen mit jeweils verschiedenen Vernunftansprüchen soll nicht vorspiegeln, daß sich in der Praxis die entsprechenden Dialoge scharf voneinander abgrenzen lassen. Die emotionalen Elemente des Streitgesprächs tauchen auch in Verhandlungen, kritischen Diskussionen und sogar in wissenschaftlich-philosophischen Dialogen auf. Eine gewisse Emotionalität ist sogar unentbehrlich, da sie in den «vernünftigeren» Diskussionstypen belebend auf das Gesprächsklima einwirken und zur schnelleren Einigung in den strittigen Punkten beitragen kann. Beeinflussungsstrategien oder die Betonung des Eigeninteresses spielen nicht nur in persuasiven Dialogen und Verhandlungen eine wichtige Rolle. Umgekehrt können auch beim Streiten durchaus plausible Argumente geäußert werden, und kluge Verhandler kalkulieren auch das Fremdinteresse in ihre Strategien ein, um die Verhandlungspartner zu gewinnen und nicht vor den Kopf zu stoßen.

Es gibt somit verschiedenste Gesprächstypen, in denen Argumente eine unterschiedlich wichtige Rolle spielen und unterschiedliche Standards für «Vernünftigkeit» des Argumentierens vorliegen. Sie können auf der folgenden Skala angeordnet werden, bei der von links nach rechts die Prägung des Gesprächs durch Emotionen, persuasive Techniken und egoistische Interessen immer mehr abnimmt, die kritische Distanz, der Gebrauch

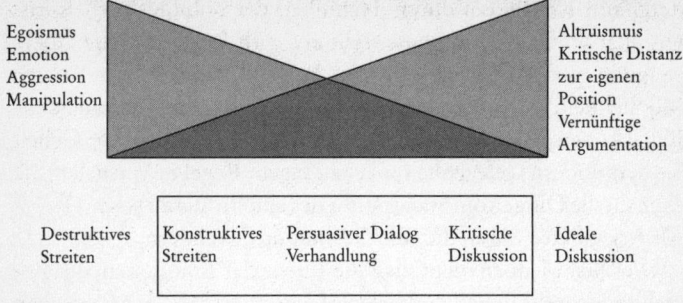

| | Egoismus
Emotion
Aggression
Manipulation | | | | Altruismuis
Kritische Distanz
zur eigenen
Position
Vernünftige
Argumentation |
| Destruktives
Streiten | Konstruktives
Streiten | Persuasiver Dialog
Verhandlung | Kritische
Diskussion | Ideale
Diskussion |

plausibler Argumente und das gemeinsame Interesse immer mehr zunehmen.

Unter den «mittleren» Dialogtypen nimmt die kritische Diskussion insofern eine Sonderstellung ein, als sie durch mehr Distanz zum eigenen Standpunkt, stärkere Orientierung am gemeinsamen Interesse sowie Betonung der Sachebene gekennzeichnet ist. Die in diesem Buch vorgeschlagenen Regeln und Techniken dienen dementsprechend in erster Linie der Sachebene, das heißt, der sachlichen Klärung strittiger Fragen und Probleme. Das unterscheidet sie etwa von den Vorschlägen des Psychologen Frank Naumann, der zehn Regeln für das konstruktive bzw. «produktive» Streiten formuliert, die mehr das emotionale Klima und die Beziehung zwischen den Gesprächspartnern betreffen, zum Beispiel Regel 1: Am Anfang jedes produktiven Streits steht die *Suche nach dem Ziel* der Auseinandersetzung; Regel 4: Bei jedem Streitthema sollte über die *persönlichen Gefühle* gesprochen werden, die es beim Partner auslöst; Regel 6: Produktive Streiter achten auf *Warnsignale* des Partners; Regel 8: *Nie* den Partner *in die Enge treiben!* Regel 9: Auf *Wutanfälle* reagiert ein guter Streiter *mit Gelassenheit.*

Die Betonung der Sachebene unterscheidet sie auch von den Ratschlägen des Kommunikationsexperten Dale Carnegie, die auch eher auf der Beziehungsebene angesiedelt sind. Anders als Naumann empfiehlt Carnegie jedoch im allgemeinen die Vermei-

17

dung von Konflikten durch Techniken der reibungslosen Kommunikation. In diesem Sinne stellt er zwölf Regeln für die Überzeugung von Menschen auf, zum Beispiel Regel 1: Die einzige Möglichkeit, einen Streit zu gewinnen, ist, ihn zu vermeiden; Regel 4: Versuchen Sie es stets mit Freundlichkeit; Regel 5: Geben Sie dem andern Gelegenheit, «ja» zu sagen; Regel 8: Versuchen Sie ehrlich, die Dinge vom Standpunkt des andern aus zu sehen; Regel 10: Appellieren Sie an die edle Gesinnung des andern.

Dies heißt jedoch nicht, daß die Ebene der Emotionen, der Beziehungskonflikte und der realen Machtunterschiede in kritischen Diskussionen völlig ausgeklammert wird. Gerade darin unterscheiden sich meine Ratschläge von zahlreichen philosophischen Ansätzen zum vernünftigen Argumentieren: Sie betreffen zwar vorwiegend die Sachebene, wollen jedoch die realen Umstände alltäglichen Diskutierens nicht einfach «wegidealisieren». Zur genaueren Abgrenzung gegenüber idealen Modellen der Argumentation und Diskussionsführung möchte ich im folgenden eine Liste sehr strenger Anforderungen für vernünftiges Argumentieren vorstellen, wobei ich vor allem die Vorschläge des Soziologen und Philosophen Jürgen Habermas aufgreife:

I. Sach- bzw. Inhaltsebene:
1. Es sollen nur objektiv wahre oder zumindest wahrscheinliche Argumente genannt werden, das heißt, nach den besten sachlichen Maßstäben der jeweils zuständigen wissenschaftlichen Fachdisziplin vertretbare Argumente.
2. Diese Argumente sollten keine für die Diskussion wichtigen Inhalte unausgedrückt (= implizit) lassen, das heißt, sie sollen möglichst vollständig (= explizit) formuliert sein.
3. Die Argumente sollen logisch gültigen Schlußschemata folgen. Logische Gültigkeit liegt vor, wenn bei Wahrheit der Voraussetzungen (= Vordersätze = Prämissen) die Folgerungen nicht falsch sein können: Die Wahrheit der Folgerungen ist somit bei Wahrheit der Prämissen automatisch garantiert. Falls die Vordersätze zwar nicht wahr, aber zumindest wahrscheinlich sind, wird durch die Verwendung logisch gültiger Schlußschemata

zumindest garantiert, daß die Folgerungen nicht weniger wahrscheinlich sind als das Produkt der Wahrscheinlichkeiten der Vordersätze des Schlusses.

4. Die Argumente sind in einer vollkommen neutralen, sachlichen Sprache zu formulieren.

II. Beziehungsebene:

1. Die am Gespräch Beteiligten dürfen sich in keiner Weise zu täuschen oder zu manipulieren versuchen: Es muß vollkommen ehrlich argumentiert werden.

2. Die Gesprächsteilnehmer müssen emotionelle Barrieren, Sympathien und Antipathien in bezug auf ihre Gesprächspartner völlig unter Kontrolle haben, das heißt, in ihrer Urteilsfähigkeit keinerlei Neigungen zu einseitiger Bevorzugung oder Benachteiligung von Diskussionsteilnehmern unterworfen sein.

3. Die argumentierenden Personen dürfen nicht durch Müdigkeit, Verwirrung oder seelisch-geistige Störungen in ihrer Urteilsfähigkeit eingeschränkt sein. Sie dürfen sich auch nicht über ihre eigenen Motive und Meinungen im unklaren sein, indem sie etwa unbewußt etwas anderes oder sogar das Gegenteil von dem bezwecken, was sie tatsächlich in der Diskussion äußern. Daraus folgt: Man muß geistig auf der Höhe sein und ein vollkommen klares und ungetrübtes Bild der eigenen Persönlichkeit haben.

III. Institutionelle Ebene:

1. Es darf keinerlei Unterschiede in der Machtposition geben, das heißt, das Verhältnis der am Gespräch Beteiligten zueinander muß völlig symmetrisch sein. Die Rechte, zu Wort zu kommen und Argumente vorzubringen, müssen vollkommen gleich verteilt sein.

2. Es darf auch keine institutionellen Einschränkungen der Redezeit geben, das heißt, die Diskussion muß prinzipiell zeitlich offen (ohne fixe Obergrenze) sein.

3. Die Diskussion wird erst beendet, wenn ein für alle Beteiligten akzeptables Einverständnis erzielt worden ist.

Diese zehn Kriterien für vernünftiges Argumentieren sind ebenso ideal wie völlig unrealistisch. Es bleibt offen, wie jemand die Motivation aufbringen soll, sich auch nur zu bemühen, den oben angeführten Regeln und Prinzipien zu genügen. Aber auch bei bestem Bemühen wäre es äußerst schwierig, diese zu erfüllen, da sie in jeder Hinsicht utopische Anforderungen an Sachwissen, Logikkenntnisse, Selbstkontrolle, Selbsterkenntnis und Durchhaltevermögen der Diskussionsteilnehmer stellen und außerdem herrschaftfreie gesellschaftliche Institutionen voraussetzen.

Hier hilft auch das Zugeständnis nicht viel weiter, solche Regeln seien ausschließlich als idealer Maßstab gedacht, an dem reale, weniger ideale Argumentationen kritisch gemessen und überprüft werden können: Je näher am Maßstab, desto vernünftiger würden reale Diskussionen geführt. Es stellt sich nämlich sofort die Frage, wer diese kritische Überprüfung vornehmen soll und ob diese Person aufgrund ihrer eigenen Emotionen, Vorurteile und weltanschaulichen Bindungen überhaupt in der Lage ist, eine objektive kritische Prüfung zu leisten. Außerdem würden sich angesichts der realen Machtunterschiede in Institutionen «rationale» Argumente kaum gegen den Willen der Machthaber durchsetzen lassen, falls diese zur Ansicht gelangen, sie selbst hätten die «rationaleren» Argumente gefunden. Habermas' schöne Formel vom «zwanglosen Zwang» des besseren Arguments würde rasch im Strudel von realen Sachzwängen, emotionalen Vorurteilen und verbalen Machtkämpfen untergehen.

Es ist daher nicht erstaunlich, daß in praktischen Ratgebern fürs Argumentieren kritische Maßstäbe der Rationalität wenig Platz finden. Oft stehen beinahe ausschließlich «zweckrationale» Fragen des Erfolgs, der Überzeugungskraft oder der Wirksamkeit der eigenen Argumentation im Vordergrund. Solche Ratgeber können zwar für sich beanspruchen, der Realität viel näher zu kommen als idealisierte philosophische Modelle für rationales Argumentieren; auch enthalten sie so manchen nützlichen, da erfolgsorientierten Rat für den Alltag. Andererseits geht gegenüber den Fragen der Effizienz die Frage nach der kritischen Bewertung von Argumenten nahezu unter.

Daraus ergibt sich die Frage, ob nicht ein Mittelweg vorstellbar ist. Auf ihm sollten Regeln für vernünftiges Argumentieren in kritischen Diskussionen praktisch realisierbar sein, weil sie an verbreitete Muster und Techniken der Alltagsargumentation anschließen, deswegen aber nicht darauf verzichten, gewisse Ansprüche an die Plausibilität und ethische Vertretbarkeit von Argumenten zu stellen. Dazu müssen einerseits Abstriche an allzu ideale Forderungen an Argumentationen gemacht werden, andererseits muß zumindest teilweise auch das Eigeninteresse der Argumentierenden angesprochen werden, um Motivation für das Abgehen von rein erfolgsorientierter Diskussionstechnik zu schaffen.

Realistischere Anforderungen an Alltagsargumentationen könnten in einer ersten Auflistung folgendermaßen lauten:

1. Statt von einer – wie auch immer zu definierenden – objektiven Wahrheit soll vom **gemeinsamen Alltagswissen** ausgegangen werden. Das Alltagswissen umfaßt die von allen Gesprächsteilnehmern geteilten Ansichten über die Wahrheit oder Wahrscheinlichkeit von Argumenten sowie über die Plausibilität von Mustern der Alltagsargumentation. Fachwissen ist nur soweit einzubeziehen, als dies ohne allzu großen Zeitaufwand möglich ist oder Fachleute zugezogen werden können.

2. Statt von vollkommen expliziten Argumentationen soll von der im Alltag üblichen teilweise impliziten Argumentationsweise ausgegangen werden, schon aus Zeitersparnis. Im übrigen argumentieren auch Wissenschaftler teilweise implizit, sofern sie sich nicht durchwegs einer formalen logisch-mathematischen Sprache bedienen. **Nur im Bedarfsfall** – zum Beispiel beim Auftreten von Unklarheiten und Verständnisproblemen – sollen die Argumentierenden dazu verpflichtet sein, ihre impliziten Voraussetzungen offenzulegen.

3. Da zumindest in der Alltagssprache – oft aber auch in der Sprache der Wissenschaft – eine vollkommen neutrale, wertfreie Ausdrucksweise kaum möglich ist, kann das Auftreten parteilichen Sprachgebrauchs nicht von vornherein ausgeklammert

werden. Es ist daher nur anzustreben, eine **möglichst überparteiliche** Ausdrucksweise zu finden.

4. Die emotionale Färbung der eigenen Argumentationsweise muß bis zu einem gewissen Ausmaß akzeptiert werden, denn der Ausdruck von Emotionen wirkt **innerhalb bestimmter Grenzen belebend** auf das Diskussionsklima und kann nicht völlig unterdrückt werden, ohne daß dadurch eine kühle oder verkrampfte Stimmung entsteht. Auch Appelle an Emotionen wie Mitleid und Angst können nicht von vornherein als unseriöse Formen des Argumentierens ausgeklammert werden: Es kommt hier wesentlich auf den jeweiligen Zusammenhang an.

   Schließlich kann auch die Möglichkeit der Selbsttäuschung und eventueller Vorurteile über sich selbst und andere in der Praxis nicht von vornherein ausgeklammert werden. Ansonsten müßten jeder rationalen Argumentation langwierige Seminare zur Selbstfindung oder langjährige psychoanalytische Therapien vorausgehen.

   Es sollte daher nur versucht werden, soweit als möglich offen und ehrlich, das heißt, ohne **bewußte** Täuschung **anderer** zu argumentieren.

5. Reale Gesprächssituationen sind selten vollkommen symmetrisch. Es müssen also Mittel und Wege gefunden werden, auch in Diskussionen mit ungleich verteilten Rollen einen **möglichst fruchtbaren Austausch** von Argumenten zu ermöglichen.

6. Reale Diskussionen sind zeitlich begrenzt. Man muß sich also damit zufriedengeben, daß Diskussionen im Rahmen der vorgegebenen Zeit die **jeweils bestmögliche** argumentative Bearbeitung des strittigen Problems liefern.

7. Eben wegen der zeitlichen Begrenzung kann häufig nicht eine allgemeine Übereinstimmung erreicht werden. In diesem Fall ist oft schon dann sinnvoll argumentiert worden, wenn man sich über die **Ursachen der Uneinigkeit klar** geworden ist, übereilte Handlungen und Entscheidungen vermieden hat und bei einer späteren Gelegenheit die Diskussion auf einer klareren Basis fortsetzen kann.

Es bleibt die Frage nach der Motivation der Gesprächspartner. Wie können wir unser Eigeninteresse mit dem Anspruch auf möglichst vernünftige, nicht nur erfolgsorientierte Argumentation versöhnen? Die Antwort darauf lautet, daß «vernünftiges Argumentieren» nach den gerade genannten vorläufig nur knapp skizzierten sieben Forderungen weder bloß dem eigenen, egoistisch motivierten Interesse folgen soll noch sich allzu idealistisch oder geradezu selbstzerstörerisch Fremdinteressen zu unterwerfen hat. Statt dessen soll es möglichst eigenen und fremden Interessen **zugleich und in gleicher Weise** dienen. Daraus ergibt sich die folgende Kurzdefinition von rationalem bzw. vernünftigem Argumentieren im Rahmen von kritischen Diskussionen:

■ Die Sprecher A und B versuchen einander rational zu überzeugen, wenn sie Argumente unter den jeweils gegebenen realen Bedingungen in bestmöglicher Weise gebrauchen, um eine Einigung **in beiderseitigem Interesse** herbeizuführen. Zumindest sollen sie aber einen **ausgewogenen Interessenausgleich** anstreben.

Die jeweiligen Interessen betreffen dabei nicht nur die Sachebene, sondern auch die Beziehungsebene. Eine Einigung **nur** auf der Sachebene würde hier zu kurz greifen. Zum beiderseitigen Interesse gehört eben auch die beiderseitige Einbeziehung aller beziehungsstabilisierenden Faktoren. Dazu zählen gegenseitige Höflichkeit, Achtung der Person, Respektierung der emotionalen Bedürfnisse usw.

Falls eine Einigung im beiderseitigen Interesse möglich ist, liegt der günstige Fall vor, in dem von einer Synthese der Ausgangspositionen gesprochen werden kann. Falls ein Interessenausgleich möglich ist, entsteht zumindest noch ein akzeptabler Kompromiß, in dem beide/alle Parteien mehr oder weniger große Abstriche von ihren Ausgangspositionen machen mußten. Falls überhaupt keine Einigung gelingt, kann immerhin wenigstens eine Klärung der Interessengegensätze zustande kommen.

Wichtig ist in jedem Fall, daß **alle** Parteien mit unterschiedlichen

Interessen oder gegensätzlichen Positionen am Gespräch beteiligt sind oder ihre Interessen von Vertretern wahrgenommen werden. **Keinesfalls ist etwa eine Einigung als rational zu bezeichnen, in der sich etwa A und B ohne die Partei(en) C (D, E, F…) oder sogar auf deren Kosten in beiderseitigem Interesse einigen.**

Die Motivation zur kritischen Diskussion sollte allen Parteien auch die folgende Einsicht liefern: Zumindest auf lange Sicht lassen sich eigene Interessen nicht ohne Einbeziehung aller von einem Entscheidungsprozeß betroffenen Personen durchsetzen. Diese Auffassung ist nicht so idealistisch und realitätsfern, wie zunächst angenommen werden könnte. In den letzten zweihundert Jahren hat sich beinahe weltweit die folgende Einsicht durchgesetzt: Ein gedeihliches soziales Zusammenleben kann letztlich nur dadurch gewährleistet werden, daß gesellschaftliche Gruppen, die zunächst keinen oder geringen Anteil an Entscheidungsprozessen hatten, daran zunehmend beteiligt werden. So wurde im Laufe des 19. und 20. Jahrhunderts zunächst Bürgern, dann Arbeitern, schließlich Frauen und Jugendlichen von den politisch und wirtschaftlich Mächtigen – zwar widerstrebend, aber doch! – immer mehr Mitsprache bzw. Teilnahme an der Macht zugestanden. Entsprechend werden wichtige Entscheidungen zunehmend auf der Basis von Diskussionen in demokratisch legitimierten Gruppen, Gremien und Institutionen getroffen. Auch in der Welt der Wirtschaft werden traditionelle Befehlspyramiden im modernen Management immer mehr abgebaut zugunsten kooperativer Modelle, die die Eigenverantwortung betonen. Die geringsten Fortschritte auf diesem Gebiet sind in feudal oder totalitär regierten Ländern der Dritten Welt zu verzeichnen. Auch die politischen und wirtschaftlichen Beziehungen der großen Industrienationen zu den Ländern der Dritten Welt sind immer noch weitgehend von Machtstrukturen und egoistischem Denken und Argumentieren geprägt. Jedoch sind auch hier vereinzelt Fortschritte zu beobachten.

Zehn Regeln für vernünftiges Diskutieren

Für die reale Durchführung kritischer Diskussionen reichen auch die oben S. 21 f. angeführten realistischeren Forderungen nicht aus, weil sie zu allgemein gehalten sind. Deshalb führe ich im folgenden konkretere Normen ein. Sie werden zunächst kurz aufgelistet und anschließend genauer kommentiert. Ich folge dabei im wesentlichen einem Katalog von zehn Regeln, die von den niederländischen Sprachwissenschaftlern Frans van Eemeren und Rob Grootendorst aufgestellt worden sind. Ihre Normen verstehen sich als **Regeln, die in kritischen, das heißt, vernünftigen Diskussionen befolgt werden sollen.** Verletzungen solcher Regeln werden seit der Antike als Verstöße gegen korrektes Schlußfolgern aufgelistet, also als **Trugschlüsse** (englisch «fallacy» von lateinisch «fallacia» = ‹Täuschung›, dem Terminus der mittelalterlichen Dialektik für «Trugschluß»).

Diese zehn Regeln sind weit realistischer als die Forderungen, die sich aus dem Ansatz von Habermas ergeben. Trotzdem sind sie immer noch ziemlich streng und anspruchsvoll. Ihre Befolgung in Gesprächen, die primär als kritische Diskussionen geführt werden sollen, wirft Probleme auf. Im Anschluß an ihre Präsentation gehe ich daher darauf ein, welche Probleme unter realen Umständen in Gesprächen auftreten können und wie wir diese Probleme auf die beste Art und Weise lösen können. Die Probleme betreffen dabei jeweils die Sachebene, die Beziehungsebene und die institutionelle Ebene. Die Berücksichtigung aller drei Ebenen ist sehr wichtig, da zum Beispiel noch so gut gemeinte Ratschläge auf der Sachebene zum Scheitern verurteilt sind, wenn die emotionalen und institutionellen Schwierigkeiten in einer realen Diskussion ignoriert werden. Im Einzelfall müssen die Regeln daher auch abgemildert werden. Sie bleiben jedoch die allgemeinen Richtlinien für die in diesem Buch vorrangig behandelte kritische Diskussion.

Dabei sehe ich jedoch von Grenzfällen erschwerter Diskussionsführung ab, wo Faktoren der Beziehungsebene oder der institutionellen Ebene die Anwendung der Normen für vernünftiges Argumentieren unmöglich machen. Dies gilt zum Beispiel für zerruttete Zweierbeziehungen oder unüberwindliche gegenseitige Antipathie und für fundamentalistische Weltanschauungen in ihren entsprechenden totalitären oder gar diktatorischen Herrschaftssystemen. In solchen Fällen müßte erst durch therapeutische Interventionen oder soziale und politische Reformen die Basis für einigermaßen vernünftige Diskussionen oder zumindest für konstruktives Streiten geschaffen werden.

Es geht also im folgenden um Fälle erschwerter, nicht aber aussichtsloser Argumentation, bei denen noch gewisse positive Rahmenbedingungen und ein gewisses gemeinsames Interesse an der Konsensfindung gegeben sind. Zumindest muß noch ein Interesse an der Erörterung der Umstände und Ursachen der Meinungsverschiedenheit gegeben sein.

Die Regeln von van Eemeren und Grootendorst lauten:

1. Die Argumentierenden dürfen einander nicht hindern, Standpunkte vorzubringen oder Standpunkte zu bezweifeln.

2. Wer einen Standpunkt vorbringt, ist verpflichtet, ihn zu verteidigen, wenn er oder sie gebeten wird, dies zu tun.

3. Ein Widerlegungsversuch muß sich auf denjenigen Standpunkt beziehen, der tatsächlich von der Gegenpartei in der Diskussion geäußert worden ist.

4. Ein Standpunkt darf nur dadurch verteidigt werden, daß man Argumente für den Standpunkt vorbringt.

5. Eine Person ist verpflichtet, zu den Voraussetzungen (= Prämissen) zu stehen, die er oder sie implizit zum Ausdruck gebracht hat. Umgekehrt dürfen den Kontrahenten nicht Prämissen unterstellt werden, die sich aus deren Äußerungen gar nicht entnehmen lassen.

6. Eine Prämisse darf nicht fälschlich als gemeinsam akzeptierter Ausgangspunkt hingestellt werden, und umgekehrt darf eine Prämisse, die gemeinsam akzeptiert ist, nicht zurückgewiesen werden.

7. Ein Standpunkt darf nicht als hinreichend gerechtfertigt ange-

sehen werden, wenn die Rechtfertigung nicht durch ein plausibles und korrekt angewendetes Argumentationsmuster erfolgt.

8. Die Argumentationsmuster müssen logisch gültig sein oder zu logisch gültigen Schlußfolgerungen ergänzt werden können (durch das Explizitmachen von indirekt unterstellten Prämissen).

9. Wenn die Rechtfertigung eines Standpunktes nach den obigen Regeln korrekt erfolgt ist, muß die Person, die den Standpunkt in Zweifel gezogen hat, ihn nun akzeptieren; wenn die Rechtfertigung nicht gelungen ist, muß die Person, die den Standpunkt vertreten hat, ihn nunmehr zurücknehmen.

10. Die Formulierung der Argumentation darf weder ungenau noch mehrdeutig sein, und die Gesprächsteilnehmer müssen gegenseitig ihre Formulierungen so sorgfältig wie möglich interpretieren.

Regel 1: Redefreiheit

Die Argumentierenden dürfen einander nicht hindern, Standpunkte vorzubringen oder Standpunkte zu bezweifeln.

Die erste Regel steht ersichtlich dem fundamentalen Menschenrecht auf freie Meinungsäußerung nahe. Auf der Sachebene tritt bei Regel 1 das Problem auf, daß wir in realen Diskussionen eben **nicht** jeden beliebigen Standpunkt vertreten oder bezweifeln können, da in jeder Gemeinschaft bestimmte Prinzipien trivialerweise als korrekt vorausgesetzt werden. Daher «stehen sie nicht zur Debatte». Um sinnvoll an etwas zweifeln zu können, muß ein bestimmter Bereich von Inhalten als unzweifelhaft richtig angesehen werden, da auch Zweifel und Skepsis auf bestimmte Gewißheiten nicht verzichten können. Historisch hat sich aber bereits oft gezeigt, daß auch sogenannte triviale Fakten im späteren Verlauf als falsch erwiesen wurden (zum Beispiel: «Die Sonne dreht sich um die Erde», «Die Erde ist eine Scheibe», «Frauen können bestimmte Männerberufe prinzipiell nicht ausüben» etc.). Daher ist die Abgrenzung trivialer, nicht diskutierbarer Annahmen einerseits und diskutabler Annahmen andererseits in der Praxis oft schwierig. Dasselbe gilt analog für Werte und Normen; so sind heute erfreulicherweise einst selbstverständliche Werturteile und Normen wie «Das Halten von Sklaven ist gerechtfertigt», «Ehefrauen sollen ihren Männern untertan sein» keineswegs mehr akzeptiert, ja sie werden sogar weitgehend abgelehnt. Es ist also angebracht, sich vor oder während der Diskussion zu vergewissern, welche Fakten und Normen außer Streit gestellt sind. Aus Zeitgründen kann es dabei aber immer nur um für die Argumentation **zentrale und besonders wichtige** Inhalte gehen, weil man unmöglich den gesamten Bereich des gemeinsamen Wissens durchgehen kann.

Andere Probleme betreffen die Beziehungsebene: Wenn das Vertreten oder Bezweifeln eines Standpunkts eine an der Diskussion beteiligte Person schwer kränken oder verletzen kann (indem zum Beispiel ihre moralische Integrität bezweifelt oder ihr Intimbereich berührt wird), ist die Regel 1 nicht ohne weiteres anwendbar oder manchmal im beiderseitigen Interesse **nicht** zu befolgen. Umgekehrt besteht jedoch die Gefahr, daß sich zum Beispiel Persönlichkeiten des öffentlichen Lebens vor peinlichen Diskussionen dadurch zu drücken versuchen, daß sie bestimmte Standpunkte und Zweifel als illegitim zurückweisen, weil sie ihre Privatsphäre verletzen (Trugschluß «ad misericordiam»: Appell ans Mitleid; lat. misericordia). Falls das Befolgen von Regel 1 in solchen Fällen im öffentlichen Interesse ist (etwa bei Verdacht auf Korruption), kann auf die Wahrung der Privatsphäre nicht Rücksicht genommen werden.

Probleme der Beziehungsebene betreffen auch Versuche, das Vertreten eines bestimmten Standpunkts durch «Persönlichwerden» zu blockieren. Dabei wird unterstellt, die Person, die ihn vertritt, sei nicht aufrichtig oder verfolge bestimmte zweifelhafte Interessen. So etwa im folgenden Dialogausschnitt:

A: Ich finde, man sollte Konflikte so gut es geht vermeiden; seit ich
Konflikten mit Paul aus dem Wege gehe, ist unser Zusammenle-
ben jedenfalls viel friedlicher und angenehmer geworden.
B: Quatsch, in Wirklichkeit vertrittst du diesen Standpunkt nur, weil
du zu feige bist, ihm die ganze Wahrheit ins Gesicht zu sagen!

Bei solchen Angriffen kann es sich um den Trugschluß «ad hominem» handeln, also um einen Angriff auf die Person statt um eine
Sachargumentation, falls nicht gewichtige Gründe für den Verdacht auf unehrliches Verfolgen von Eigeninteressen beigebracht
werden können.

In bestimmten hierarchisch aufgebauten Institutionen wird oft
damit operiert, daß nicht jeder Standpunkt vertreten oder bezweifelt werden kann, um unliebsame Diskussionen unmöglich zu machen. Wenn dies Personen tun, die mit entsprechender Macht aus-
gestattet sind und dies mit Drohungen verbinden, handelt es sich
um einen Trugschluß «ad baculum» (Drohung mit dem Stock, lat.
baculum, statt Sachargumentation). Solche Probleme treten insbesondere in öffentlichen Institutionen mit sehr starkem Machtgefälle auf, können aber auch in Familien mit entsprechend autoritären Strukturen vorkommen:

A: Meiner Meinung nach solltest du öfter mit uns Kindern reden,
statt uns nur herumzukommandieren.
B: Solange ich das Geld verdiene, kannst du dir diese gescheiten
Sprüche sparen!

Im öffentlichen Leben ergeben sich Probleme mit den Grenzen
der Pressefreiheit. Darüber hinaus versuchen totalitäre Regime oft
durch Einschüchterung und Verfolgung von Journalisten, Men-
schenrechtsaktivisten und engagierten Juristen das Äußern von
politisch mißliebigen Standpunkten zu verhindern (wieder ein klarer Fall von «ad baculum»).

In demokratischen Gesellschaften ist es selbstverständlich, daß
in den Massenmedien alle weltanschaulichen Positionen vertreten
werden können, soweit sie nicht unzumutbare persönliche Belei-

digungen oder Verleumdungen enthalten oder zu Menschen-rechtsverletzungen aufrufen. Andererseits gibt es Probleme mit dem Mißbrauch dieser Freiheiten, insbesondere wenn Zeitungen oder TV-Sender durch Bildung von Medienkonzernen Meinungs-monopole durchsetzen können (vgl. in diesem Zusammenhang nur die kritischen Reportagen von Günter Wallraff zur BILD-Zeitung oder die Kritik des Linguisten Noam Chomsky an den gigantischen Machtzusammenballungen in der US-amerikani-schen Medienlandschaft).

Was können wir angesichts dieser vielfältigen Probleme bei der Befolgung von Regel 1 tun?

Auf der Sachebene sollten wir versuchen, Einverständnis dar-über herzustellen, ob bestimmte Fakten und Normen **wirklich** all-gemein akzeptiert oder abgelehnt werden.

Auf der Beziehungsebene sollten wir versuchen, so vorsichtig zu formulieren, daß persönliche Angriffe und Kränkungen weit-gehend vermieden werden (Verwendung indirekter Ausdrucks-weisen, Abschwächung von Positionen, respektvolle Würdigung der Gegenposition). Im obigen Beispiel könnte etwa B auch wie folgt formulieren:

A: Ich finde, man sollte Konflikte so gut es geht vermeiden; seit ich Konflikten mit Paul aus dem Wege gehe, ist unser Zusammenle-ben jedenfalls viel friedlicher und angenehmer geworden.

B: Da ist schon was dran, aber hast du nicht den Eindruck, daß manchmal ein offener Konflikt besser wäre als diese Vermei-dungsstrategien?

Introvertierte Personen können wir zum Vertreten ihrer Position stimulieren (durch Stellung geeigneter Fragen, geduldiges Abwar-ten, Abbau von Ängsten), extrovertierte Personen beim Vertreten ihrer Meinung etwas bremsen (durch Begrenzung ihrer Redezeit, Verweis auf Interessen weiterer Diskussionsteilnehmer, sanftes, aber entschiedenes Abblocken von Herrschaftsansprüchen). Im obigen Beispiel könnte A zum Beispiel wie folgt auf Bs autoritäres Redeverbot reagieren:

A: Meiner Meinung nach solltest du öfter mit uns Kindern reden, statt uns nur herumzukommandieren.

B: Solange ich das Geld verdiene, kannst du dir diese gescheiten Sprüche sparen!

A: Sicher, du verdienst das Geld, von dem wir leben, aber du könntest doch trotzdem auf meinen Vorschlag antworten, statt mir gleich das Wort zu verbieten.

Auf der institutionellen Ebene sollten Schutzräume für Diskussionen genützt oder neu geschaffen werden, in denen Drohungen an Machtlose verhindert werden können. Umgekehrt sind Immunisierungstrategien von Mächtigen durch entsprechende gesetzliche Maßnahmen zu durchbrechen (zum Beispiel demokratische Abwahl von Vorgesetzten oder Möglichkeiten der Amtsenthebung bei klarem Mißbrauch der eigenen Machtposition). Zu Meinungsmonopolen sollten die politisch Verantwortlichen eine Gegenöffentlichkeit herstellen oder ausbauen (zum Beispiel durch Förderung unabhängiger Verlage und Zeitungen, Aufbau nicht kommerziell oder politisch gebundener Rundfunk- und Fernsehstationen; dies wird in einigen Ländern, u. a. in Frankreich, durch entsprechende Gesetze sogar gefördert).

Regel 2: Begründungspflicht

Wer einen Standpunkt vorbringt, ist verpflichtet, ihn zu verteidigen, wenn er oder sie gebeten wird, dies zu tun.

Auf der inhaltlichen Ebene tauchen bei Regel 2 Probleme auf, wenn Gesprächspartner bestreiten, einen bestimmten Standpunkt überhaupt vertreten zu haben, oder in einer Art Retourkutsche von der Gegenpartei verlangen, zuerst deren Standpunkt zu vertreten. Im ersten Fall kann es sich dabei um den Versuch handeln, sich vor der Beweislast zu drücken, im zweiten Fall um eine Beweislastverschiebung: Wenn nämlich die Gegenpartei nur Zweifel am jeweiligen Standpunkt geäußert hat, ohne selbst einen dazu konträren Standpunkt einzunehmen, kann man nicht wie A im folgenden Beispiel verlangen, daß dieser Gegenstandpunkt verteidigt wird:

A: Ich finde, Paul ist ein tragischer Fall eines zutiefst unglücklichen Menschen, der nicht mit sich selbst und den andern zurechtkommt.

B: Ob da nicht auch viel Mitleidmache dahintersteckt?

A: Jetzt sag nur noch, er sei ein glücklicher Mensch!

B: Das wollte ich damit nicht behaupten!

In solchen Fällen können Trugschlüsse vorliegen. Eindeutig trugschlüssig ist der Versuch, für die eigene Meinung unter **allen** Umständen eine unantastbare Autoritätsrolle zu reklamieren, so daß keinerlei weitere Begründung nötig sei (Trugschluß «ad verecundiam»: durch Appell an die Ehrfurcht; lat. verecundia).

In all diesen Fällen müssen wir zunächst klären, wer welchen Standpunkt tatsächlich vertritt. Sollten beide Parteien gegensätzliche Standpunkte vertreten, ist zu vereinbaren, wer mit der Begründung beginnt. Ein einfaches Kriterium für die Reihenfolge wäre, daß die Partei beginnt, deren Standpunkt stärker von der allgemein akzeptierten Meinung (Status quo) abweicht. Ein anderes Kritierum wäre, daß die Partei anfängt, die aufgrund der jeweiligen Gesprächssituation ihren Standpunkt rascher und einfacher, das heißt, aus dem Stegreif oder zumindest mit weniger Aufwand begründen kann.

Auf der Beziehungsebene können Probleme entstehen, wenn Personen zu stolz oder autoritär oder, im Gegenteil, zu ängstlich und schüchtern sind, um ihren Standpunkt zu verteidigen, und noch dazu eine Gefährdung der Beziehung befürchten. Weiter können Vertreter religiöser und politischer Gruppen mit einem eher geschlossenen Weltbild die Verteidigung gewisser Grundannahmen ablehnen, weil sie als religiöse Dogmen oder politische Grundprinzipien von jeder Diskussion ausgenommen seien und ihre kritische Erörterung religiöse oder politische Gefühle verletze:

A: Für mich wird die katholische Kirche erst wieder diskutabel, wenn Frauen Priesterinnen werden können und Priester heiraten dürfen.

B: Du forderst selbst absolut indiskutable Dinge! Darüber diskutiere ich nicht einmal mit dir!

Folgende verbale Techniken können in solchen Fällen das emotionale Klima verbessern helfen:

– Dominanten Persönlichkeiten kann man goldene Brücken bauen, um ihnen eine Verteidigung ihrer Position ohne Gesichtsverlust zu ermöglichen.

– Schüchternen Personen können wir ihre Angst nehmen, indem wir Interesse an ihren Argumenten bekunden und ihnen klarmachen, daß sie ihren Standpunkt nicht nur vertreten, sondern auch rechtfertigen sollten («Wer A sagt, soll auch B sagen»). Schließlich können wir betonen, daß wir Kritik vertragen und Beziehungen nicht schon durch das Auftreten von Diskussionen gefährdet seien.

– Personen mit einem fundamentalistisch getönten Weltbild kann unter Umständen entgegengehalten werden, daß auch von ihnen akzeptierte Autoritäten (zum Beispiel Begründer von politischen oder religiösen Traditionen) den zur Diskussion stehenden Standpunkt argumentativ verteidigt oder sogar selbst in Frage gestellt haben. Im obigen Fall könnte A vorbringen, daß Jesus selbst nirgends in den Evangelien den Zölibat explizit gefordert hat und Frauen in seiner Umgebung und auch noch in der frühen christlichen Kirche eine wichtige öffentliche Rolle gespielt haben.

Für die institutionelle Ebene gilt in etwa dasselbe wie bei Regel 1: Nutzung und weiterer Ausbau von argumentativen Freiräumen, Förderung pluralistischer Öffentlichkeit. In diesem Zusammenhang sind die Tendenzen in zeitgenössischer Wahlwerbung oder in kommerziellen Werbespots, die kaum noch Begründungen liefern und statt dessen im wahrsten Sinn des Wortes plakative Behauptungen aufstellen, als klare Verstöße gegen Regel 2 abzulehnen. Statt dessen hätten Werbeagenturen und wahlwerbende Parteien den pädagogischen Auftrag, durch Befolgung von Regel 2 deren allgemeine Verbreitung zu fördern. Der gelegentlich vorgebrachte Hinweis, Wähler und Konsumenten wurden keine Argumente wollen, kann als eine sich selbst erfüllende Prophezeiung zurückgewiesen werden. Zusätzlich sollten Voraussetzungen geschaffen werden, um die Fähigkeit und die Bereitschaft zur Rechtfertigung von Standpunkten in Institutionen des Erziehungssystems (Schule, Hochschule) verstärkt und systematisch zu üben, zu fördern und zu verbessern.

Eigentümern von Betrieben und Unternehmen sowie allgemein Führungskräften in Organisationen, die die Rechtfertigung ihrer Standpunkte sowie die Einbeziehung des mittleren Managements, von Arbeitern und Angestellten in Entscheidungsprozesse für Zeitverschwendung halten, können folgende Ansichten entgegengehalten werden, die in der modernen Managementlehre weit verbreitet sind: Einsame, autoritäre Entscheidungen sind oft überhastet oder auch aus sonstigen Gründen (zum Beispiel Einseitigkeit der Perspektive) nicht optimal. Sie liegen somit nicht einmal im eigenen Interesse der Führungskräfte. Auch fördert das Einbinden von untergeordneten Mitarbeitern in argumentative Entscheidungsprozesse deren Motivation und Identifikation mit der jeweiligen Institution.

Regel 3: Redliche Bezugnahme auf das Gesagte

Ein Widerlegungsversuch muß sich auf denjenigen Standpunkt beziehen, der tatsächlich von der Gegenpartei in der Diskussion geäußert worden ist.

Auf der Sachebene treten hier Probleme besonders dann auf, wenn Gesprächspartner Standpunkte unklar oder indirekt zum Ausdruck bringen, so daß sie nicht eindeutig erkennbar sind. Ferner kann es vorkommen, daß Standpunkte in mehr oder weniger stark verzerrter Form zum Ausgangspunkt von Widerlegungsversuchen gemacht werden. Meist geschieht das so, daß die umformulierten Standpunkte weniger haltbar bzw. schlechter zu verteidigen sind. In diesem Fall beklagen sich die Vertreter dieser Standpunkte, daß ihnen «das Wort im Munde umgedreht» wird. In der Terminologie der Trugschlußlehre spricht man vom «Strohmann»-Trugschluß (engl. straw man fallacy). Dieser Trugschluß ist besonders tückisch, da es in emotional angeheizten Diskussionen oft vorkommt, daß man gar nicht merkt, daß der eigene Standpunkt in verzerrter Form angegriffen wird. Daher lassen wir uns dann auf eine Diskussion ein, in der man einen schlechteren Ausgangspunkt hat bzw. die wir in dieser Strohmann-Form eigentlich gar nicht führen wollten.

Um hier eine Lösung in beiderseitigem Interesse zu finden, ist es empfehlenswert, sich von den Gesprächspartnern bestätigen zu lassen, daß man ihren Standpunkt präzis verstanden und korrekt wiedergegeben hat. Falls ein Standpunkt vage oder mehrdeutig formuliert worden ist, sollten wir ihn auf Wunsch in präziserer Form neu formulieren. Auf keinen Fall ist der Versuch akzeptabel, der Person, die den Standpunkt geäußert hat, ein von ihr nicht gebilligtes Verständnis aufzudrängen.

Auf der Beziehungsebene kann es zu Problemen kommen, wenn Diskutierende zu dominant oder ungeduldig sind, um fremde Standpunkte überhaupt präzis wahrzunehmen. Noch problematischer sind Versuche von Personen, aus Ehrgeiz, Boshaftigkeit oder Revanchegelüsten heraus anderen das Wort im Munde umzudrehen («siegorientiertes Argumentieren»). Umgekehrt fördern wir solche negativen Einstellungen noch, wenn wir dazu neigen, unscharf und verschwommen zu formulieren.

Polarisierend wirken andererseits aber auch habituelles Mißtrauen, übergroße Genauigkeit oder sogar Pedanterie. So kann auch zu Unrecht behauptet werden, der eigene Standpunkt werde verzerrt wiedergegeben («Haarspalterei»). Ein drastisches und brillant konstruiertes Beispiel dazu («Haarspalterei» im wahrsten Sinn des Wortes!) liefert Martin Walser im folgenden Ausschnitt aus seinem Ehe-Drama «Zimmerschlacht»:

FELIX: [...] Aber Benno hat auch Schuppen. Und doch hat er diese...

TRUDE: Er hat Haare dazu. Hattest du je Haare. Ich kann mich nicht erinnern. Seit ich dich kenne, droht die Glatze. Schau deine Hände an, die Brust, die Beine, wo sind denn da die Haare, also red mir bloß du nicht von Haaren.

FELIX: Ich sprach von Schuppen, Trude.

TRUDE: Wer von Schuppen spricht, spricht auch von Haaren.

FELIX: Ich sagte lediglich: Benno hat auch Schuppen, und doch...

TRUDE: Aber von seinen Haaren sagst du nichts.

FELIX: Eben. Du redest von seinen Haaren. Und mir wirfst du vor, ich redete von Haaren.

TRUDE: Nein. Ich sag, du unterschlägst seine Haare.

FELIX: Vor zwei Sekunden wirfst du mir vor, wer von Schuppen spricht, spricht auch von Haaren. Und jetzt sagst du, ich unterschlage seine Haare. Das ist die Hölle...

Der von Felix kunstvoll-sophistisch konstruierte Widerspruch in den Äußerungen seiner Frau Trude basiert auf einer haarspalterischen Auslegung. Felix versucht, Trudes sehr heftige persönliche Kritik an seinem Äußeren teilweise zu kontern, indem er ins Treffen führt, Benno, ein gemeinsamer Bekannter und «Parademann», habe auch Schuppen. Trude wirft ihm daraufhin mangelnde Männlichkeit im Vergleich zu Benno vor, der wenigstens starken Haarwuchs aufweise. Trudes Vorwurf gipfelt in dem Satz: «...also red mir bloß du nicht von Haaren». Diese Äußerung bezieht sich tatsächlich nur ungenau auf Felix' vorangegangenen Gesprächsbeitrag («Aber Benno hat auch Schuppen») und verstößt somit gegen Regel 3. Felix übersteigert aber die kleine Ungenauigkeit, um den für ihn unangenehmen Vergleich mit Benno abzublocken. Trude insistiert darauf, daß die beiden Themen sehr eng zusammenhängen («Wer von Schuppen spricht, spricht auch von Haaren»), um Felix zu zwingen, zu ihren Angriffen auf seine Männlichkeit Stellung zu nehmen. Felix weicht weiter aus, bis Trude ihren Vorwurf soweit umformuliert («du unterschlägst seine Haare»), daß scheinbar ein Widerspruch entsteht. Trude widerspricht sich in Felix' Sicht, da sie sagt: «Felix spricht von Bennos Haaren, *und* Felix unterschlägt Bennos Haare». Mit dem Konstatieren dieses angeblichen Widerspruchs verstößt Felix allerdings auf subtile Weise selbst gegen Regel 3: Trude wirft ihm vor, den wunden Punkt des Vergleichs mit Benno (die Haare) zu unterschlagen, das heißt, nicht offen und **direkt** auf ihn einzugehen, was keinen Widerspruch zu ihrer Behauptung darstellt, daß Felix ohnehin **indirekt** und unvermeidlicherweise durch seinen Hinweis auf Bennos Schuppen den wunden Punkt berührt habe. Die Probleme in diesem ziemlich verkorksten Dialog entstehen auch durch die extrem gegensätzlichen Gesprächsstile: hier Grobheit (Trude), dort Spitzfindigkeit (Felix).

In weniger hoffnungslosen Fällen sollten wir an die Geduld der Argumentierenden appellieren und erst dann weiter diskutieren, wenn hinreichend klar ist, daß alle ein ungefähr gleiches Verständnis eines Standpunktes teilen. Ungeduldigen Personen sollten wir klarmachen, daß Aneinandervorbeireden aufgrund von Mißverständnissen zu mehr Zeitverlust führt als genaues Eingehen auf einen gegnerischen Standpunkt. Boshaft-spitzfindigen Personen ist in ihrem eigenen Interesse entgegenzuhalten, daß sie den Abbruch des Gespräches oder sogar der Beziehung riskieren. Schließlich können wir verbal schlampigen oder, im Gegenteil, pedantischen Menschen deutlich machen, daß weder zuwenig noch zuviel Präzision in der Formulierung dem emotionalen Klima einer Diskussion nützt.

Was die institutionelle Ebene betrifft, so ist es natürlich problematisch, wenn Führungspersönlichkeiten die Macht haben, ihren untergeordneten Gesprächspartnern verzerrte Interpretationen von deren Standpunkten aufzuzwingen oder auf bestimmte Standpunkte erst gar nicht einzugehen. Hier kann es vorteilhaft sein, bestehende Diskussionsfreiräume zur Thematisierung dieses Problems zu nützen. Außerdem können vermittelnde Vertrauenspersonen eingeschaltet werden, die für Formulierungen von Standpunkten sorgen, die für alle am Gespräch Beteiligten akzeptabel sind. In größeren Institutionen (Betrieben, Verwaltungseinrichtungen) dürfte es sich schließlich oft als unvermeidlich herausstellen, Standpunkte in präzis formulierter Fassung schriftlich vorzubereiten.

Regel 4: Sachlichkeitsgebot

Ein Standpunkt darf nur dadurch verteidigt werden, daß man Argumente für den Standpunkt vorbringt.

Diese Regel ist eine Sachlichkeitsnorm. Sie fordert, daß nur sachbezogene Argumente für den eigenen Standpunkt vorgebracht werden und nicht irrelevante Gründe, emotionale Appelle oder Berufungen auf irgendwelche Autoritäten.

Diese an sich selbstverständliche Forderung nach Sachlichkeit und Relevanz der Argumente zieht in der Praxis allerdings eine ganze Reihe von Komplikationen nach sich.

Zunächst ist es schwierig, auf allgemeiner Ebene festzustellen, unter welchen Bedingungen ein Argument relevant oder irrelevant ist. Bestimmungen wie zum Beispiel
- es muß inhaltlich mit der Folgerung, die aus ihm gezogen wird, eng zusammenhängen bzw. der inhaltliche Zusammenhang darf nicht weit hergeholt sein,
- es muß tatsächlich den vertretenen Standpunkt verteidigen und nicht etwa einen anderen Standpunkt,
- es muß die Wahrheit oder Richtigkeit des vertretenen Standpunktes zwingend erweisen oder zumindest plausibel machen,
können weiterhelfen, sind aber zu allgemein, um in allen Zusammenhängen Entscheidungen über Relevanz oder Irrelevanz zu ermöglichen.

Auch gibt es Grade von Relevanz: Ein relativ weiter inhaltlicher Abstand zwischen Argument und verteidigtem Standpunkt bedeutet noch nicht unbedingt, daß Regel 4 verletzt worden ist. Wenn uns zum Beispiel eine Handlung einer Person (plötzliche Heirat, Kündigung, Emigration etc.) unerwartet und schwer verständlich erscheint, kann bei der Diskussion über ihre Interpretation ein Suchen nach entlegenen, zunächst irrelevant scheinenden Motiven plausible Gründe für diese Handlung zutage fördern.

Darüber hinaus hängen Maßstäbe der Relevanz vom jeweiligen weltanschaulichen, wissenschaftlichen oder religiösen Hintergrund ab. Die Berücksichtigung eines göttlichen Gerichts nach dem Tode als Argument für diverse Handlungsentscheidungen im Diesseits spielt für Menschen mit atheistischem Weltbild (keine Relevanz) oder mit stark naturwissenschaftlich geprägtem Weltbild (eher geringe Relevanz) oder mit christlichem oder islamischem Weltbild (hohe Relevanz) eine ganz unterschiedliche Rolle. Bei Meinungsverschiedenheiten über potentielle Verletzungen der Sachlichkeitsnorm müssen wir also abklären, in welchem Zusammenhang welcher Grad von Relevanz vor welchem weltanschaulichen Hintergrund beurteilt wird.

Appelle an Emotionen sind immer wieder als trugschlüssige Abweichungen von Regel 4 gebrandmarkt worden. Seit John Locke (1632–1704) werden diese Trugschlüsse als Argumente «ad X» bezeichnet. Vor allem die vier folgenden emotionalen Appelle werden immer wieder genannt und kritisiert:

1. der «ad hominem»-Trugschluß: «an den Menschen (gerichtet)» (= personenbezogene Angriffe statt Sachargumente),
2. der «ad baculum»-Trugschluß: «(Appell) an den (Prügel-) Stock» (= Drohungen mit Gewalt, also Angst-Appelle statt Sachargumente),
3. der «ad misericordiam»-Trugschluß: «ans Mitleid (gerichtet)» (= Appelle ans Mitleid statt Sachargumente) und
4. der «ad populum»-Trugschluß: «ans Volk (gerichtet)» (= populistischer Appell an die Emotionen der Masse statt Sachargumente).

Völlig emotionsfreies Argumentieren dürfte jedoch in der Praxis kaum einem Menschen möglich sein, schon deshalb, weil es keine vollkommen neutrale, wert- und emotionsfreie Sprache gibt (vgl. dazu ausführlicher S. 201 ff.). Außerdem sind wir uns über unsere Emotionen und Vorurteile nur teilweise – wenn überhaupt – im klaren. Überdies ist festzuhalten, daß in bestimmten Zusammenhängen personenbezogenes und emotionales Argumentieren durchaus berechtigt sein kann:

– Personenbezogenes Argumentieren ist bis zu einem gewissen Grad unvermeidlich, wenn die Person selbst das Diskussionsthema ist oder wenn man mangels eigener Faktenkenntnis auf die persönliche Glaubwürdigkeit von Zeugen angewiesen ist.

– Ein Angriff auf die Person ist dann gerechtfertigt, wenn begründeter Verdacht besteht, daß sie zum Beispiel unaufrichtig argumentiert, anders redet, als sie handelt, oder inkonsequent argumentiert, das heißt, nicht bei dem bleibt, was sie kurz zuvor gesagt hat. In diesem Fall wird nämlich ein Interessenausgleich erschwert oder verunmöglicht, und die Gesprächspartner können das durch den «ad hominem»-Angriff offenlegen:

A (ein Vertreter der Zigarettenindustrie): Die aktuellen Bestrebungen, Rauchern durch entsprechende Gesetzgebung das Leben schwer zu machen, sind für mich inakzeptabel, da sie einen Eingriff in die persönliche Freiheit darstellen.

B: Sie sind wohl kaum in der Lage, diese Angelegenheit objektiv zu beurteilen.

A: Das ist kein Argument, sondern eine unsachliche Attacke! Ich habe über Einschränkungen der persönlichen Freiheit gesprochen.

In diesem Fall ist As Zurückweisung von Bs Einwand als irrelevante persönliche Kritik (ad hominem) selbst fragwürdig, da seine persönliche Voreingenommenheit zu Recht unterstellt werden kann und sein Eintreten für Bürgerrechte dadurch zumindest etwas fragwürdig wird.

– Bestimmte Drohungen können etwa dann rational akzeptabel sein, wenn begründeter Verdacht besteht, daß man selbst in destruktiver Weise attackiert wird. In solchen Fällen kann etwa eine «ad baculum»-Technik wie «Wenn du nicht aufhörst, mich autoritär zu behandeln, breche ich dieses Gespräch ab / rede ich nicht mehr mit dir!» als rationale Verfahrensweise gelten, die als eine Art Notbremse dazu dienen kann, das Gespräch aus der entstandenen Sackgasse wieder herauszumanövrieren.

In ähnlicher Weise können andere emotionenbezogene Appelle gerechtfertigt werden, so «ad misericordiam»-Argumente, wenn sie für einen sozialen Zweck (etwa für karitative Organisationen in der Dritten Welt) eingesetzt werden. Dieses Argument ist vernünftig, da es auch im Interesse der Ersten Welt liegt, daß das Elend in der Dritten Welt beseitigt wird. Ebenso ist es nicht von vornherein unvernünftig, wenn ein Arzt im Interesse seiner Patienten an deren Angst vor Krankheiten appelliert, um sie zu einer gesünderen Lebensführung zu bewegen. Das Problem besteht also nicht darin, festzustellen, **ob** emotionale Appelle ungerechtfertigt sind, sondern **wann** sie es sind. Dies ist immer dann der Fall, wenn sie dem gemeinsamen Interesse oder einem Interessenausgleich im Wege stehen, also beispielsweise nur einer einzigen an der Diskussion beteiligten Partei nützen.

So können Gesprächsteilnehmer persönliche Angriffe einsetzen, um zu provozieren, zu kränken oder zu verleumden. Wenn diese Attacken nicht mit dem eigentlichen Gesprächsthema in Zusammenhang gebracht werden können, weil die kritisierte Eigenschaft der attackierten Person mit dem Thema absolut nichts zu tun hat, liegt ein klarer «ad hominem»-Trugschluß vor. Ein krasses Beispiel liefert der folgende Ausschnitt aus dem bereits zitierten Drama «Die Zimmerschlacht» von Martin Walser. In dem oben angeführten Streit hat Felix Trude durch seine spitzfindigen Einwände verärgert. Statt seine Spitzfindigkeiten jedoch zu thematisieren und als Verstoß gegen die Regel, Gesprächsbeiträge korrekt wiederzugeben, anzugreifen, kontert sie sehr hart «ad hominem»:

TRUDE: Spitzfindigkeit, das liegt dir. In der Logik, da hast du was los, aber einen Mundgeruch, daß man sich die Nase an den Hinterkopf wünscht.

«Ad baculum»-Trugschlüsse liegen vor, wenn Argumentierende mit mehr oder weniger gravierenden Sanktionen bedroht werden, falls sie einen bestimmten Standpunkt nicht aufgeben oder ein bestimmtes Argument vorbringen, ohne daß diese Drohung in deren eigenem Interesse läge.

So drohte etwa ein hochrangiger Vertreter der Schulbehörde (A) einem Lehrer (B), der ihm in Sachen Notengebung vehement widersprach:

A: Wenn Sie Wert darauf legen, im Herbst wieder eine Stelle zu kriegen, dann hören Sie auf damit, mir in dieser Sache lästig zu fallen!
(Nach einigem Nachdenken entschuldigte sich A allerdings bei einem späteren Treffen bei B für diese Äußerung)

Ans Mitleid wird trugschlüssig appelliert, wenn man zum Beispiel eine bestimmte Notlage nur vortäuscht, um die Gesprächspartner zu überzeugen. «Ad populum»-Trugschlüsse werden häufig von Politikern eingesetzt, wenn sie etwa in einer Sachfrage positive oder negative Emotionen der Wähler anheizen, nur um deren Stimmen zu bekommen, obwohl die vorgeschlagene Politik nicht unbedingt im Interesse der Wählerschaft oder der Allgemeinheit ist.

Auch für Autoritätsargumente gilt, daß sie unter bestimmten Bedingungen durchaus rational sein können. Oft werden sie aber auch irrational als «ad verecundiam»-Trugschluß («an die Ehrfurcht» vor Autoritäten appellierend) eingesetzt, wenn die in Frage stehende Autorität nämlich im speziellen Fall nicht qualifiziert oder voreingenommen ist oder nur sehr ungenau zitiert wird (vgl. genauer zur Argumentation mit Autoritäten Kap. 2, S. 168 ff.). Dies ist sehr oft in Werbetexten der Fall, zum Beispiel:

1. Die meisten Zahnärzte geben ihrer Familie Blend-a-med.
2. Bekannte Nobelpreisträger bestätigen den gesundheitlichen Nutzen von Vitamin C.
3. Prominente in allen Ländern schwören auf Gelee-Royale – jene legendäre Substanz, die aus einer normalen Biene eine Königin macht.

Auf der Beziehungsebene geht es vor allem darum, Emotionen nicht einfach durch Appelle an Vernunft und Sachlichkeit auszuklammern, sondern in möglichst günstiger Weise für die Diskussion zu nutzen. Im übrigen stellt der norwegische Philosoph Arne Naess zu Recht fest, daß der Vorwurf der Unsachlichkeit zu den häufigsten Formen von (verkappter) Unsachlichkeit gehört, wenn er nämlich ohne gute Gründe als Gesprächsstrategie der Verunsicherung eingesetzt wird.

Emotionen, die im Dienste eines Interessenausgleichs stehen, können durchaus im weiteren Sinne relevant nach Regel 4 sein, weil sie ein positives Gesprächsklima schaffen, das für den Interessenausgleich durch Sachargumente förderlich ist, zum Beispiel:
– das gegenseitige «Dampfablassen» in «ad hominem»-Gegenattacken, wenn die Argumentierenden es einfach nicht mehr schaffen, bei fortgesetzten provozierenden Angriffen kühl und unbeteiligt zu bleiben;
– ein erfolgreicher Appell ans Mitleid in einer schweren Notlage von Gesprächsteilnehmern oder anderen sozialen Gruppen fördert das Verständnis und Einfühlungsvermögen der beteiligten Personen;
– ein erfolgreicher politischer oder religiöser Appell an «populäre» Emotionen (z. B. Solidarität, Gerechtigkeitsgefühl) im Dienste einer guten Sache ist sozial fruchtbar, da er ein positives Gemeinschaftsgefühl schafft (sehr zum Unterschied vom populistischen Appellieren an kollektiven Egoismus und Ausländerhaß).

Gelingt es nicht von vornherein, solche positiven Emotionen hervorzurufen, zum Beispiel bei problematischen Beziehungen, können wir wenigstens versuchen, die emotionale Atmosphäre durch abschwächende Formulierungen und vorsichtiges Ausdrücken von Gefühlen nicht weiter anzuspannen. Oft kann es aber auch umgekehrt nützlich oder sogar notwendig sein, Personen zu ermuntern, «aus ihrem Herzen keine Mördergrube zu machen». Dies ist besonders dann gerechtfertigt, wenn sie beim Ausdruck von Emotionen Schwierigkeiten haben und außerdem befürchten, nicht «zur Sache» zu sprechen, wenn sie eigene emotionale Bedürfnisse in die Diskussion einbringen.

Auf der institutionellen Ebene taucht das Problem auf, wie sachliches von unsachlichem Argumentieren unterschieden wer-

den kann und wie negative Emotionen, die einen Interessenausgleich behindern, möglichst vermieden werden können. Da nach
dem oben Gesagten ein völlig emotionsloses Argumentieren weder möglich noch unbedingt wünschenswert ist, gilt es vor allen
Dingen, emotionale Appelle, die nicht im Dienst des Interessenausgleichs stehen, institutionell nicht wirksam werden zu lassen. Dies gelingt am besten in Institutionen, in denen **alle beteiligten Parteien in ihrem Sinne frei sprechen können und eine
Entscheidung nicht einfach von einem Individuum oder einer
elitären Gruppe durchgedrückt werden kann, sondern zumindest an den Konsens einer Mehrheit gebunden ist.** Dadurch neu-
tralisieren sich einseitige emotionale Appelle von selbst. In demokratischen Gesellschaften ist dies durch die Rollenverteilung von
Staatsanwalt und Verteidiger vor Gericht, durch Regierungs- und
Oppositionssprecher im Parlament annähernd realisiert, nur annähernd deshalb, weil manche gesellschaftlichen Gruppen, zum
Beispiel Minderheiten, in diesen Institutionen nicht befriedigend
vertreten werden und so ihre Interessen nicht ausreichend einbringen können. Außerdem gibt es viele weitere gesellschaftliche Institutionen, in denen die Möglichkeit zu Rede und Gegenrede nicht
wirklich tiefgreifend realisiert ist, sondern nach wie vor das hier-
archische Vorgesetztenprinzip dominiert (Behörden, Schulen,
Unternehmen etc.). In solchen Fällen können Vorurteile, wenig
relevante Argumente sowie emotionelle Appelle, die in trugschlüssiger Weise den Interessenausgleich behindern, wegen der
eingeschränkten Diskussions- und Korrekturmöglichkeiten nur
sehr begrenzt neutralisiert werden. Es hängt somit weitgehend
von der Selbstkontrolle und dem guten Willen der Führungspersönlichkeiten ab, ob sie sachlich argumentieren oder zumindest
ausschließlich positive emotionale Appelle in die Diskussion einbringen.

Umgekehrt können aber gerade in hierarchisch gegliederten
Organisationen aufgeschlossene Führungspersönlichkeiten aufgrund ihrer Machtstellung zahlreiche Maßnahmen setzen, um
Diskussionen zu versachlichen: So können sie allen Konfliktparteien freie Redemöglichkeiten zuweisen (unabhängig von ihrer

Position in der Hierarchie), positive emotionale Appelle begünstigen, negative emotionale Appelle zurückweisen. Schließlich können sie klare Richtlinien vorgeben, welche inhaltlichen Punkte gemäß dem allgemeinem Interesse als besonders relevant gelten. Schließlich kann die Führungspersönlichkeit bei besonders strapazierten Beziehungen schlichtend eingreifen.

Regel 5: Redliche Bezugnahme auf implizite Voraussetzungen

Eine Person ist verpflichtet, zu den Voraussetzungen (= Prämissen) zu stehen, die er oder sie implizit zum Ausdruck gebracht hat. Umgekehrt dürfen den Kontrahenten nicht Prämissen unterstellt werden, die sich aus deren Äußerungen gar nicht entnehmen lassen.

Für diese Regel gilt im wesentlichen dasselbe wie für Regel 3: Es geht in beiden Fällen darum, eigene Äußerungen oder solche von anderen Gesprächsteilnehmern nicht in verzerrter oder entstellter Form (absichtlich) fehlzudeuten. Bei Regel 5 geht es allerdings nicht um den Standpunkt, sondern um die impliziten Voraussetzungen (Prämissen) einer Argumentation für einen Standpunkt. Auch hier besteht die Gefahr, daß ein «Strohmann»-Trugschluß begangen wird, wenn nämlich die impliziten Prämissen fehlinterpretiert werden. Dies ist zum Beispiel der Fall, wenn man unhaltbare Prämissen unterstellt und so die Argumente angreifbarer macht, als sie sind. Angenommen, jemand argumentiert wie folgt:

A: Ich finde, das Autofahren sollte via Steuern teurer werden, da die Autofahrer wesentlich zur Umweltverschmutzung beitragen.

In diesem Fall würde Regel 5 verletzt, wenn A unterstellt würde:

B : Du bist ungerecht, weil du die Autofahrer als Alleinschuldige an der Umweltmisere hinstellst!

Aus der Äußerung von A läßt sich nämlich korrekt nur die implizite Prämisse 1, nicht jedoch 1 a ableiten:

Prämisse 1: Wenn die Autofahrer wesentlich zur Umweltverschmutzung beitragen, soll das Autofahren via Steuern teurer werden.

Prämisse 1 a: Wenn die Autofahrer allein an der Umweltmisere schuld sind, soll das Autofahren via Steuern teurer werden.

Umgekehrt wird Regel 5 aber auch verletzt, wenn Sprecher nicht zu den impliziten Prämissen stehen, die sich aus ihren Äußerungen klar entnehmen lassen:

A: Ich finde, die Zigeuner sind selbst schuld daran, daß sie ausgegrenzt und verfolgt werden, weil sie nicht arbeiten wollen, stehlen und mit Drogen handeln.

B: Aber das trifft doch bei weitem nicht auf alle Sinti und Roma zu!

A: Das wollte ich ja auch nicht sagen.

In diesem Beispiel kann A nicht plausibel vertreten, daß er oder sie die von B unterstellte allgemeine Prämisse 1 **nicht** indirekt zum Ausdruck gebracht hat, sondern nur die eingeschränkte Prämisse 1 a. Ein entsprechender schwächerer Ausdruck wie «manche», «nicht wenige», «zahlreiche» etc. fehlt nämlich, statt dessen ist der generische, das heißt, verallgemeinernde Artikel «die» verwendet worden:

Prämisse 1: Wenn die Zigeuner nicht arbeiten wollen, stehlen und mit Drogen handeln, sind sie selbst schuld daran, wenn sie ausgegrenzt und verfolgt werden.

Prämisse 1 a: Wenn manche / nicht wenige / zahlreiche Zigeuner nicht arbeiten wollen, stehlen und mit Drogen handeln, sind sie selbst schuld daran, wenn sie ausgegrenzt werden.

Oft ist es aber schwierig, die mehr oder weniger stark ausgeprägte Allgemeinheit von Prämissen aus den expliziten Äußerungen zu rekonstruieren. In solchen Grenzfällen ist zu empfehlen, präzisere Ausdrucksformen zu wählen oder sich die Interpretation von impliziten Prämissen (ihre Stärke und Reichweite) von den Gesprächsteilnehmern bestätigen zu lassen, bevor man weiter argumentiert. Im obigen Beispiel könnte B etwa fragen: «Kann ich aus deiner / Ihrer Äußerung entnehmen, daß alle Sinti und Roma kriminell sind?»

Auf der Beziehungsebene treten in etwa dieselben Probleme auf wie bei Regel 3. Es geht bei Regel 5 ebenfalls darum, zu schlampige oder zu pedantische Personen dazu zu bewegen, bei den Inhalten, die sich implizit aus den jeweiligen Äußerungen entnehmen lassen, weder zuwenig (vage und mehrdeutige Ausdrucksweise) noch zuviel (haarspalterisches Heruminterpretieren am Gesagten) Genauigkeit walten zu lassen.

Was die institutionelle Ebene betrifft, so gilt generell, daß um so mehr Sorgfalt für die Deutung der impliziten Prämissen aufzuwenden ist, je formeller und öffentlicher die Institution ist. Daher ist es üblich und angebracht, schriftliche Protokolle oder sogar Tonbandaufzeichnungen anzufertigen, wenn z. B. vor Gericht in Kommissionen oder im Parlament verhindert werden muß, daß Äußerungen fehlinterpretiert werden, unter Umständen wegen Gedächtnislücken bei zeitlich weit zurückliegenden Äußerungen.

In informellen Zusammenhängen, etwa Diskussionen in der Familie, fehlen solche Mitschriften zumeist. Sie wären in einem privaten Zusammenhang wohl auch unpassend. Sollte es hier jedoch wiederholt zu schwerwiegenden Meinungsverschiedenheiten darüber kommen, was sich aus Äußerungen von Gesprächsteilnehmern ‹tatsächlich› entnehmen läßt, empfiehlt es sich, am jeweiligen Konflikt unbeteiligte Personen teilnehmen zu lassen. Sie können aus einer überparteilichen Beobachterposition heraus besser beurteilen, was mit gemeint war bzw. welche impliziten Prämissen vertreten wurden.

Regel 6: Gemeinsame Ausgangspunkte respektieren

Eine Prämisse darf nicht fälschlich als gemeinsam akzeptierter Ausgangspunkt hingestellt werden, und umgekehrt darf eine Prämisse, die gemeinsam akzeptiert ist, nicht zurückgewiesen werden.

In alltäglichen Diskussionen ist es zweckmäßig, ja unvermeidlich, von einem gemeinsamen Fundus an Aussagen auszugehen, die Sachverhalte, Werte und Normen bezeichnen, welche alle Gesprächsteilnehmer als wahr oder zumindest wahrscheinlich bzw. moralisch annehmbar akzeptieren können (vgl. oben das zu Regel 1 Gesagte). Solche Aussagen können als nicht weiter diskutierte Ausgangspunkte und Voraussetzungen in der Diskussion als Prämissen von Schlußfolgerungen eingesetzt werden (man argumentiert dann «ex concessu», das heißt, «aus[gehend von] dem [auch von der gegnerischen Partei] Zugestandenen»). Regel 6 besagt in diesem Zusammenhang, daß man nicht Aussagen, die gar nicht zu diesem Fundus gehören, hineinschmuggeln darf und daß man umgekehrt nicht Aussagen aus diesem Vorrat zurückweisen darf. So können wir verhindern, daß die Basis, auf der die Schlußfolgerungen für oder gegen einen Standpunkt beruhen, zu instabil und schwankend ist.

Auf der Sachebene ergibt sich hier das Problem, daß dieser Vorrat im Lauf der Zeit Veränderungen unterworfen ist: Neue Fakten aus der Wissenschaft, politische und historische Veränderungen, persönliche Erfahrungen usw. können die Menge der gemeinsamen Ausgangspunkte vergrößern oder verkleinern, unter Umständen sogar innerhalb des relativ kurzen Zeitraums einer Diskussion. In diesem Fall müssen wir neu klären, was immer noch gemeinsam ist und was nicht mehr, und es müssen auch Gründe für die Meinungsänderungen angegeben werden (vgl. Regel 2). Ein weiteres Problem besteht darin, daß ein stillschweigend unterstellter Ausgangspunkt für die Diskutierenden oft zwar im wesentlichen in gleicher Weise akzeptabel ist, aber nur in einer ganz bestimmten Formulierung und Akzentsetzung. Sollten sich Äußerungen entnehmen lassen, daß von dieser akzeptierten Formulierung abgewichen wird, muß dieser Ausgangspunkt neu verhandelt und in eine für alle Beteiligten akzeptable Form gebracht werden.

Wenn unabhängig von diesen Komplikationen ein gemeinsamer Ausgangspunkt plötzlich ohne Begründung zurückgewiesen wird, handelt es sich um eine trugschlüssige Abweichung von Regel 6. Diese Inkonsequenz kann dann auch gerechtfertigterweise mit einem «ad hominem»-Argument («Warum bleibst du nicht bei dem, was du selbst immer akzeptiert hast?») kritisiert werden.

Ähnlich unkooperativ, aber subtiler sind Techniken, mit denen stillschweigend ein neuer, fälschlich als gemeinsam unterstellter Ausgangspunkt in die Diskussion eingebracht wird.

Dies wird oft durch «Wir»-Strategien erreicht: Mit der Verwendung der ersten Person Mehrzahl des Personalpronomens wird suggestiv unterstellt, die angesprochene Person habe dieselben Ausgangspunkte («Wir sind uns doch alle darin einig, daß…» / «Wir müssen ganz einfach zur Kenntnis nehmen, daß…» / «Wir sitzen doch alle im gleichen Boot…» etc.):

A: In letzter Zeit stimmt in unserer Beziehung einiges ganz einfach nicht mehr. Darüber sollten wir einmal offen reden.

B: Aber das kann doch nicht sein: Wir haben doch immer noch dieselben Gefühle füreinander, dieselben Überzeugungen, dieselben Interessen und Ziele!

Bs Beschwörung von Einigkeit ist deshalb fragwürdig, weil sie durch die vorhergehende Äußerung von A bereits widerlegt worden ist (es sei denn, A irrt sich und weiß über seine / ihre eigenen Gefühle und Überzeugungen nicht Bescheid).

Manchmal werden strittige Voraussetzungen auch als «untrüglicher Beweis» bezeichnet. So wird ein Verstoß gegen Regel 6 getarnt. Im folgenden Ausschnitt aus den Memoiren Charles de Gaulles verwahrt er sich gegen Vorwürfe von afrikanischen Freiheitskämpfern, Frankreich habe Guinea, als es noch französische Kolonie war, unterdrückt und ausgebeutet:

> Ich antwortete darauf ausdrücklich und bestimmt, daß Frankreich viel für Guinea getan hat. Ein schlagender Beweis dafür ist z. B. daß der Redner, den ich gerade gehört habe [es war Sekou Touré, der 1958 erster Staatschef Guineas wurde], sehr gut Französisch sprach. (Zit. nach: F. Coulmas: Sprache und Staat. Studien zur Sprachplanung. Berlin 1985, S. 126)

De Gaulles «schlagender Beweis» setzt voraus, daß für die gesamte westafrikanische Bevölkerung die massive Französisierungspolitik als positiver Beitrag Frankreichs zur Entwicklung Guineas anzusehen ist. Jedoch kritisierte gerade der von ihm erwähnte Sekou Touré, daß die unabhängig gewordenen Länder gerade durch die französische Sprache noch immer an die ehemalige Kolonialmacht gebunden seien:

> Um wieder wir selbst und mit uns im Einklang zu sein, ist es wesentlich, daß wir uns in unserer eigenen Sprache ausdrücken können. (Zit. nach: Coulmas, ebenda, S. 128)

Charles de Gaulles «schlagender Beweis» gehört somit zu den in diesem Zusammenhang umstrittenen Sachverhalten und kann nicht als gemeinsam akzeptierter Ausgangspunkt der an der Diskussion Beteiligten angesehen werden.

Bekannt ist auch die Technik, solche fälschlich unterschobenen Ausgangspunkte als Voraussetzungen von Fragen zu formulieren (der Trugschluß der «versteckten Fragen», engl. «many questions»). Dazu gehört die berühmte Richterfrage: «Seit wann haben Sie aufgehört, Ihre Frau zu schlagen?», die dem Angeklagten unterstellt, er habe seine Frau geschlagen, wie immer er die Frage hinsichtlich des Zeitpunkts beantwortet. Vgl. auch das folgende Beispiel:

> A: Warum nörgelst du in letzter Zeit dauernd an mir rum?
> B: Ich nörgle doch gar nicht an dir rum!

Statt solche unterstellten Voraussetzungen zu schlucken, ist oft angebracht, sie zu thematisieren. Dies tut B im obigen Beispiel auch und bringt damit A um die Genugtuung, B in die Defensive gedrängt zu haben. Und dies wäre B sonst passiert. Ganz unabhängig davon, welche Gründe auch immer er oder sie zur Beantwortung der Warum-Frage anführen hätte können, immer wäre der Eindruck entstanden, B sei ein Nörgler.

Ähnlich subtil sind Zirkelschlüsse (der Trugschluß der «petitio principii»), in denen das, was strittig ist und bewiesen werden soll, zugleich zum Ausgangspunkt der Argumentation gemacht wird (zu zirkulären Formulierungen und Argumentationen vgl. auch die Kapitel 2, S. 89f., 3, S. 248; nicht alle solche Formulierungen sind jedoch trugschlüssig: zur Stilfigur der «rhetorischen Tautologie» vgl. Kapitel 3, S. 220). Reine Zirkelschlüsse treten in der alltäglichen Praxis kaum auf: Formulierungen wie «Paul ist ein schlechter Mensch, weil er ein schlechter Mensch ist» werden nicht ernst gemeint geäußert. Schon eher kommen quasi-zirkuläre Schlüsse vor, bei denen das Argument inhaltlich der begründeten These so nahekommt, daß von einer echten Begründung kaum noch gesprochen werden kann. Dies wird oft dadurch kaschiert, daß leicht variierende Formulierungen für denselben Sachverhalt in Prämissen und Schlußfolgerung eingesetzt werden:

A: Es wird immer Streit unter den Menschen geben, denn sie vertragen sich nun einmal nicht untereinander.

In einer Diskussion über die Zukunft der zwischenmenschlichen Konflikte würde der von A vertretene pessimistische Standpunkt durch seine leicht variierte Wiederholung in der Begründung nur äußerst schwach, eben quasi-zirkulär gestützt.

Paradebeispiele für Zirkelbegründungen läßt Karl Valentin in seinen Dialogen seine stets verzweifelt um Rationalität bemühten und dennoch haarscharf an ihr vorbeischlitternden Personen vorbringen, wie das folgende Ehepaar im Dialog «Der Theaterbesuch». Sie wollen ihrem Sohn eine Nachricht hinterlassen:

DIE FRAU: [...] Dann schreib ich, daß wir nicht daheim sind.

DER MANN: Des brauchst ihm net schreiben, das sieht er ja selber – aber des mußt ihm schreiben, daß wir fortgangen sind.

DIE FRAU: Das mein ich ja! Ich schreibe ihm, daß wir nicht da sind, weil wir abwesend sind.

Auf der Beziehungsebene treten Probleme mit der Anwendung von Regel 6 insbesondere dann auf, wenn Personen so arrogant, dominant und voreingenommen sind, daß sie den Gesprächsteilnehmern ihre eigenen Ausgangspunkte aufzuzwingen versuchen oder andere Ausgangspunkte einfach nicht wahrnehmen. Solchen Personen muß sanft, aber entschieden klargemacht werden, daß man ihre Ausgangspunkte eben **nicht** teilt. Umgekehrt ist das Ziel des Interessenausgleichs auch gefährdet, wenn Personen so unsicher, verschüchtert oder unterwürfig sind, daß sie sich wehrlos fremde Ausgangspunkte als ihre eigenen aufzwingen lassen. Solchen Gesprächsteilnehmern muß geduldig Zeit gegeben werden, ihre Ausgangspunkte zu formulieren, oder sie müssen durch stimulierende Fragen dazu ermuntert werden.

Zwischen diesen Extremen gibt es aber auch Probleme mit egoistisch motivierten Personen, die mit allerlei demagogischen Techniken ihre Ausgangspunkte anderen aufzuschwatzen versuchen, z. B. mit Appellen an die Eitelkeit oder an Gruppennormen:

A: Wir können doch davon ausgehen, daß Sie als intelligenter Mensch eine gediegene Enzyklopädie in Ihrer Hausbibliothek benötigen. Also sollten Sie unser Nachschlagewerk kaufen.

A: Sie wollen doch sicher wie jeder ordentliche Mensch, daß es in Ihrer Wohnung sauber ist, also brauchen Sie unseren Qualitätsstaubsauger XY.

Hier ist es angebracht, unterschiedliche Interessenlagen zu thematisieren und klarzustellen («Sie wollen mir etwas verkaufen, aber ich bin keineswegs dazu entschlossen, eine Enzyklopädie / einen Staubsauger etc. zu kaufen»)

Schließlich gibt es auch Probleme bei dogmatisch oder fundamentalistisch denkenden Kontrahenten, bei denen in den wesentlichen Punkten gemeinsame Ausgangspunkte besonders schwierig zu finden sind. Man kann aber versuchen, unter den Ausgangspunkten der Gegenpartei wenn schon nicht völlig geteilte, so doch einigermaßen akzeptable zu finden und von ihnen ausgehend zu argumentieren.

In verschiedenen Institutionen werden Ausgangspunkte schriftlich kodifiziert: Verfassungsgrundsätze, Gesetze, Geschäftsordnungen, Verträge, religiöse Dogmen und Gebote bilden dann für die jeweilige Institution Ausgangspunkte der Diskussion, auf die sich Argumentierende berufen können. Schwierigkeiten entstehen immer dann, wenn Institutionen unterschiedlicher Gruppen, Staaten und Kulturen sich grundlegend unterscheiden und Diskussionen zwischen Angehörigen dieser Institutionen entstehen. Wenn es hier nicht übergreifende, gemeinsame Ausgangspunkte gibt (zum Beispiel die UNO-Charta der Menschenrechte, völkerrechtliche Übereinkünfte, gemeinsame Glaubensgrundsätze), ist wieder zu empfehlen, aus der Tradition der jeweiligen Gesprächspartner einzelne für alle Beteiligten einigermaßen akzeptable Ausgangspunkte zu wählen und von diesen ausgehend für die eigene Sache zu argumentieren. Dies setzt allerdings die Bereitschaft voraus, sich mit der jeweiligen Tradition auseinanderzusetzen. Viele Probleme des Dialogs zwischen Kulturen und Religionen der heutigen Zeit rühren daher, daß wir uns oft weitgehend darauf verlassen, was einem Stereotype der eigenen Gruppe oder Kultur über andere Traditionen vermitteln. Förderlich wäre daher in diesem Zusammenhang die Schaffung von Möglichkeiten der direkten Begegnung und die Vermittlung von Wissen, das nicht stereotyp, dogmatisch oder gar rassistisch getönt ist.

Regel 7: Verwendung plausibler Argumentationsmuster

Ein Standpunkt darf nicht als hinreichend gerechtfertigt angesehen werden, wenn die Rechtfertigung nicht durch ein plausibles und korrekt angewendetes Argumentationsmuster erfolgt.

Auf der Sachebene ergibt sich für die Befolgung von Regel 7 das Problem, zwischen plausiblen Argumentationsmustern und trugschlüssigen Mustern zu unterscheiden und, was noch viel wichtiger ist, zwischen korrekten und trugschlüssigen Anwendungen von grundsätzlich plausiblen Mustern.

Allgemein ist von einem plausiblen Argumentationsmuster zu fordern, daß seine Vordersätze (Prämissen) so gewählt und formuliert sind, daß der Standpunkt, der gerechtfertigt werden soll, auch tatsächlich aus ihnen hergeleitet werden kann. Spezieller ist zu fordern, daß bei plausiblen Mustern ein sinnvoller inhaltlicher Zusammenhang zwischen den Prämissen und dem zu rechtfertigenden Standpunkt besteht. Solche inhaltlichen Relationen können zum Beispiel auf Definitionen, Art-Gattungs- bzw. Teil-Ganzes-Beziehungen, Vergleichen, Gegensätzen, Ursache-Wirkungs-Beziehungen, Beispielen, Autoritäten und Analogien beruhen.

Manche Argumentationsmuster sind von Philosophen prinzipiell kritisiert worden, zum Beispiel Muster, die mit Berufungen auf Autoritäten arbeiten, oder Muster, die Analogieschlüsse enthalten. Die Gründe für die Ablehnung dieser Muster beruhen darauf, daß in ihnen direkte Sachevidenz bzw. ein direkter sachlicher Zusammenhang keine primäre Rolle spielen. Grundsätzlich kann jedoch in der Praxis weder auf Autoritäten noch auf analogische Vergleiche verzichtet werden. Es ist daher für diese wie alle anderen Argumentationsmuster weit mehr von Bedeutung, korrekte und trugschlüssige Anwendungen zu unterscheiden.

Grundsätzlich ist dazu festzustellen, daß der Übergang zwischen korrekten und trugschlüssigen Anwendungen eines Musters fließend ist und vom jeweiligen Zusammenhang abhängt. In Kapitel 2 wird dieses Problem sehr ausführlich behandelt, so daß ich mich hier kurz fassen kann. Dort werden rund 30 plausible Muster der Alltagsargumentation vorgestellt. Dieser Katalog orientiert sich vor allem an ähnlichen Typologien in der aristotelischen Tradition der antiken und mittelalterlichen Rhetorik und Dialektik sowie an der modernen Typologie des belgischen Philosophen und Juristen Chaim Perelman, die er zusammen mit der Soziologin Lucie Olbrechts-Tyteca aufgestellt hat. Dabei führe ich stets zunächst die jeweiligen Muster vor, gebe dann plausible Anwendungen der Muster an, erörtere sodann auch schwächere oder sogar trugschlüssige Formen dieser Muster und führe schließlich eine Liste von kritischen Fragen an, die helfen sollen, zwischen korrekten und trugschlüssigen Anwendungen zu unterscheiden.

Auf der Beziehungsebene können Probleme dadurch entstehen, daß Gesprächsteilnehmer bestimmte Muster ablehnen oder zu ihnen emotional negativ eingestellt sind, beispielsweise gegen das Zitieren von Aussagen von Autoritäten wie Experten, Oberhäuptern von Kirchen usw. In solchen Fällen kann auf andere Muster ausgewichen werden. Auch kann es zu Streit darüber kommen, ob ein Muster korrekt angewendet worden ist. In diesem Fall müssen wir klären, was alle am Gespräch Beteiligten für eine korrekte Anwendung zum Beispiel eines kausalen Argumentationsmusters halten. Sind dafür erst einmal Kriterien gefunden, können sie in Form von kritischen Fragen an die konkreten Verwendungen eines Musters angelegt werden (vgl. Kapitel 2).

Zu warnen ist allerdings vor der allzu häufigen Verwendung des Vorwurfs, jemand habe trugschlüssig argumentiert («Sie argumentieren schwach / unter jeder Kritik!» / «Deine Art zu argumentieren ist ein typisches Beispiel für den Trugschluß x!»). Wie bei der Sachlichkeitsnorm (vgl. Regel 4) ist festzustellen, daß allzu häufige und dabei schlecht begründete Vorwürfe der Verletzung einer Regel oft selbst Verletzungen dieser Regel sind. So kann ständiges und dabei klischeeartig vereinfachendes Kritisieren einer Argumentation als einer angeblichen Verletzung von Regel 7 selbst eine Art «ad hominem»-Trugschluß sein, der die Gesprächspartner verunsichern und provozieren soll, indem ihnen

Argumentationsunfähigkeit unterstellt wird. So wird jedoch ein Interessenausgleich in der Diskussion behindert.

Was die institutionelle Ebene betrifft, so können in besonders formellen und rigid hierarchisch geordneten Institutionen Probleme dadurch auftreten, daß den untergeordneten Personen bestimmte Argumentationsmuster einfach untersagt werden. So könnte es vorkommen, daß Vorgesetzte eine Gerechtigkeitsargumentation auf der Grundlage von Vergleichsmustern (vgl. Kapitel 2) von vornherein ausklammern, wenn es um sensible Themen geht, die sie selbst oder ihnen nahestehende Personen betreffen. In solchen Fällen kann auf andere Muster ausgewichen werden, es kann aber auch thematisiert werden, daß die Ausklammerung von bestimmten Argumentationsmustern dem gemeinsamen Interesse der Arbeitsgruppe oder des Betriebs/der Behörde schade. Das Ausklammern von bestimmten Argumenttypen verhindert nämlich, daß man das Problem in der Diskussion von allen Seiten bearbeitet. In weniger formellen Institutionen wie zum Beispiel der Familie kann es aber auch umgekehrt angebracht sein, sich darauf zu einigen, welche Muster für die gegenwärtige Diskussion besonders entscheidend sind, um Umwege und Verwirrungen in der Argumentation zu vermeiden oder zu verkürzen.

Regel 8: Logische Gültigkeit

Die Argumentationsmuster müssen logisch gültig sein oder zu logisch gültigen Schlußfolgerungen ergänzt werden können (durch das Explizitmachen von indirekt unterstellten Prämissen).

Diese Regel fordert für plausible Argumentationsmuster die Eigenschaft der logischen Gültigkeit. Ein Muster ist logisch gültig, wenn aus der Wahrheit der Prämissen **notwendigerweise** die Wahrheit der Konklusion (das heißt der vertretenen These/des Standpunktes) folgt. Umgekehrt formuliert: ein Muster ist logisch gültig, wenn es **unmöglich** ist, daß die Prämissen wahr, die aus ihnen gefolgerten Konklusionen dagegen falsch sind. Logisch gültige Muster liefern somit **absolut verläßliche** Mittel des Schließens und Schlußfolgerns. Auch falls die Prämissen bloß wahrscheinlich sind, ist bei logisch gültigen Mustern die Konklusion zumindest nicht weniger wahrscheinlich als das Produkt der Wahrscheinlichkeiten der Prämissen. Wenn also die Wahrscheinlichkeit von zwei Prämissen jeweils 80 % beträgt, hat die Schlußfolgerung immer noch eine Wahrscheinlichkeit von 64 % ($0,8 \times 0,8 = 0,64$). Logisch nicht gültige Muster führen dagegen manchmal zu wahren, manchmal zu falschen Konklusionen, ohne daß dies vorhersehbar ist. Sie führen also nicht notwendigerweise zu falschen Konklusionen, sind aber auch nicht absolut verläßlich wie die logisch gültigen Muster und daher aus rational geführten Diskusssionen strenggenommen auszuklammern.

In der Logik sind seit Aristoteles logisch gültige Schlußmuster systematisch beschrieben worden. In der sog. Aussagelogik, die ebenfalls bereits in der Antike von den Stoikern begründet worden ist, werden zum Beispiel die folgenden gültigen Schlußmuster unterschieden («p» und «q» stehen für beliebige Aussagen), zu denen ich der Klarheit und Anschaulichkeit wegen einige inhaltlich eher triviale Beispiele gebe:

1. *Modus ponens:*
Wenn p wahr ist, dann ist q wahr.
p ist wahr.
Also: q ist wahr.

2. *Modus tollens:*
Wenn p wahr ist, dann ist q wahr.
q ist falsch.
Also: p ist falsch.

Beispiele (die Wahrheit der zweiten Prämisse wird vorausgesetzt):

Wenn Paul Grippe hat, ist er krank.
Paul hat Grippe.
Also: Paul ist krank.

Wenn Paul Grippe hat, ist er krank.
Paul ist nicht krank.
Also: Paul hat nicht Grippe.

3. *Disjunktiver Syllogismus A:*   4. *Disjunktiver Syllogismus B:*
   Entweder p oder q sind   Entweder p oder q sind
   wahr.   wahr.
   p ist wahr.   p ist falsch.
   Also: q ist falsch   Also: q ist wahr.
   (Hier wird «oder» nicht *einschließend*, sondern *ausschließend*
   gebraucht!)

   Beispiele (die Wahrheit der zweiten Prämisse wird wieder
   vorausgesetzt):
   Entweder Paul lebt, oder er   Entweder Paul lebt, oder ist
   ist tot.   tot.
   Paul lebt (noch).   Paul lebt nicht (mehr).
   Also: Paul ist nicht tot.   Also: Paul ist tot.

Die in Kapitel 2 angeführten rund 30 Argumentationsmuster sind
alle so formuliert, daß sie Regel 8 befolgen: Sie sind entweder logisch gültig formuliert oder leicht in logisch gültige Muster um-
formbar.

In Alltagsdiskussionen tritt allerdings das Problem auf, daß normalerweise eine oder mehrere Prämissen fehlen, das heißt implizit
bleiben. Durch das Fehlen dieser Prämissen wären die entsprechenden Argumentationen strenggenommen alle logisch ungültig.
Die weggelassenen Prämissen werden jedoch stillschweigend vorausgesetzt und können daher aus dem Zusammenhang und dem
Wortlaut der Gesprächsbeiträge ergänzt werden. Daraus ergibt
sich die Schwierigkeit, diese implizit vorausgesetzten Aussagen
korrekt zu rekonstruieren. Dafür stellt die Logik jedoch kein triviales und streng mechanisch durchführbares Verfahren zur Verfügung. In einigermaßen kooperativ geführten Gesprächen kann
aber davon ausgegangen werden, daß im Zweifelsfall die Prämissen so zu ergänzen sind, daß sich logisch gültige Muster ergeben
(wenn man von Spezialfällen wie sachlichen Irrtümern oder unab-
sichtlichen Fehlformulierungen der Sprecher absieht!).

Ein weiteres Problem ergibt sich daraus, daß heute mehrere,
zum Teil miteinander konkurrierende Logiken existieren. Im Ein-

zelfall können daher Probleme bei der Rekonstruktion von impliziten Prämissen und der Feststellung von Gültigkeit entstehen. Die obigen vier Muster folgen der klassischen zweiwertigen Aussagenlogik. Diese Logik ist zweiwertig wegen der zwei unterschiedenen «Wahrheitswerte»: Beliebige Aussagen «p» oder «q» sind entweder «wahr» (zum Beispiel: «Der zweite Weltkrieg fand 1939 bis 1945 statt») oder «falsch» (zum Beispiel: «Der Zweite Weltkrieg fand 1914 bis 1918 statt»). Bloß wahrscheinliche Aussagen oder wertende Aussagen werden aber so nicht erfaßt.

Schließlich ist festzustellen, daß zwar für die Plausibilität von Argumentationsmustern logische Gültigkeit zu fordern ist, umgekehrt aber logische Gültigkeit noch nicht automatisch Plausibilität der Muster gewährleisten kann. So ist ein klassisches Beispiel für einen Trugschluß, nämlich der Zirkelschluß, logisch gültig: «Wenn p, dann p» ist sogar notwendigerweise wahr, da es sich um eine logische Tautologie handelt, das heißt eine Aussage, die trivial wahr ist bzw. nicht falsch sein kann. Außerdem verlangt die klassische Aussagenlogik für die Gültigkeit des Schlusses von den Prämissen auf die Konklusion nicht, daß ein sinnvoller inhaltlicher Zusammenhang besteht (vgl. dagegen Regel 4, die die inhaltliche Relevanz von Argumenten fordert!). Daraus ergibt sich die absurde Konsequenz, daß zum Beispiel folgender Schluß logisch gültig ist:

Wenn Wien die Hauptstadt von Österreich ist, ist der Montblanc der höchste Berg von Europa.
Wien ist die Hauptstadt von Österreich.
Also: Der Montblanc ist der höchste Berg von Europa.

Im Prinzip ist jedoch die Forderung nach logischer Gültigkeit plausibler und vernünftiger Argumente gerechtfertigt. Trugschlüssige Abweichungen von den oben angeführten vier gültigen Mustern ergeben sich dadurch, daß zum Beispiel beim Modus ponens die Folgeaussage des Bedingungssatzes, also «q», behauptet wird (engl. «affirming the consequent») oder beim Modus tollens der Bedingungssatz, also «p», negiert wird (engl. «denying the antecedent»). Beim disjunktiven Syllogismus kommt es vor, daß fälschlich ein ausschließendes «oder» angenommen wird, obwohl in Wirklichkeit ein einschließendes «oder» vorliegt, oder daß nur zwei Alternativen angenommen werden, obwohl tatsächlich mehr als zwei vorliegen (der Trugschluß des «falschen Dilemmas» oder «Schwarz-weiß-Trugschluß»).

Dafür gebe ich ein paar eingängige Beispiele, die an die obigen direkt anschließen (in realen Diskussionen ist es allerdings oft bei weitem nicht so leicht, solche Verstöße gegen die Logik festzustellen; vgl. Kapitel 2, S. 118 ff. und S. 139 ff.). Die Wahrheit der zweiten Prämisse in Beispiel 1 bis 4 wird wieder vorausgesetzt:

1. Wenn Paul Grippe hat, ist er krank.
   <u>Paul ist krank.</u>
   Also: Paul hat Grippe?!?

2. Wenn Paul Grippe hat, ist er krank.
   <u>Paul hat nicht Grippe.</u>
   Also: Paul ist nicht krank?!?

3. Entweder Paul hat Söhne, oder er hat Töchter.
   <u>Paul hat Söhne.</u>
   Also: Paul hat keine Töchter?!?

4. Entweder Paul hat Söhne, oder er hat Töchter.
   <u>Paul hat keine Söhne.</u>
   Also: Paul hat Töchter?!?

Alle diese Schlüsse sind logisch ungültig. Das heißt aber, wie oben bereits festgestellt wurde, nicht, daß sie zwingend zu falschen Ergebnissen führen. Die Beispiele 1–4 können unter bestimmten Umständen durchaus zu richtigen Konklusionen führen. Bei 1 zum Beispiel, wenn Pauls Krankheit zufällig die Grippe ist, bei 2, wenn Paul gerade keine andere Krankheit hat, bei 3, wenn Paul wirklich nur Söhne hat, bei 4, wenn Paul wirklich Kinder, und zwar nur Töchter hat. Aber sie sind **nicht verläßlich**: Paul könnte auch Gelbsucht haben (dann versagt 1), er könnte zwar nicht Grippe, aber Asthma haben (dann geht 2 fehl), er könnte sowohl

Söhne als auch Töchter haben (Fehlanzeige für 3), und er könnte schließlich gar keine Kinder haben (Versagen von 4).

Auf der Beziehungsebene können Probleme mit der Logik insbesondere im Zusammenhang mit Emotionen auftreten. Es ist ein in der Psychologie vielfach festgestelltes Faktum, daß Emotionen widersprüchlich sind. Das Prinzip der Widerspruchsfreiheit ist aber einer der zentralen Grundsätze der Logik. Daher dürften in einer rational geführten Diskussion widersprüchliche Aussagen nicht auftreten. In vielen Gesprächen, wie in Diskussionen über Beziehungsprobleme, können jedoch Feststellungen über Emotionen, zum Beispiel die Beschreibung von widersprüchlichen Mischungen aus Zuneigung und Abneigung, nicht einfach aus dem Gespräch ausgeklammert werden:

A: Du mußt dir endlich einmal über deine Gefühle zu Paul klarwerden. Es geht doch nicht, daß er dir einerseits maßlos auf die Nerven geht und du andererseits nicht von ihm loskommst!
B: Es ist nun einmal so: ich liebe und ich hasse ihn.

So entsteht ein Dilemma, das in ähnlicher Weise auch in Gesprächen über religiös-mystische Grenzerfahrungen auftauchen kann. Im folgenden Ausschnitt aus dem «Mann ohne Eigenschaften» von Robert Musil schildert die Hauptfigur des Romans, Ulrich, seiner Schwester Agathe, was er unter «mystischer Anteilnahme» versteht:

Sieh doch, man ist zugleich liebevoll und liebeleer. Man liebt alles und nichts Einzelnes. Man kann sich von der geringfügigsten Kleinigkeit nicht loslösen, und zugleich fühlt man, daß alles zusammen nicht von Wichtigkeit ist: das sind Widersprüche; beides zusammen kann scheinbar nicht wirklich sein. Und doch ist es wirklich; es hätte ja gar keinen Sinn, das zu leugnen! (2. Buch, Kap. 51)

In vergleichbarer Weise wird in philosophischen Traditionen wie dem Zen-Buddhismus das Nichtwiderspruchsprinzip ‹verletzt› oder, positiver ausgedrückt, ‹überwunden›. Schließlich spielen vereinzelt auch in der westlichen Philosophie bewußt widersprüchlich formulierte Aussagen, sog. Paradoxa, eine wichtige Rolle.

In all diesen Fällen scheint es angebracht zu sein, das Weiterdiskutieren nicht dadurch zu verunmöglichen, daß man sich einfach auf «die Logik» beruft, sondern sich auf die Möglichkeit widersprüchlicher Wahrnehmungen und entsprechender Realitätsbereiche einzulassen.

Auf der institutionellen Ebene spielen Widersprüche insofern eine wichtige Rolle, als bei entsprechendem Machtgefälle widersprüchliche Aussagen oder sogar paradoxe Befehle («Mach p **und** nicht-p!») «durchgesetzt» werden können, was Untergebene in beinahe unauflösbare Schwierigkeiten bringen kann. Insbesondere Kinder werden durch paradoxe Aufforderungen wie «Sei spontan!» oder «Sei selbständig, aber mach nichts, was ich nicht will!» oder «Sei stets aufrichtig, aber sage mir ja nichts Unangenehmes!» in ein schreckliches Dilemma versetzt. Vergleiche etwa folgenden Dialogausschnitt:

A: Du hast mir versprochen, das zu tun, was ich von dir will. Willst du mir also jetzt gehorchen?
B: Ja.
A: Also dann komm endlich von selbst darauf, das zu tun, was mir Freude macht!
B: Das kann ich nicht. Du mußt mir sagen, was du von mir willst.
A: Ich denke, du willst mir gehorchen?!
B: …

Diese Zwangslage hat der bekannte Psychotherapeut und Kommunikationstheoretiker Paul Watzlawick als «Doppelbindungs» («double bind»)-Situation beschrieben, die zu Schizophrenie führen kann. Kinder haben nämlich im Unterschied zu Erwachsenen kaum die Möglichkeit, sich durch geeignete Strategien zu schützen, zum Beispiel durch Sich-Dumm-Stellen, Aufbauen von Gruppensolidarität gegen solche paradoxen Aufforderungen oder sogar durch Kommunikationsverweigerung bis hin zum Abbruch der Beziehung. Im Unterschied zu den obengenannten religiösen und philosophischen Paradoxa können solche paradoxen Aufforderungen als «destruktive Paradoxa» bezeichnet werden.

Auf eine weitere Form paradoxer Äußerungen möchte ich hinweisen, die ich «rhetorische Paradoxa» nenne. Bei den rhetorischen Paradoxa ist die widersprüchliche Formulierung aber nicht ernst gemeint, sondern dient als witziges Wortspiel der eleganteren oder überzeugenderen Formulierung von Inhalten, die ihrerseits gar nicht widersprüchlich sind (zu diesen «rhetorischen Paradoxa» vgl. ausführlich Kapitel 2, S. 122 f., und 3, S. 235 ff.).

Regel 9: Annahme des Ergebnisses der Diskussion

Wenn die Rechtfertigung eines Standpunktes nach den obigen Regeln korrekt erfolgt ist, muß die Person, die den Standpunkt in Zweifel gezogen hat, ihn nun akzeptieren; wenn die Rechtfertigung nicht gelungen ist, muß die Person, die den Standpunkt vertreten hat, ihn nunmehr zurücknehmen.

Auf der Sachebene kann nach Abschluß der erfolgreichen Rechtfertigung eines Standpunktes das Problem auftreten, daß trotz der Befolgung der Regeln 1 bis 8 durch die Gesprächspartner eine Person ihren Zweifel aufrechterhält. Der Zweifel am ursprünglichen Standpunkt ist aber nun nicht mehr gerechtfertigt. Umgekehrt kann nach dem Scheitern der Rechtfertigung das Problem auftreten, daß eine Person ihren Standpunkt trotzdem aufrechterhält. Auch das ist nach Regel 9 nicht mehr gerechtfertigt. Hier geht es teilweise um Nuancen der Formulierung: Die Rechtfertigung eines Standpunktes kann mehr oder weniger gut glücken oder mehr oder weniger deutlich mißglücken. Diese Nuancen müssen in der Formulierung präzise wiedergegeben werden, um den eventuellen Konsens nach der Rechtfertigung nicht zu gefährden. Außerdem können Zweifel darüber entstehen, ob **wirklich** alle Regeln eingehalten worden sind. Dies muß eventuell in einer eigenen «Diskussion über die Diskussion» (Metadiskussion) geklärt werden.

Schließlich darf auch nicht der Eindruck entstehen, die erfolgreiche Verteidigung eines Standpunktes habe ihn für alle Zeiten gegen erneute Kritik und Zweifel immun gemacht. Im Laufe der Zeit können nämlich neue Gesichtspunkte auftauchen, die den Wissensstand der Gesprächsteilnehmer und damit ihre gemeinsamen Ausgangspunkte verändern, es können neue Argumente nach anderen Argumentationsmustern gefunden werden, neue Standpunkte können ins Spiel kommen usw. Im Normalfall wird dies jedoch nicht unmittelbar nach Abschluß der Diskussion über eine strittige Frage geschehen.

Dasselbe gilt auch für die erfolglose Verteidigung eines Standpunktes: Er ist nur vorläufig widerlegt.

Allein aus der mißglückten Rechtfertigung eines Standpunktes abzuleiten, der entgegengesetzte Standpunkt sei damit zugleich schon erfolgreich bewiesen, kann ein Beispiel für den «ad ignorantiam»-Trugschluß sein: «An die Unwissenheit (appellieren)» heißt, daß aus dem Scheitern eines Beweises ungerechtfertigterweise der Beweis des Gegenteils gefolgert wird. In bestimmten Zusammenhängen und Institutionen kann allerdings ein «ad ignorantiam»-Schluß durchaus berechtigt sein. Wenn nach längerer Zeit und wiederholten ernsthaften Versuchen keine Rechtfertigung eines Standpunktes gelingt und außerdem ein gewisser Zeitdruck vorliegt, kann man das Gegenteil für indirekt bewiesen ansehen – zumal dann, wenn keine direkte Rechtfertigung dieses gegenteiligen Standpunkts möglich ist. Dies ist etwa der Fall beim Rechtsprinzip, eine verschollene Person nach einer bestimmten Zeit für tot zu erklären, oder bei einem anderen Rechtsprinzip, nach dem im Zweifelsfall für die Angeklagten entschieden wird («in dubio pro reo»), obwohl nur der Beweis ihrer Schuld gescheitert ist, nicht jedoch der Nachweis ihrer Unschuld geglückt ist.

Auf der Beziehungsebene können Probleme der Befolgung von Regel 9 auftreten, wenn Personen zu stur oder überheblich sind, um einen Standpunkt zurückzunehmen. Umgekehrt können auch Probleme auftreten, wenn sie zuwenig selbstbewußt sind, um die Bestätigung einer an sich erfolgreichen Verteidigung eines Standpunktes anschließend auch bei den anderen Gesprächsteilnehmern durchzusetzen. Schließlich können bei längeren Diskussionen und mehreren diskutierten Standpunkten auch Probleme auftauchen, wenn Personen zu schlampig oder vergeßlich sind, um sich präzise daran zu erinnern, welche erfolgreichen oder erfolglosen Rechtfertigungen von Standpunkten im Laufe der Diskussion aufgetreten sind.

In all diesen Fällen kann es nützlich sein, den Verlauf der Diskussion kurz zu rekapitulieren und die ursprünglichen Standpunkte in Erinnerung zu rufen. Dominanten Persönlichkeiten können Formulierungen angeboten werden, die es ihnen erlauben, ihren ursprünglichen Standpunkt zurückzuziehen, ohne ihr Gesicht zu verlieren:

A: Du hast doch inzwischen selbst zugegeben, daß du an deinem Krach mit Ingrid schuld bist, weil du ihr dauernd wie einem kleinen Kind vorschreiben wolltest, was sie zu tun oder zu lassen hat.

B: Stimmt, aber trotzdem sollte sie aufhören, sich von verlogenen Typen ausnützen zu lassen!

A: Sicher hast du ihr schon öfters aus der Patsche geholfen. Deshalb ist dein Ärger auch verständlich. Insofern hast du auch recht, ihr die Beziehung mit Paul ausreden zu wollen. Aber du kannst doch viel eher etwas erreichen, wenn du sie nicht so unter Druck setzt.

Wenig selbstbewußten Personen sollten wir dagegen klarmachen, daß die Vertretung und Rechtfertigung eines Standpunktes schon so viel Energie gekostet hat, daß es schade um die aufgewendete Mühe wäre, wenn sie sich den Erfolg streitig machen ließen. Das resignative Motto, es nütze bei ihren dominanten Partnern ja doch alles nichts, muß zurückgewiesen werden, da es eine sich selbsterfüllende Prophezeiung darstellt. Bei sich wiederholenden Problemen mit Vergeßlichkeit und Schlampigkeit können kurze Notizen über wichtige Diskussionspunkte und -phasen weiterhelfen.

Auf der institutionellen Ebene treten insbesondere Probleme der zeitlichen Beschränkung auf. Standpunkte können nämlich nicht beliebig oft wiederaufgenommen werden, auch wenn neue Gesichtspunkte hinzutreten. Dies ist beispielsweise vor Gericht durch die begrenzte Zahl von Möglichkeiten der Berufung fixiert, aber auch in privaten Situationen informell dadurch geregelt, daß nicht alles jederzeit wieder zum Thema gemacht werden kann, ohne daß Geduld und Nerven überstrapaziert werden. Wie bei anderen Regeln ist auch bei Regel 9 ein starkes Machtgefälle problematisch, wenn nämlich die starke Position von Personen es ihnen ermöglicht, ihre Standpunkte in jedem Fall beizubehalten. In solchen Fällen können wir versuchen, ihnen klarzumachen, daß das ständige Durchsetzen ihres Standpunktes trotz wiederholt gescheiterter oder zumindest fragwürdiger Absicherung durch Argumente bei den Untergebenen allmählich Gefühle von Wut, Machtlosigkeit und Resignation auslöst. Dies kann wiederum leicht zur Favorisierung von Handlungsstrategien führen, die nicht im Interesse der Mächtigen liegen: Gesprächsverweigerung («Es nützt ja doch nichts!»), passiver Widerstand, Dienst nach Vorschrift, Streikmaßnahmen etc.

Regel 10: Klarheit des Ausdrucks und korrektes Verstehen

Die Formulierung der Argumentationen darf weder ungenau noch mehrdeutig sein, und die Gesprächsteilnehmer müssen gegenseitig ihre Formulierungen so sorgfältig wie möglich interpretieren.

Während die Regeln 1 und 2 mehr mit der Eröffnung einer kritischen Diskussion zu tun haben, die Regeln 3 bis 8 mit der Argumentationsphase und Regel 9 mit der Abschlußphase, ist Regel 10 in allen Phasen einer kritischen Diskussion zu beachten. Auch interessante Standpunkte, plausible Ausgangspunkte, sachlich hochstehende und sehr relevante Argumente, allgemein akzeptierte und logisch gültige Argumentationsmuster können nämlich das Scheitern der Diskussion nicht verhindern oder einem Interessenausgleich sogar abträglich sein, wenn sie vage oder mehrdeutig formuliert werden. Umgekehrt ist ungenaues Zuhören oder sogar absichtliches Mißverstehen «emotionales Gift», das die Beziehungsebene einer Diskussion empfindlich stören oder sogar zerstören kann. Was die institutionelle Ebene betrifft, so sind natürlich in verschiedenen privaten und öffentlichen Institutionen (Familie, Schule, Betrieb, Gericht, Parlament) unterschiedlich strenge Normen an die Präzision und Eindeutigkeit von Formulierungen sowie an die Interpretationsbemühungen anzulegen. Immer benötigt jedoch das Formulieren und Verstehen von Gesprächsbeiträgen **ausreichende** Sorgfalt und Aufmerksamkeit.

Techniken des Formulierens werden ausführlich in Kapitel 3 besprochen. Vernünftige Argumente müssen angemessen formuliert werden. Dabei geht es nicht nur um Klarheit und Sachlichkeit, sondern auch um Wirksamkeit der Formulierungen im beiderseitigen Interesse. Erst Klarheit, Sachlichkeit und Wirksamkeit zusammengenommen machen die Angemessenheit von Formulierungen aus. In Kapitel 3 werde ich daher – vor allem im Anschluß an die antike Rhetorik – eine umfassende Systematik von effizienten und dabei rational akzeptablen Formulierungstechniken darstellen.

Hier gehe ich noch mit einigen Bemerkungen auf das angemessene Verstehen und Interpretieren von Gesprächsbeiträgen ein.

Um das eigene Verständnis abzusichern, ist es bei heiklen Themen durchaus angebracht, die Äußerungen der Gesprächspartner kurz zu resümieren und rückzufragen, ob diese Zusammenfassungen die Absichten der Sprecher korrekt wiedergeben. Keinesfalls dürfen in kritischen Diskussionen Äußerungen gezielt ‹mißverstanden› werden, obwohl sie im jeweiligen Zusammenhang präzis und deutlich formuliert worden sind. Unkooperative Techniken des Mißverstehens bestehen häufig darin, daß

- Ausdrücke wörtlich genommen werden, obwohl sie klar im übertragenen Sinn verwendet wurden;
- vorsichtige Einschränkungen einfach ‹überhört› werden und so dem jeweiligen Gegenüber einseitige oder übertriebene Positionen unterstellt werden;
- Äußerungen aus ihrem Zusammenhang gelöst und dadurch angreifbar(er) werden;
- durch bewußtes Mißverstehen von einem Thema abgelenkt und zu einem anderen übergegangen wird;
- dem Gesprächspartner boshafte oder sonstwie unkooperative Absichten unterstellt werden, obwohl sich das aus dessen Äußerungen gar nicht entnehmen läßt.

All diese Techniken erschweren einen Interessenausgleich enorm und sollten daher in vernünftig geführten Gesprächen unterlassen werden. Statt dessen sind gerade umgekehrt positive Techniken des Verstehens einzusetzen, wie zum Beispiel:

- Man soll den Sinn der Äußerungen optimal rekonstruieren, unter Zuhilfenahme von Vorwissen, Gesprächszusammenhang, Kenntnis der Gesprächspartner; sollten all diese Voraussetzungen nur mangelhaft gegeben sein, sollte durch Nachfragen Klarheit geschaffen werden.
- Man soll bis zu einem gewissen Grad Einseitigkeiten oder Übertreibungen gezielt ‹überhören› und so Großzügigkeit demonstrieren.
- Man soll Äußerungen immer relativ zum jeweiligen Zusammenhang interpretieren und dadurch grobe Mißverständnisse ausschließen.
- Man soll Gesprächspartnern so lange als möglich grundsätzliche Kooperativität unterstellen und daher fragwürdige Äußerungen nicht von vornherein als unaufrichtig, offensiv oder gar kränkend auffassen.

Probleme mit dem Verstehen und Interpretieren treten deswegen so leicht auf, weil der Inhalt von sprachlichen Äußerungen vielschichtig ist. Grob lassen sich drei inhaltliche Schichten unterscheiden:

1. **die Rolle in der Kommunikation** (z. B. Feststellung, Begrün-

dung, Rechtfertigung, Vorwurf, Kritik, Lob, Frage, Ausruf, Aufforderung, Bitte, Versprechen, Rat, Warnung, Drohung, Gruß, Abschied usw.);

2. **der mitgeteilte Sachverhalt** (z. B. Zustände, Vorgänge, Handlungen mit den daran beteiligten Größen, das heißt Gegenständen, Personen und [abstrakten] Größen wie Raum, Zeit, Ursachen, Wirkungen, Bedingungen, Folgen usw.);

3. **verschiedene Implikationen,** das heißt aus der Äußerung nur indirekt erschließbare Folgerungen, Voraussetzungen und Andeutungen.

Die Schichten 1 und 2 können wir wörtlich aus einer Äußerung entnehmen, Schicht 3 sind implizite, aber normalerweise rekonstruierbare Inhalte.

So können wir zum Beispiel mit einem als Frage formulierten Satz indirekt einen Vorwurf oder eine Aufforderung ausdrücken, ein Sachverhalt kann in einer ironischen Äußerung sein Gegenteil implizieren, eine höflich formulierte Umschreibung kann die Benennung einer Größe indirekt umschreiben oder nur knapp andeuten.

Manchmal ist die dritte Schicht des Äußerungsinhalts nur schwer zwingend nachzuweisen und bringt daher Deutungs- und Verstehensprobleme mit sich. Trotzdem ist zwischen realen Verständigungsproblemen und destruktivem Mißverstehen meist klar zu unterscheiden.

Besonders deutlich wird destruktives Mißverstehen in vielen Witzen vorgeführt, deren Pointe eben in gezielten Fehlinterpretationen besteht. Zur Illustration werden daher im folgenden einige jüdische Witze angeführt, in denen mit besonderem Feingefühl für sprachliche Nuancen verschiedene Möglichkeiten gezielten Mißverstehens vor Augen geführt werden:

1. Der Mathematiklehrer fragt den kleinen Mendelson: «Nun, Abi, was sind vier Prozent von 1000 Dollar?»
   «Recht haben Sie, Herr Lehrer», schüttelt Abi den Kopf, «was sind schon vier Prozent!»

2. In einem jüdischen Restaurant beschwert sich ein Gast: «Herr Ober, die Hühnersuppe schmeckt etwas komisch!»
«Ach, komisch soll sie sein? Dann lachen Sie doch!»

3. Ein Schnorrer hält Mrs. Feigenbaum auf der Straße an.
«Oj waj, Lady! Ich bin schwach vor Hunger. Ich habe seit vier Tagen nichts gegessen!»
«So geht's nicht weiter, guter Mann», sagt sie entschieden, «Sie müssen sich einfach dazu zwingen!»

4. Beckie und Solly Feigenbaum liegen im Bett.
«Tu mir doch einen Gefallen», sagt Solly, «und mach das Fenster zu. Draußen wird es langsam kalt.»
«Und du glaubst, wenn ich die Fenster schließe, wird es draußen wärmer?»

5. Eine Gruppe jüdischer Frauen beschließt, ihr intellektuelles Niveau zu heben. Keine Gespräche über Hausmädchen, Kinder, Schwiegersöhne – nur politische, soziale und gesellschaftliche Themen werden bei den Kaffeekränzchen erörtert.
«Was sagen Sie, meine Damen», spricht Sarah, «zu der neuesten Entwicklung in China?»
«Ach, China», schwärmt sofort Lea, «das wunderschöne Porzellan-Service, was Yang-Yong in seinem Schaufenster neben uns ausgestellt hat...»

Im ersten Witz ‹mißversteht› der kleine Abi listig die kommunikative Rolle der Äußerung des Lehrers: was als **Prüfungsfrage** gemeint war, wird von Abi als **Ausruf** interpretiert, dem er einfach zustimmt, indem er ihn wiederholt.

Im zweiten Witz tut der Ober so, als ob «komisch» hier nicht im übertragenen Sinn von «sonderbar», «unangenehm», «besorgniserregend» zu verstehen sei, sondern wörtlich als «heiterkeitserregend». Gleichzeitig interpretiert er die kommunikative Rolle der Äußerung bewußt als bloße Feststellung statt als Beschwerde oder Vorwurf.

Im dritten Witz entgeht Mrs. Feigenbaum eine offenkundige implizite Folgerung, die in der Äußerung des Schnorrers enthalten ist, nämlich, daß er vier Tage aus Mangel an Geld nicht essen **konnte**. Statt dessen deutet sie die Äußerung so, als habe der Schnorrer implizieren wollen, daß er vier Tage aus Appetitlosigkeit nichts essen **wollte**. Der vierte Witz enthält eine bewußte Vernachlässigung einer offenkundigen Folgerung, die sich aus Sollys Äußerung entnehmen hätte lassen:

Draußen wird es langsam kalt → Als Folge davon wird es auch hier drinnen allmählich kalt.

So kann Beckie in äußerst unkooperativer Weise so tun, als ob der Grund für Sollys Bitte die absurde Intention angäbe, die Umgebung und nicht die Wohnung erwärmen zu wollen.

Im fünften Witz wird wieder ein Wort gezielt mißverstanden, diesmal besonders deshalb, weil ein ungeliebtes Gesprächsthema vermieden bzw. beendet werden soll: «Entwicklung» ist im gegebenen Zusammenhang natürlich auf die politische Entwicklung in China selbst zu beziehen und nicht auf den Geschäftsgang des chinesischen Geschäfts um die Ecke.

Die eben illustrierten witzigen Verstöße gegen kooperatives Verstehen können in ernsteren Zusammenhängen das Gesprächsklima ebenso vergiften, wie umgekehrt Verstehensanstrengungen im Sinne von Regel 10 ein gutes emotionales Klima und damit eine wichtige Grundlage für eine vernünftige Diskussion schaffen.

Zusammenfassung

Regeln für vernünftiges Argumentieren setzen eine Klärung des Begriffes «Vernunft» bzw. «vernünftig» voraus. Zu diesem Zweck habe ich verschiedene Arten von Diskussionen voneinander abgegrenzt, die von hoffnungslos destruktivem Streit bis zu idealen philosophischen Dialogen reichen. Allzu ideale Anforderungen an die Vernünftigkeit von Diskussionen, wie sie der Philosoph Jürgen Habermas aufgestellt hat, wurden als unrealistisch zurückgewiesen. Ein Mittelbereich von Gesprächen, die einigermaßen realistische Anforderungen an vernünftiges Argumentieren stellen, umfaßt konstruktives Streiten, Verhandlungen, persuasive Dialoge und kritische Diskussionen. Alle diese Dialogtypen berücksichtigen bis zu einem gewissen Grad das gemeinsame Interesse der Gesprächsteilnehmer. In kritischen Diskussionen, die in diesem Buch im Mittelpunkt stehen, wird für vernünftiges Argumentieren der Vorrang des gemeinsamen Interesses besonders betont und außerdem kritische Distanz zum eigenen Standpunkt gefordert. Gelingt es nicht, eine Lösung im gemeinsamen Interesse zu finden, wird zumindest ein Interessenausgleich angestrebt.

Auf dieser Basis habe ich im Anschluß an die holländischen Sprachwissenschaftler Frans van Eemeren und Rob Grootendorst zehn Regeln für die Durchführung kritischer Diskussionen angegeben. Bei jeder Regel wurden auch Probleme ihrer Befolgung angesichts emotionaler Barrieren und schwieriger institutioneller Rahmenbedingungen erörtert. Die 10 Regeln betreffen die prinzipielle Redefreiheit (1.), die Begründungspflicht (2.), die korrekte Bezugnahme auf das von den Gesprächsteilnehmern Gesagte (3.), die Forderung nach größtmöglicher Sachlichkeit (4.), die korrekte Bezugnahme auf implizite Voraussetzungen (Prämissen) (5.), das Respektieren von gemeinsamen inhaltlichen Ausgangspunkten (6.), die Verwendung plausibler Argumentationsmuster (7.), das Beachten der logischen Gültigkeit (8.), die Annahme des in der Diskussion erzielten Ergebnisses (9.) und schließlich das Bemühen, klar zu formulieren und die Gesprächspartner möglichst korrekt zu verstehen (10.).

2. Bausteine der Argumentation

> Da die in der Topik Geübten alle «Orte», an denen beim Diskutieren
> Argumente gefunden werden können, wie die Buchstaben des Alpha-
> bets zu durchlaufen wissen, haben sie die Fähigkeit, sogleich zu sehen,
> was in jedem Fall überzeugungskräftig ist.
> *(Giambattista Vico: De nostri temporis studiorum ratione, III)*

Allgemeine Grundbegriffe

In unseren alltäglichen Dialogen können wir eine enorme Fülle
unterschiedlicher Formen der Argumentation beobachten. Diese
verwirrende Vielfalt konkret geäußerter Argumente läßt sich jedoch auf eine relativ kleine Menge zugrundeliegender inhaltlicher
Muster, Schemata oder Modelle zurückführen. Ja, es ist sogar der
Versuch unternommen worden, alle diese Muster auf **ein** elementares Grundmuster zurückzuführen. Denn die Bestandteile der
meisten alltäglichen Diskussionsbeiträge lassen sich auf ein dreiteiliges elementares Argumentationsmuster reduzieren (eine ver-
einfachte Fassung des bekannten Toulmin-Schemas; zu Toulmin
vgl. die Literaturhinweise).

So zeigen die folgenden Beispiele trotz all ihrer inhaltlichen Unterschiede deutlich eine gemeinsame Grundstruktur:

1. Wir müssen die Rosen öfter gießen, weil sie sonst eingehen.
2. Du mußt dich besser und regelmäßiger auf die Prüfungen in der
    Schule vorbereiten, sonst wirst du eines Tages durchfallen.
3. Du mußt deine Verschwendungssucht in den Griff bekommen,
    weil wir sonst die laufenden Haushaltsausgaben nicht mehr fi-
    nanzieren können.

4. Sie müssen mehr Sorgfalt auf Ihr Äußeres verwenden, sonst werden Sie nie eine Anstellung bekommen.
5. Die Erziehungsinstitutionen müssen der wachsenden Fremdenfeindlichkeit entgegenwirken, denn es droht die Gefahr einer weiteren Brutalisierung der Gesellschaft.

Die diesen Beispielen gemeinsame Struktur läßt sich wie folgt abstrakter umschreiben:

> Es müssen bestimmte Handlungen X vollzogen werden, weil im Fall ihrer Unterlassung negativ bewertete Folgen A, B, C etc. eintreten (können).

Hier wird stets eine Behauptung aufgestellt (die Forderung nach bestimmten Maßnahmen), die jeweils durch ein Argument (das Bevorstehen negativer Folgen, wenn wie bisher fortgefahren wird) begründet wird. Vorausgesetzt wird dabei eine allgemeine inhaltliche Regel, die garantiert, daß aus diesen Argumenten wirklich die Behauptung folgt, etwa folgender Art:

> Wenn bei Unterlassung der Handlungen X bestimmte negative bewertete Folgen A, B, C etc. eintreten können, sind diese Handlungen X zu vollziehen.

Die Anwendung dieses Musters kann auch auf positive Folgen erweitert werden:

7. Hör auf zu rauchen, weil das deiner Gesundheit sehr nützen wird.
8. Wir sollten alle langsamer fahren, weil das die Unfallhäufigkeit und Unfallschwere reduziert.
9. Spare mehr, dann kannst du dir deine Urlaubsträume erfüllen.

Ein entsprechendes elementares dreiteiliges Schema, das auf einer noch allgemeineren Ebene mit beliebigen (positiven oder negativen) Folgen einer Handlung operiert, lautet folgendermaßen (vgl. auch unten Kapitel 2, S. 135, Muster 18 und 19):

Diese drei Bestandteile können schließlich auf sehr allgemeiner Ebene als Elemente eines dreiteiligen Basisschemas der Argumentation dargestellt werden:

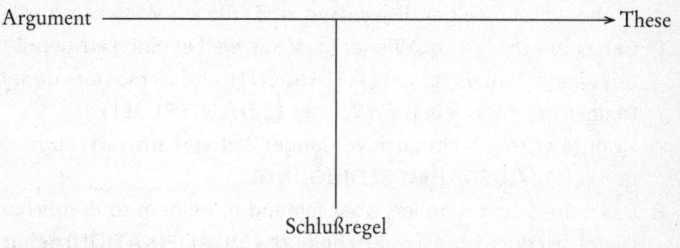

Argument ──────────────────────────→ These

Schlußregel

Wenn bestimmte Folgen A, B, C etc. eintreten können, soll man entsprechende Handlungen X (nicht) vollziehen.
<u>Bestimmte Folgen A, B, C etc. können eintreten.</u>
Also: Entsprechende Handlungen X soll man (nicht) vollziehen.

Das **Argument** ist der Grund, der für oder gegen eine strittige These angeführt wird. Soll die Argumentation überzeugend sein, muß das Argument haltbar, das heißt wahr oder zumindest wahrscheinlich sein. Es muß aber auch sinnvoll auf die strittige These Bezug nehmen. Der sinnvolle Bezug setzt das Bestehen einer **Schlußregel** voraus. Die Schlußregel ist eine inhaltliche Regel allgemeiner Art, die garantiert, daß vom Argument auch tatsächlich auf die strittige These geschlossen werden kann. In diesem Fall ist das Argument relevant. Plausible Argumente müssen haltbar **und** relevant sein. Sehr häufig werden die Schlußregeln nicht ausdrücklich genannt, sondern implizit vorausgesetzt. Die **These** schließlich ist die strittige Behauptung, die in der Diskussion begründet bzw. widerlegt werden soll.

Zu diesen elementaren Bestandteilen jeder Argumentation können noch **Ausnahmebedingungen** hinzutreten: Sie geben an (falls nötig), in welchen Fällen nicht vom Argument auf die These geschlossen werden kann. Außerdem können **qualifizierende Angaben zur Stärke der Schlußfolgerung** hinzugefügt werden, die deutlich machen, ob zwingend oder nur mit großer Wahrscheinlichkeit oder sogar nur mit großen Vorbehalten auf die These geschlossen werden kann. Dazu ein Beispiel:

A: Woher willst du eigentlich wissen, daß Fritz aus Wien kommt?
B: Ganz einfach: Fritz ist Wiener (THESE), weil er einen ausgeprägten Wiener Dialekt spricht (ARGUMENT), und wer so stark diesen Dialekt spricht, ist eben ein Wiener (SCHLUSSREGEL).
A: Könnte er aber nicht auch vor langer Zeit von auswärts zugezogen sein? (AUSNAHMEBEDINGUNG)
B: Das wäre schon möglich, aber jemand mit einem so deutlichen Dialekt ist doch höchstwahrscheinlich (QUALIFIKATION) gebürtiger Wiener.

Argumentationen können nicht nur auf die Wahrheit, Wahrscheinlichkeit oder Falschheit von strittigen Thesen Bezug nehmen (zum Beispiel: «Thomas Klestil ist der jetzige [am 13. 1. 1996] Bundespräsident von Österreich»), sondern auch auf die Angemessenheit, Richtigkeit oder Akzeptabilität moralischer Werte, Prinzipien und Verhaltensnormen (zum Beispiel: «Thomas Klestil soll auch nach der nächsten Wahl der österreichische Bundespräsident bleiben»). Entsprechend ist es möglich, alle elementaren Argumentationsmuster als **faktische** oder als **normative** einzuordnen: Bei faktischen Mustern kommen nur faktische Sätze vor, also Tatsachenbehauptungen. Bei normativen Mustern kommen nur normative Sätze, also Werturteile, oder eine Mischung aus faktischen und normativen Sätzen vor. Im Einzelfall kann es allerdings sehr schwer sein, bloß feststellende und bloß wertende Äußerungen voneinander zu unterscheiden. Es gibt auch Übergangsbereiche und Mischformen wie in den folgenden kontinuierlichen Übergängen von positiv bewertenden Ausdrücken über weniger positive bzw. neutral-feststellende zu deutlich negativ bewertenden:

1. Er denkt einfach an alles. 2. Er ist ein vorsichtiger und vorausdenkender Mensch. 3. Er neigt zur Vorsicht. 4. Er neigt zu Übervorsichtigkeit. 5. Er ist ein ängstlicher Mensch. 6. Er ist ein Feigling. 7. Er ist ein jämmerlicher Waschlappen.

1. Sie redet offen und ehrlich. 2. Sie macht aus ihrem Herzen keine Mördergrube. 3. Sie redet, wie ihr der Schnabel gewachsen ist. 4. Sie wird öfters sehr direkt. 5. Sie redet grob daher. 6. Sie redet wie ein vulgäres Trampel.

(Vgl. auch Kapitel 3, S. 201 ff., zum Problem der sachlichen Formulierung und 3, S. 247 ff., zur Definitionen in Streitgesprächen.)

Weiter kann man Muster der Argumentation danach einteilen, ob sie für oder gegen eine strittige These eingesetzt werden. Je nachdem handelt es sich um **Pro-** bzw. **Kontra-**Argumentation:

A: Ich will einen Spielcomputer, weil alle meine Freunde auch einen bekommen haben. (Pro-Argumentation)
B: Daß alle deine Freunde einen haben, heißt noch lange nicht, daß du auch einen haben mußt. (Kontra-Argumentation)

Schließlich können Argumentationsmuster einerseits auf die reale Welt bezogen sein; sie werden dann im Indikativ, das heißt der grammatischen ‹Wirklichkeitsform› formuliert: «X ist der Fall, also ist auch Y der Fall.» Andererseits können sie auch auf bloß mögliche, fiktiv angenommene ‹mögliche Welten› Bezug nehmen, die der wirklichen mehr oder weniger nahestehen. Solche Argumentationen werden meist im Konjunktiv, der grammatischen ‹Möglichkeitsform›, formuliert: «Nehmen wir an, X sei der Fall; dann wäre auch Y der Fall.» Entsprechend lassen sich **reale** und **fiktive** Argumentationen unterscheiden. Fiktive Argumentationen erweitern das Potential verfügbarer Argumente in der Diskussion enorm, können allerdings alle dahingehend kritisiert werden, daß sie eben nicht von Zusammenhängen der realen Welt ausgehen. Wenn die fiktiven Annahmen jedoch nicht allzu phantastisch sind, ergibt sich eine gewisse Plausibilität daraus, daß die fraglichen Ereignisse tatsächlich so ablaufen hätten können oder könnten, wie in der fiktiven Argumentation angenommen wird. Zudem sind wir oft mangels verfügbarer Daten und Details oder aufgrund mangelnder Faktenkenntnisse auf fiktive Annahmen angewiesen, um überhaupt weiterargumentieren zu können.

Die bisher eingeführten Unterscheidungen lassen sich durch die folgenden beiden Beispiele veranschaulichen:

A: Ich finde, der Golfkrieg wäre vermeidbar gewesen.
B: Nein! Nimm an, der Golfkrieg hätte nicht stattgefunden: dann hätte Saddam Hussein jetzt die Atombombe zur Verfügung – eine völlig unakzeptable Konsequenz!

B's Argumentation ist normativ (vgl. «eine völlig unakzeptable Konsequenz»), kontra (gegen die strittige These «der Golfkrieg wäre vermeidbar gewesen» gerichtet) und fiktiv (vgl. «dann hätte…»), das heißt, mögliche, nicht real eingetretene Folgen werden in die Argumentation einbezogen. Diese Argumentation läßt sich mit dem dreigliedrigen Schema explizit darstellen:

Wenn der Golfkrieg vermieden worden wäre, hätte Saddam Hussein jetzt die Atombombe zur Verfügung.
Angenommen, der Golfkrieg hätte nicht stattgefunden.
Also: Saddam Hussein hätte jetzt die Atombombe zur Verfügung, was eine völlig unakzeptable Konsequenz wäre.

Das zweite Beispiel ist einem Plakat von «amnesty international» gegen die Todesstrafe nachempfunden:

A: Es ist doch klar, daß die Todesstrafe nichts anderes als ein Verbrechen ist.
B: Warum?
A: Na ja, letzten Endes ist Todesstrafe doch auch eine Art Mord, und Mord ist ein Verbrechen.

A's Argumentation ist faktisch («…ist…»), pro (für die in Frage gestellte These, daß Todesstrafe ein Verbrechen ist) und real (das heißt auf die reale Welt bezogen). Dieses Beispiel zeigt zugleich die Schwierigkeit, faktische und normative Argumentationen voneinander abzugrenzen: Der Ausdruck «Verbrechen» impliziert natürlich bestimmte Wertungen negativer Art.

Auch diese Argumentation läßt sich mit Hilfe des dreiteiligen Schemas darstellen:

Wenn Todesstrafe auch Mord ist, ist Todesstrafe ein Verbrechen.
<u>Todesstrafe ist auch eine Art Mord.</u>
Also: Todesstrafe ist ein Verbrechen.

Neben diesen Unterscheidungen allgemeiner Natur lassen sich auch viele speziellere Argumentationsmuster unterscheiden, je nach dem inhaltlichen Zusammenhang zwischen Argument und These, wie er in der Schlußregel enthalten ist. Dies kann zum Beispiel ein Zusammenhang der Einordnung eines Unterbegriffs in einen Oberbegriff sein wie im obigen Beispiel: «Wenn Todesstrafe auch Mord ist, ist Todesstrafe ein Verbrechen.» Diese Schlußregel kann allgemein so formuliert werden:

Wenn X unter den Unterbegriff A fällt, dann fällt X auch unter den Oberbegriff B.

Anhand dieser und anderer Schlußregeln unterscheide ich auf sehr allgemeiner Ebene etwa **30 Bausteine bzw. Muster der Alltagsargumentation**. Dabei wird natürlich von den unzähligen speziellen inhaltlichen Varianten dieser Muster weitgehend abstrahiert. Die Kenntnis dieser Muster ist ein Bestandteil unserer argumentativen Fähigkeiten: Wir verfügen über sie (allerdings meist nur intuitiv und nur teilweise bewußt), wenn wir im Alltag diskutieren. Im folgenden wird dieses intuitive Wissen im Überblick dargestellt und damit explizit verfügbar gemacht. Eine generelle Warnung ist jedoch angebracht: Die speziellen Anwendungen dieser allgemeinen Muster können sehr stark variieren, was ihre Plausibilität betrifft. Daher muß zur kritischen Beurteilung eines konkreten Diskussionsbeitrags stets gefragt werden, ob das allgemeine Muster korrekt auf ein spezielles Thema in einer bestimmten Situation angewendet worden ist. Zu diesem Zweck sind jeweils Standards für die Anwendung der Muster zu beachten. Diese Standards können durch kritische Fragen eingeklagt werden, die die Plausibilität von konkreten Argumenten testen. Ich führe solche kritischen Fragen zu jedem Muster an. Sie stellen ein Instrument der Kritik dar, ebenso wie die Muster ein Instrument zur Findung und Bildung von plausiblen Argumenten darstellen.

Die Kenntnis der etwa 30 Muster ist zwar eine wichtige Grundvoraussetzung für plausibles Argumentieren und kann auch als Suchraster dienen, mit dem wir relevante Argumente auswählen können. Sie reicht aber allein noch nicht für die Erstellung plausibler Diskussionsbeiträge aus. Man muß zusätzlich die Fähigkeit schulen oder verbessern, die Argumente dem jeweiligen Thema und Diskussionszusammenhang so anzupassen, daß sie plausibel, das heißt haltbar und relevant sind. Dabei müssen wir zum Beispiel mögliche Ausnahmebedingungen beachten, etwaige Einschränkungen und Abschwächungen formulieren, die Stärken und Schwächen einschlägiger Argumente berücksichtigen, verschiedenartige Argumente kombinieren, wenn sie einzeln zu schwach sind, aber alle zusammen geeignet sind, die strittige These zu stützen etc.

Die Nützlichkeit des Argumentekatalogs als Suchraster führt die folgende schematische Darstellung näher aus. Eine Serie von Fragen zur strittigen These zeigt auf, wie wir Argumente pro oder kontra finden können. Sie verweist zugleich auf die jeweiligen Muster der Argumentation, in denen die entsprechenden Argumente ihren «Platz» haben. In der antiken Rhetorik und Dialektik wurden entsprechend diese Suchformeln seit Aristoteles als «Orte» (griechisch **topoi**, lateinisch **loci**) und seit Cicero auch als «Wohnsitze der Argumente» (**sedes argumentorum**) bezeichnet (vgl. Schema S. 81).

Den neun Großklassen von Mustern der Alltagsargumentation, die durch die obigen Fragen erschlossen werden, lassen sich feiner in Untergruppen einteilen. Im folgenden werden – wie bereits erwähnt – etwa 30 speziellere Bausteine des Argumentierens mit Beispielen vorgeführt. Aus praktischen Gründen vernachlässige ich dabei zahlreiche weitere mögliche Varianten und Sonderformen, um die Präsentation knapp und übersichtlich zu halten. Meine Darstellung folgt dabei einer im wesentlichen gleichbleibenden Reihenfolge:

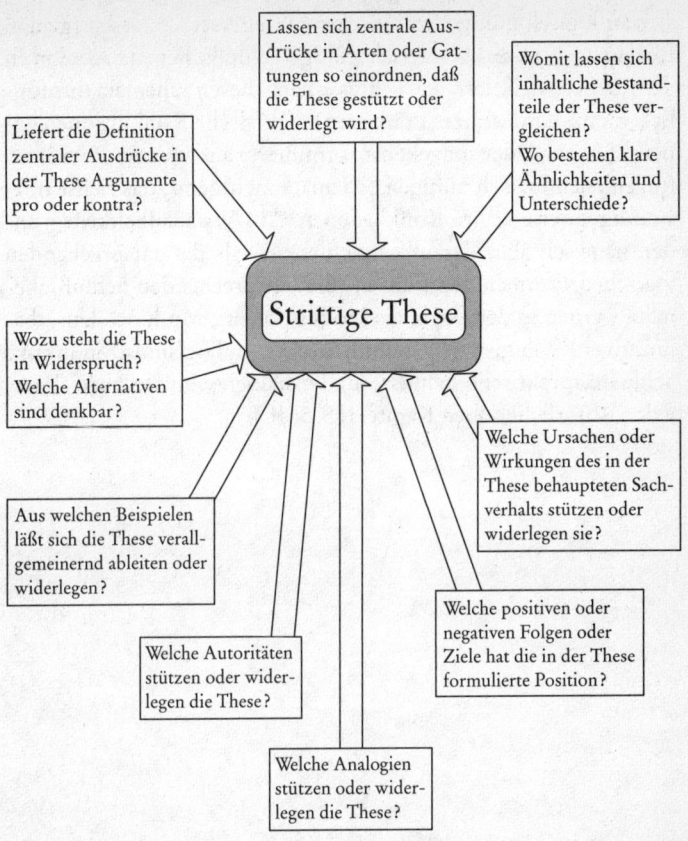

Lassen sich zentrale Ausdrücke in Arten oder Gattungen so einordnen, daß die These gestützt oder widerlegt wird?

Womit lassen sich inhaltliche Bestandteile der These vergleichen?
Wo bestehen klare Ähnlichkeiten und Unterschiede?

Liefert die Definition zentraler Ausdrücke in der These Argumente pro oder kontra?

Strittige These

Wozu steht die These in Widerspruch?
Welche Alternativen sind denkbar?

Welche Ursachen oder Wirkungen des in der These behaupteten Sachverhalts stützen oder widerlegen sie?

Aus welchen Beispielen läßt sich die These verallgemeinernd ableiten oder widerlegen?

Welche positiven oder negativen Folgen oder Ziele hat die in der These formulierte Position?

Welche Autoritäten stützen oder widerlegen die These?

Welche Analogien stützen oder widerlegen die These?

- Jeweils zu Beginn werden allgemeine Formulierungen der Muster angeführt. Dabei nehme ich nur gelegentlich schon in die allgemeinen Formulierungen Ausnahmebedingungen auf.
- Dann folgt ein klares, oft triviales Beispiel für die plausible Anwendung des jeweiligen Musters.
- Anschließend diskutiere ich problematische bis trugschlüssige Anwendungen der Muster.
- Am Schluß kommt jeweils die Liste mit kritischen Fragen.
  Alle Muster sind so formuliert, daß sie logisch gültig sind oder

sich in logisch gültige Schlußschemata übersetzen lassen (gemäß Regel 8 in Kapitel 1). Logisch gültige Schlußschemata werden in der Logik so definiert, daß Schlüsse nach diesen Schemata **unmöglich** wahre Vordersätze (Prämissen) und falsche Konklusionen haben können. Oder umgekehrt formuliert: aus wahren Prämissen folgen nach logisch gültigen Schemata **zwingend, das heißt notwendigerweise** wahre Konklusionen. Aus Verständlichkeitsgründen habe ich aber darauf verzichtet, jeweils die entsprechenden logischen Formeln anzuführen (die entsprechenden Schlußschemata werden in der Logik als Modus ponens, Modus tollens, disjunktiver Syllogismus, hypothetischer Syllogismus, induktive Schlüsse, praktische Schlüsse und Analogieschlüsse bezeichnet; vgl. ausführlicher oben Kapitel 1, S. 56 ff.).

Plausible Muster der Alltagsargumentation

Definitionen: inhaltliche Äquivalenz

Die Grundlage für Schlüsse nach diesen Mustern bildet die inhaltliche Äquivalenz von Definition und definiertem Ausdruck, was die Schlußfolgerungen nach Definitionsmustern ermöglicht. Wenn inhaltliche Äquivalenz vorliegt, können wir nämlich Definition und Definiertem dieselben Eigenschaften zuschreiben oder absprechen: Was beispielsweise für «Junggeselle» gilt, gilt auch für «(noch) nicht verheirateter Mann» und umgekehrt. Ein weniger triviales Beispiel: Was für den Ausdruck «Politik» gilt, gilt auch für dessen Definition «auf die Durchsetzung bestimmter Ziele besonders im staatlichen Bereich und auf die Gestaltung des öffentlichen Lebens gerichtetes Handeln von Regierungen, Parlamenten, Parteien, Organisationen o. ä.» (so die Definition im DUDEN-Universalwörterbuch, 2. Aufl. 1989) und umgekehrt (vorausgesetzt, alle an der Diskussion Beteiligten können diese Definition akzeptieren!).

Viele Diskussionsbeiträge, die Definitionen enthalten, lassen sich auf die folgenden allgemeinen Muster zurückführen (ich entnehme die Beispiele für Definitionen wieder dem DUDEN-Universalwörterbuch):

1. Was für die Definition gilt, gilt auch für das Definierte und umgekehrt.
   <u>X gilt für die Definition.</u>
   Also: X gilt auch für das Definierte.

Beispiel:
Was für eine «starke, übersteigerte Furcht, jemandes Liebe oder einen Vorteil mit einem oder einer anderen teilen zu müssen oder an eine(n) andere(n) zu verlieren» zutrifft, gilt auch für «Eifersucht» und umgekehrt.

> Eine starke, übersteigerte Furcht, jemandes Liebe oder einen Vorteil… teilen zu müssen oder an eine(n) andere(n) zu verlieren, kann zu Beziehungskrisen führen.
>
> Also: Eifersucht kann zu Beziehungskrisen führen.

2. Was für die Definition nicht gilt, gilt auch nicht für das Definierte und umgekehrt.

   X gilt nicht für die Definition.

   Also: X gilt auch nicht für das Definierte.

Beispiel:

> Wer «tolerant» ist, ist «in Fragen der religiösen, politischen oder anderen Überzeugung bereit, eine andere Anschauung, Einstellung, andere Sitten, Gewohnheiten und anderes gelten zu lassen» (und umgekehrt)
>
> Rechts- und Linksradikale sind nicht bereit, in Fragen der … Überzeugung … gelten zu lassen.
>
> Also: Rechts- und Linksradikale sind nicht tolerant.

Das Problem bei Alltagsdiskussionen, in denen Definitionen eine entscheidende Rolle spielen, besteht darin, daß Definitionen bei weitem nicht immer so relativ unproblematisch sind wie in den obigen Beispielen. Oft kann nicht von einer für alle Beteiligten gemeinsamen Definition ausgegangen werden (vgl. auch Kapitel 3, S. 247 ff.). Damit wird aber die Anwendung der Muster 1 und 2 problematisch. Wiewohl sie logisch gültige Formen des Folgerns darstellen, ist ihre Plausibilität dadurch vermindert, daß für manche Diskussionsteilnehmer die jeweilige Definition wenig oder gar nicht akzeptabel ist.

In solchen Fällen ist es ratsam und oft auch hilfreich für die Fortführung der Debatte, allgemein anerkannte Quellen für Definitionen heranzuziehen wie Wörterbücher, Enzyklopädien und andere Nachschlagewerke. Soweit verfügbar, können auch wissenschaftliche Definitionen benützt werden. Abgesehen von dem praktischen Problem, daß diese Quellen oft nicht greifbar sind,

sind Definitionen aber häufig auch in den Wissenschaften umstritten, oder es gibt für das Diskussionsthema keine klassische (Natur-) Wissenschaft, die als allgemein verbindliche Autorität auftreten könnte, zum Beispiel bei Fragen der Bewertung von Kunstwerken, sowie bei moralischen oder religiösen Diskussionsthemen.

Ein Beispiel für eine nicht unproblematische Definition entnehme ich wieder dem DUDEN: «Mensch» wird dort als «mit der Fähigkeit zu logischem Denken und zur Sprache, zur sittlichen Entscheidung und Erkenntnis von Gut und Böse ausgestattetes höchstentwickeltes Lebewesen» definiert. Diese auf den ersten Blick durchaus plausible Definition könnte jedoch den höchst zweifelhaften Schluß ermöglichen, daß seelisch oder geistig Behinderte keine Menschen seien:

Wer ein «Mensch» ist, ist ein «mit der Fähigkeit zu logischem Denken und zur Sprache, zur sittlichen Entscheidung und Erkenntnis von Gut und Böse ausgestattetes höchstentwickeltes Lebewesen» (und umgekehrt).
Seelisch oder geistig Behinderte sind nicht mit der Fähigkeit zu logischem Denken... ausgestattete höchstentwickelte Lebewesen.
Also: Seelisch oder geistig Behinderte sind keine Menschen.

In diesem Fall wäre die Definition wohl dahingehend zu verbessern, daß hinzugefügt wird: «wobei diese Fähigkeiten bei psychisch oder geistig behinderten Menschen in unterschiedlichem Ausmaß nur eingeschränkt verfügbar sein können».

In noch problematischeren Fällen ist häufig nicht vermeidbar, daß die Gesprächsteilnehmer jeweils unterschiedliche Definitionen aufstellen. Dies muß jedoch nicht negativ gesehen werden. Für eine pluralistische Sicht der Welt ist es sogar rational und wünschenswert, wenn viele Definitionen und Gegendefinitionen in die Debatte eingebracht werden, um ein möglichst vielschichtiges Bild vom strittigen Gegenstand zu bekommen. Anschließend können wir versuchen, in eine Vergleichsphase mit einer kritischen Bewertung der verschiedenen Definitionen einzutreten, um über bloße

«Definitionskämpfe» oder «Bezeichnungskämpfe» hinauszukommen (vgl. Kapitel 3, S. 202 f. und S. 251 ff.). Bei diesen kritischen Vergleichen treten Vergleichs-Muster der Argumentation in den Vordergrund (vgl. Kapitel 2, S. 103 ff.)

Problematische Verwendungen von Definitionsmustern können auch an folgendem Beispiel veranschaulicht werden: Der Parteivorsitzende der (damals noch so genannten) Freiheitlichen Partei Österreichs (FPÖ), Jörg Haider, hat vor Jahren die Bezeichnung «österreichische Nation» als «ideologische Mißgeburt» charakterisiert. Die dadurch ausgelösten politischen Diskussionen kreisten wesentlich um die Definition des Ausdrucks «Nation». Man kann sich nun für die Klärung des alltäglichen Sprachgebrauchs auf eine Wörterbuchdefinition beziehen (wie auch in Kapitel 3, S. 249 ff., empfohlen).

Dabei stößt man jedoch auf das Problem, daß etwa im «DUDEN, Deutsches Universalwörterbuch» gleich drei Definitionen von «Nation» gegeben werden:

[...] a) große, meist geschlossen siedelnde Gemeinschaft von Menschen mit gleicher Abstammung, Geschichte, Sprache, Kultur, die ein politisches Staatswesen bilden [...];
b) Staat[swesen] [...];
c) [umgangssprachlich] Menschen, die zu einer Nation gehören; Volk [...].

Dennoch enthalten alle drei Definitionen einen gemeinsamen Inhalt, der als Bedeutungskern von «Nation» isoliert und herausgelöst werden kann: «(politisches) Staatswesen (bzw. dessen Bewohner)». Somit kann nach 1. wie folgt argumentiert werden:

1 a. Wenn Österreich ein politisches Staatswesen ist, ist Österreich eine Nation und umgekehrt.
Österreich ist ein politisches Staatswesen.
Also: Österreich ist eine Nation.

Natürlich wäre diese Argumentation seinerzeit für Haider und seine Anhänger nicht akzeptabel gewesen. Seine (deren) damalige Definition von «österreichische Nation» als «ideologische Mißgeburt» ist aber zumindest insofern fragwürdig, als sie sich nicht auf einen offenkundig verbreiteten und in Wörterbüchern festgehaltenen Gebrauch des Ausdrucks «Nation» als politisch definierte Größe berufen kann. Sie wird außerdem nur dann akzeptabel, wenn man die Definition von «Nation» auf bestimmte geschichtliche, sprachliche und kulturelle Faktoren einengt und den in den DUDEN-Definitionen enthaltenen Bedeutungskern «politisches Staatswesen» für unwesentlich erklärt. Dies führt jedoch zu kaum haltbaren Konsequenzen, denn man müßte dann nicht nur Österreich, sondern auch die Schweiz (und eventuell auch Holland) zu «Nicht-Nationen» erklären, da sie jahrhundertelang enge politische, sprachliche und kulturelle Verbindungen mit Deutschland hatten.

Problematisch sind auch Varianten der Definitionsmuster 1 und 2, bei denen die Definitionen auf der Etymologie beruhen, das heißt der historisch rekonstruierbaren früheren bzw. ursprünglichen Bedeutung von Ausdrücken. Diese Art von Argumentation beruht auf der Gleichsetzung von «ursprüngliche Bedeutung» mit «wahre, tiefere, eigentliche Bedeutung». Das ist jedoch kaum akzeptabel, da die ursprüngliche Bedeutung nur **zeitlich** früher und damit nicht schon zugleich ‹wirklicher› oder höherwertiger ist als die später übliche Bedeutung.

Dazu ein Beispiel aus demselben politischen Umfeld: A. Mölzer, lange Zeit Chefideologe der früheren FPÖ, definiert «Zugehörigkeit zum deutschen Volk» mit «Sprechen von Deutsch als Muttersprache». Ermöglicht wird diese für viele zweifelhafte Gleichsetzung durch die Etymologie von «deutsch» = ahd. «diutisc» «zum Volk gehörig» bzw. ahd. «thiot» «Volk». Diese Etymologie ist zwar korrekt, was aber noch lange nicht Mölzers Schlußfolgerung rechtfertigt. Sein Schluß kann wie folgt rekonstruiert werden:

1 b: Was für die etymologische Grundbedeutung von «deutsch» (<
«diutisc» = «zum Volk gehörig») gilt, gilt auch für «deutsch»,
und umgekehrt.
Österreicher sprechen Deutsch.
Also: Österreicher gehören zum deutschen Volk.

Ausführlich zeigt sich dieser Kern von Mölzers Argumentation in
folgendem Abschnitt seines Buchs «Österreich – ein deutscher
Sonderfall» (1988, S. 131 f):

Der Name «deutsch» kommt nicht von der geographischen Bezeichnung wie etwa der Name des Italienischen, des Spanischen
und der vieler anderer Sprachen, sondern von einem Wort, das
«Volk» bedeutet hat: Entweder also Sprache des Volkes im Gegensatz zum Latein der Gelehrtenwelt oder des Volkes im Sinne
fränkischer Stammesverwandtschaft gegenüber dem Welschen
der Romanen westlich des Rheins und südlich der Alpen.
Gerade aber das 1200 jährige Jubiläum dieser deutschen Sprache,
die sich nie staatlich eingrenzen ließ, sollte den Menschen deutscher Muttersprache in der politischen Lage des ausgehenden
20. Jahrhunderts zu denken geben. Nicht ideologische Unterschiede, nicht die Grenzen der Machtblöcke und nicht staatliche
Grenzziehungen trennen ein Volk, sondern einzig die Unterschiede der Sprache. **Solange diese deutsche Sprache aber den
Menschen zwischen Belt und Etsch, zwischen Maas und Memel
gemeinsam ist, gehören sie eben diesem selben Volk an.** (Hervorhebung von mir, M. K.)

Gegen eine Gleichsetzung von Sprache und Nation lassen sich
aber auch unabhängig von der Fragwürdigkeit der etymologisie-
renden Begründung Einwände erheben, die z. B. von dem Sprachwissenschaftler Florian Coulmas in seiner Abhandlung zum
Thema «Sprache und Staat» (1985, S. 12) vorgebracht werden:

Die Sprache ist jedoch weder eine notwendige noch eine hinreichende Bedingung für die Existenz einer Nation oder gar eines

Staates. Trotz der Sprachenspaltung spricht man von der kanadischen, der belgischen oder der Schweizer Nation, weil die anderen Faktoren, die eine Nation ausmachen, in den genannten Fällen hauptsächlich das Bewußtsein der gemeinsamen Geschichte, schwerer wiegen als der Unterschied zwischen den Sprachen. Allgemein kann man sagen, daß es vor allen Dingen das Gefühl der Zusammengehörigkeit einer Gemeinschaft ist, das einer Nation Bestand verleiht – keine Nation also ohne Nationalbewußtsein. **Worauf dieses Bewußtsein beruht, kann sehr verschieden sein,** was von den jeweiligen historischen Kontingenzen abhängt: Abstammung, Sprache, Kultur, Religion, gemeinsame geschichtliche Vergangenheit sind die wichtigsten Kriterien, aus denen eine Nation ihre Einheit bezieht, in unterschiedlicher Gewichtung und Auswahl. (Hervorhebung von mir, M.K.)

Klar trugschlüssig sind schließlich Argumentationen, die a) auf Definitionen beruhen, die doppeldeutige Ausdrücke enthalten, oder b) auf zirkulären Definitionen, in denen der definierte Ausdruck in der Definition (teilweise) wiederkehrt, wodurch Leerformeln (Tautologien) entstehen. Ein Beispiel für die erste fehlerhafte Argumentationsform bietet die folgende – in dieser Form kaum ernstzunehmende – Dialogpassage:

A: Teilen ist eine wünschenswerte Handlung, nicht wahr?
B: Natürlich!
A: Also teile meine Dreckarbeit mit mir, da du doch Teilen für eine wünschenswerte Handlung hältst.

Hier wird «teilen» einmal im Sinn von «ein positiv bewertetes Gut auch anderen zukommen lassen» verwendet, bei der Schlußfolgerung jedoch im Sinn von «jemandem bei einer negativ bewerteten Tätigkeit helfen».

Ein Beispiel für eine Argumentation mit einer zirkulären Definition ist die folgende Äußerung:

A: Frauen können bestimmte berufliche Führungspositionen nicht erreichen, weil das schwache Geschlecht dazu einfach nicht in der Lage ist.

In dieser Argumentation wird die Tautologie «**Frauen** können bestimmte berufliche Führungspositionen nicht erreichen, weil **Frauen** bestimmte berufliche Führungspositionen nicht erreichen können» durch die Verwendung ‹synonymer› Ausdrücke («das schwache Geschlecht», «in der Lage sein») nur notdürftig kaschiert. Tatsächlich dient die Ersetzung von Ausdrücken durch Synonyme oft strategischen Zwecken: Im obigen Beispiel suggeriert «das schwache Geschlecht» eine gewisse Unfähigkeit zu anstrengender bzw. hochqualifizierter Arbeit.

Um akzeptable von weniger oder nicht mehr akzeptablen Verwendungen der Definitionsmuster 1 und 2 zu unterscheiden, sind die folgenden kritischen Fragen nützlich:

1. Ist die Definition am allgemeinen Sprachgebrauch orientiert und durch einschlägige Nachschlagewerke bzw. Expertenmeinungen legitimiert?
2. Wenn nicht, ist sie durch andere seriöse Gründe (zum Beispiel wissenschaftliche) akzeptabel?
3. Ist die Definition klar (das heißt weder mehrdeutig noch zirkulär)?
4. Gilt X wirklich für die Definition / das Definierte?
5. Gilt X wirklich nicht für die Definition / das Definierte?

Art-Gattung: Unter- und Überordnung

Art-Gattung-Muster haben mit der Einordnung von Einzeldingen oder Individuen in Gesamtheiten (Arten) zu tun. Dadurch, daß diese Gesamtheiten in Gattungen eingeordnet werden können, die ihrerseits als «Arten höherer Ordnung» in noch größere Gattungen eingeordnet werden können, ergeben sich Hierarchien von immer umfangreicheren Arten und übergeordneten Gattungen:

So gilt für Sokrates, daß er ein Grieche ist, für alle Griechen, daß sie Menschen sind, für alle Menschen, daß sie Lebewesen sind usw. Diese Hierarchien bilden die Grundlage für die folgenden Schlußmuster:

3. Wenn X einer Art Y angehört, gehört X auch der zugehörigen Gattung Z (und allen übergeordneten Gattungen Z') an.
   <u>X gehört der Art Y an.</u>
   Also: X gehört der zugehörigen Gattung Z an.

4. Wenn X einer Art Y angehört, gehört X auch der zugehörigen Gattung Z (und allen übergeordneten Gattungen Z') an.
   <u>X gehört der zugehörigen Gattung Z nicht an.</u>
   Also: X gehört der Art Y ebenfalls nicht an.

Klassische, in dieser Form aber triviale Beispiele für 3. und 4. sind:

Alle Griechen sind Menschen.   Alle Griechen sind Menschen.
<u>Sokrates ist ein Grieche:</u>   <u>Zeus ist kein Mensch.</u>
Also: Sokrates ist ein Mensch.   Also: Zeus ist kein Grieche.

Bemerkung: Es handelt sich bei «Sokrates» und «Zeus» um den berühmten Philosophen Sokrates, den Lehrer Platons, und um Zeus, den Göttervater und obersten olympischen Gott der griechischen Mythologie.

Zum Unterschied von den Definitionsmustern gelten die Schlußregeln hier nicht auch umgekehrt. Es wäre zum Beispiel unplausibel, ja trugschlüssig, folgende Schlußregel anzunehmen:

3 a. Wenn X einer Gattung Z angehört, gehört X auch der Art Y an.

Ebenfalls unplausibel wäre:

4 a. Wenn X einer Art Y nicht angehört, gehört X auch nicht der zugehörigen Gattung Z an.

Muster mit diesen Schlußregeln sind unzuverlässig, weil sie zwar zu korrekten Konklusionen führen **können**, dies aber nicht in allen Fällen auch **müssen**:

Wenn X ein Mensch ist, kann X ein Grieche sein; das muß aber nicht so sein (X kann auch ein Chinese oder ein Perser etc. sein).

Wenn X kein Grieche ist, kann es sein, daß X auch kein Mensch ist; daß muß aber nicht so sein (X kann ein Chinese oder ein Perser etc. und damit ein Mensch sein).

Dies können wir uns leicht anhand der folgenden schematischen Darstellung vor Augen führen.

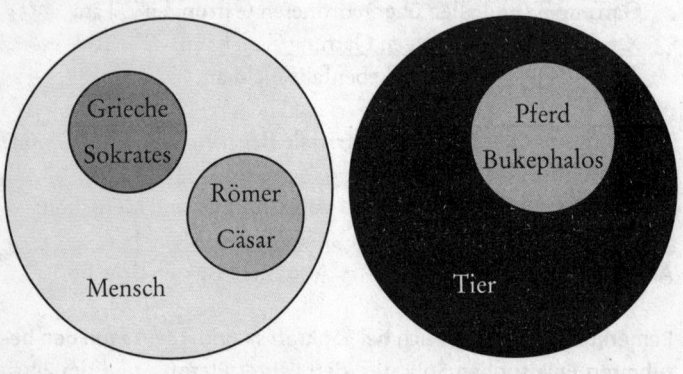

Sokrates ist als Grieche notwendigerweise zugleich Angehöriger der Gattung «Mensch» (vgl. Muster 3), Cäsar ist als Römer ebenfalls dieser Gattung zugehörig, ist aber deshalb noch kein Grieche (vgl. 3 a). Sokrates ist kein Römer, Cäsar ist kein Grieche, das heißt aber nicht, daß sie deshalb keine Menschen wären (vgl. 4 a). Bukephalos (das Pferd Alexanders des Großen) ist ein Pferd und damit nicht zur Gattung «Mensch» gehörig: Daraus folgt wiederum zwingend, daß Bukephalos auch kein Grieche oder Römer ist (vgl. Muster 4).

Selbst die Verwendung der gültigen Muster 3 und 4 kann jedoch nicht immer garantieren, daß die Gesprächspartner überzeugt werden. Ähnlich wie bei Definitionen kann nämlich bei der Einordnung von Größen in Gesamtheiten nicht davon ausgegangen werden, daß dieselben Art-Gattung-Hierarchien für alle Diskutierenden verbindlich sind. Auch hier können wir versuchen, anhand von Nachschlagewerken bzw. Expertenmeinungen Klarheit über die Einordnungen zu erzielen. Aber auch diesmal zeigt sich das Problem, daß selbst Experten bei bestimmten Einordnungsfragen uneinig sind. In solchen Fällen sind Argumentationen nach den Mustern 3 oder 4 nicht für alle Gruppen in einer Gemeinschaft plausibel, und es muß versucht werden, durch Vergleich und Bewertung verschiedener Art – Gattung – Zuordnungen zu einem gemeinsamen Sprachgebrauch zu kommen.

So sind beispielsweise Zuordnungen von moralisch umstrittenen Handlungen als legal oder verbrecherisch oft in hohem Maße kontrovers. Für prinzipielle Gegner der Abtreibung ist auch ein Schwangerschaftsabbruch vor dem dritten Monat eine Form des Mordes und damit ein Verbrechen (von wenigen Ausnahmen wie Lebensgefahr für die Mutter bei Nicht-Abtreibung einmal abgesehen):

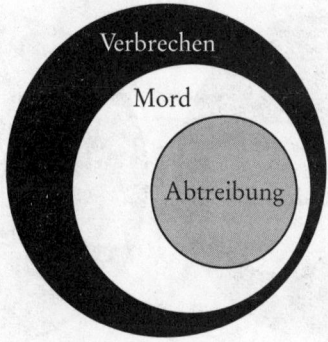

Für Befürworter und Befürworterinnen der Fristenlösung ist eine Abtreibung dagegen zwar nach dem dritten Monat ein Verbrechen, aber ein legaler Schwangerschaftsabbruch, wenn er vor dem dritten Monat erfolgt, und damit eine legale Handlung: vgl. das erste Schema S. 94.

In vergleichbarer Weise ist für Personen, die sie prinzipiell ablehnen, die Todesstrafe immer und ausnahmslos eine Form des Mordes, weil sie das elementare Menschenrecht auf Leben verletzt. Für Befürworter der Todesstrafe ist sie dagegen bei bestimmten Fällen von schweren Verbrechen eine legale Form des Strafens:

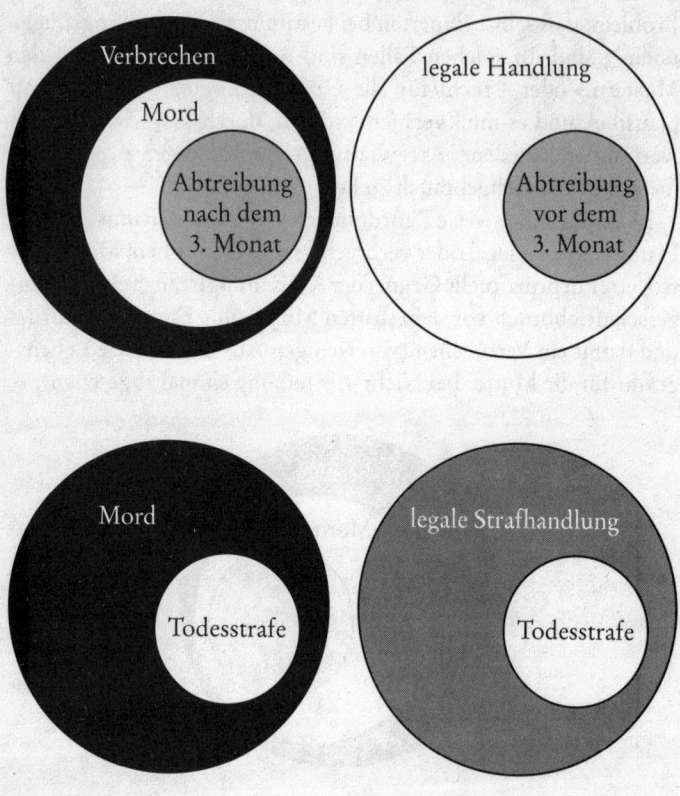

Bezeichnenderweise gibt der «DUDEN, Deutsches Universal-wörterbuch» in beiden Fällen eine eher neutral gehaltene Definition, die auf die kontroversen Bewertungen und Gattungszuordnungen verzichtet (vgl. auch Kapitel 3, S. 252 f.):

abtreiben: [...] b) die Leibesfrucht aus der Gebärmutter entfernen und dadurch die Schwangerschaft abbrechen (lassen) [...].
Todesstrafe: [...] Strafe, bei der eine Tat mit dem Tod geahndet wird [...].

In einschlägigen Diskussionen wäre es daher ratsam, zunächst von diesen eher neutralen, nicht-wertenden Definitionen und entsprechenden Einordnungen in Gattungen auszugehen, um eine für alle Beteiligten akzeptable inhaltliche Basis zu gewinnen.

Entsprechend kontrovers sind auch Varianten von 3 und 4, in denen es um normative Fragestellungen geht, die die Einschätzung, Bewertung und entsprechende Behandlung von Gegenständen, Lebewesen, aber auch abstrakten Größen zum Thema haben:

3a. Wenn X einer Art/Gattung Y angehört, muß/soll/kann X nach dem Maßstab Z bewertet bzw. behandelt werden.
   X gehört Y an.
   Also: X muß/soll/kann nach Z bewertet bzw. behandelt werden.

Ein Beispiel für eine Argumentation nach 3a.:

Wenn X ein Mensch ist, hat er oder sie Anspruch auf Wahrung seiner/ihrer elementaren Rechte.
Geistig Behinderte sind Menschen.
Also: Geistig Behinderte haben Anspruch auf Wahrung ihrer elementaren Rechte.

Eine entsprechende negative Form dieser normativen Art-Gattungs-Muster lautet:

4a. Wenn X einer Art/Gattung Y nicht angehört, muß/soll/kann X nicht nach dem Maßstab Z behandelt werden.
   X gehört Y nicht an.
   Also: X muß/soll/kann nicht nach Z bewertet werden bzw. behandelt werden.

Diese Art-Gattung-Muster werden in Diskussionen eingesetzt, um die unterschiedliche positive oder negative Bewertung von Gegenständen, die zu mehr oder weniger wichtigen, teuren oder billigen, häufigen oder seltenen Arten / Gattungen gehören, und den entsprechenden Umgang mit ihnen zu begründen:

A: Jetzt hast du schon wieder einen Fleck aufs Sofa gemacht!
B: Was regst du dich so auf, das macht doch nichts, wer wird denn gleich so pingelig sein.
A: Das ist ein teures Möbelstück, das kann man doch nicht so gedankenlos versauen!

Sie werden aber auch in Debatten über den Wert oder Unwert und die entsprechende Behandlung von Lebewesen der Gattungen «Tier» oder «Mensch» eingesetzt, so etwa in Debatten über Tierquälerei, Massentierhaltung, Tierversuche oder die Diskussionen in Zusammenhang mit Menschenrechten wie dem Recht auf Leben und freie Meinungsäußerung, aber auch speziell in Debatten um Rechte und Pflichten von Kindern und Erwachsenen, von Männern und Frauen. Vgl. die Beispiele in den folgenden Dialogausschnitten:

A: Ich verstehe das Getue um die Tierversuche nicht. Tiere sind nun mal keine Menschen, und deswegen ist es legitim, daß sie zum Beispiel für den Fortschritt der Medizin getötet werden.
B: Aber das sind doch zum Teil höhere Säugetiere, die kann man doch nicht so brutalen Prozeduren aussetzen und sie dabei auch noch umbringen! Delphine und Menschenaffen zum Beispiel haben eine beachtliche Stufe der Bewußtseinsentwicklung erreicht und unterscheiden sich gar nicht so fundamental vom Menschen. Du bist doch auch gegen Folter, Abtreibung und Euthanasie beim Menschen!

Oder:
A: Ich will allein zu dem Heavy-Metal-Konzert gehen!
B: Das kommt nicht in Frage, weil du noch ein Kind bist, und für

Kinder ohne Begleitung von Erwachsenen ist das viel zu gefähr-
lich.
A: Aber ich bin schon 13, und andere in meiner Klasse dürfen auch
schon allein gehen.
B: Dann geh zumindest mit ihnen zusammen!
A: Also gut, ich ruf sie an.

Wie die Einwände von B in beiden Beispielen zeigen, genügt für
die weitere Diskussion das Argumentieren nach 3 a. und 4 a. oft
nicht mehr, und es kommen weitere Muster ins Spiel: Vergleichsmuster, die mit Ähnlichkeiten und Unterschieden zu tun haben,
im weiteren Verlauf auch Gerechtigkeitsmuster (vgl. Kapitel 2,
S. 106) und Gegensatzmuster (Kapitel 2, S. 121 f.).

Besonders bedenklich sind rassistische Argumentationen nach
3 a. und 4 a., die immer wieder dazu benützt worden sind, die grobe
Mißachtung von Menschenrechten ethnischer Minderheiten (der
jüdischen, indianischen, schwarzafrikanischen etc. Minoritäten,
Roma und Sinti, australische Aborigines) zu rechtfertigen. Die
bloße Zugehörigkeit zu einer biologischen Spezies oder ethnischen Gruppe reicht nämlich keinesfalls für die generelle Zu-
schreibung von mentalen und emotionalen Eigenschaften und
Fähigkeiten aus.

Dieselben Argumentationsmuster können allerdings auch hu-
morvoll überdreht verwendet werden, um die rassistischen Argumente ad absurdum zu führen, wie in der folgenden über Groucho
Marx erzählten Anekdote:

Als man Groucho Marx mitteilte, daß es ihm als Juden nicht erlaubt sei, im Country-Club zu schwimmen, fragte er:
«Und wie ist das mit meinem Sohn? Darf er als Halbjude bis zu
seiner Hüfte in das Schwimmbecken hineingehen?»

Argumentationen mit Art-Gattung-Mustern können wir durch
folgende kritische Fragen überprüfen:
1. Gehört X wirklich der Art Y an?
2. Gehört X wirklich nicht der Gattung Y an?

97

3. Gehört X einer anderen Art bzw. Gattung an?
4. Sind die vorausgesetzten Art-Gattung-Hierarchien allgemein akzeptiert?
5. Können andere akzeptable Art-Gattung-Hierarchien aufgestellt und auch begründet werden?
6. Reicht die bloße Zugehörigkeit von X zu einer Art oder Gattung Y für eine positive oder negative Bewertung bzw. entsprechende Behandlung aus?

Teil – Ganzes: Enthaltensein und Einschließen

Anders als bei Art-Gattung-Mustern geht es bei Teil-Ganze-Mustern nicht um die Einordnung von Arten (zum Beispiel «Mann / Frau / Kind») in die übergeordnete Gattung («Mensch»), sondern um die Zusammenfassung von Teilen (zum Beispiel «Dach / Mauern / Fenster / Tür») zu einem Ganzen («Haus»). Zum Unterschied von Arten sind Teile nicht Sonderformen der Gesamtheit mit besonderen Merkmalen und Eigenschaften: Ein Dach ist keine besondere Erscheinungsform eines Hauses, während Männer oder Frauen Menschen mit besonderen Merkmalen (nämlich «erwachsen» und «männlich» bzw. «weiblich») sind. Außerdem sind die Teile von Ganzheiten oft nicht klar voneinander abgegrenzt, zum Beispiel Teile von Stoffen wie Sand, Mehl, Fett, Fleisch, Butter, Flüssigkeiten wie Öl, Milch, Wasser, verdichtete Ansammlungen von (erstarrten) Flüssigkeiten wie Eis, Schnee, Wolken oder von Gasen wie Stickstoff, Sauerstoff und Wasserstoff. Dabei gibt es alltagssprachliche Abgrenzungen kleinster Bestandteile («Körner / Tropfen / Kristalle»). Manchmal fehlen diese Abgrenzungen aber auch, und wir müssen dann die entsprechenden Ausdrücke fachsprachlichen (wissenschaftlichen) Terminologien entnehmen (z. B. «Atome / Moleküle» oder «Zellen»).

Trotz dieser deutlichen Unterschiede ist es bei weitem nicht immer einfach, zwischen Arten und Teilen und Ganzheiten und Gattungen zu unterscheiden. Bei Kollektiven bzw. kulturellen und institutionellen Gesamtheiten (gesellschaftlichen Gruppen, Stämmen, Ständen, Schichten, Klassen, Kirchen, Völkern) ist es oft strittig oder zumindest schwierig festzustellen, ob die ihnen angehörigen Individuen in Arten mit besonderen Merkmalen gegliedert werden können oder einfach Teile eines Ganzen sind.

Aufgrund der engen Zusammengehörigkeit zwischen Teilen und Ganzheiten läßt sich oft, aber beileibe nicht immer plausibel nach folgenden Mustern schließen:

5. Was für das Ganze gilt, gilt auch für die Teile und umgekehrt (außer: Ganzes und Teile sind qualitativ verschieden).
   X gilt für das Ganze.
   Also: X gilt für die Teile / den Teil Y.
6. Was für das Ganze gilt, gilt auch für die Teile und umgekehrt (außer: Ganzes und Teile sind qualitativ verschieden).
   X gilt für die Teile / den Teil Y.
   Also: X gilt für das Ganze.

Plausible (wenn auch nicht zwingende) Beispiele für diese Art zu schließen sind:

5a. Die Wiener Philharmoniker sind ein hervorragendes Orchester, also ist auch die Musikerin X, die ihm angehört, eine hervorragende Musikerin.
6a. Teile der Karosserie dieses relativ neuen Autos rosten zu schnell, also wird die Karosserie insgesamt vorzeitig Korrosionsschäden aufweisen.

Weitaus problematischer sind die folgenden Anwendungen der Muster 5 und 6, trotz der abschwächenden Angaben zur Stärke der Schlußfolgerung:

5a. Die Japaner sind meist fleißig, also ist wahrscheinlich auch der Japaner X, den wir gestern kennengelernt haben, fleißig.
6a. Einige arme Roma und Sinti sind erwiesenermaßen Diebe, also neigen vielleicht alle armen Roma und Sinti zum Stehlen.

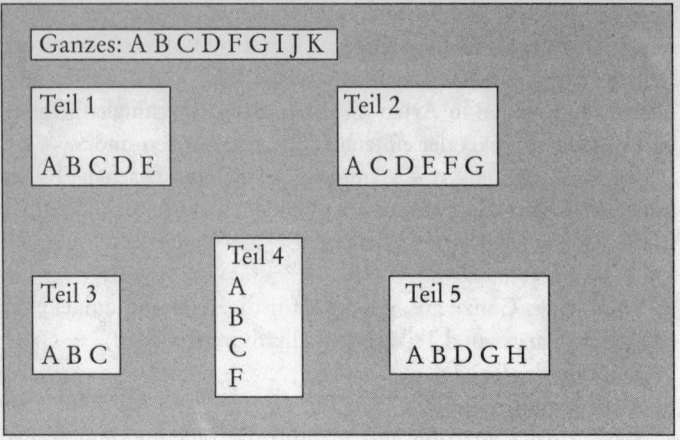

Erläuterung: A, B, C, D, E, F, G, H, I, J, K stehen für Eigenschaften des Ganzen und der Teile; Teil 1, 2 und 5 weisen Eigenschaften auf, die das Ganze nicht hat (E, H); das Ganze hat mehr Eigenschaften als alle seine Teile für sich genommen.

Unplausibel, ja trugschlüssig, sind die folgenden Beispiele, selbst wenn wir davon ausgehen, daß das angeführte Argument wahr ist. In ihnen wird nämlich die Konklusion in keiner Weise durch Angaben über die eventuell fragliche Stärke der Schlußfolgerung abgeschwächt:

5 a. Dieses Gerät ist sehr teuer, also sind alle seine Bestandteile sehr teuer.

6 a. Einige Österreicher sind antisemitisch eingestellt, also sind alle Österreicher antisemitisch eingestellt.

Die abnehmende Plausibilität der obigen Beispiele für Teil-Ganzes-Schlußfolgerungen zeigt, daß die Merkmale und Eigenschaften, um die es geht, keineswegs immer und ausnahmslos über **alle** Teile eines Ganzen verteilt sind. Teile können eben Eigenschaften haben, die das Ganze nicht aufweist. Außerdem ist das Ganze oft **mehr** als die Summe seiner Teile; das heißt, es weist zusätzliche Eigenschaften auf, die unter Umständen in keinem der Teile auftreten. Dies kann durch das Schema auf S. 100 veranschaulicht werden.

Insbesondere die meisten Urteile über Menschen und die Menschengruppen, denen sie angehören, sind gefährdet, als Vor-Urteile in schwache, ja trugschlüssige Teil-Ganzes-Argumentationen einzufließen, wenn nicht die Bereitschaft besteht, folgende Einschränkungen und Ergänzungen vorzunehmen:

1. Ausnahmen sollten ausdrücklich angeführt werden.
2. (Abschwächende) Angaben zur Stärke der Schlußfolgerung sollten stets angeführt werden.
3. Wenn möglich, sollten die in der Schlußregel vorausgesetzten Ganzes-Teil-Relationen statistisch untermauert werden.

Eine sehr verbreitete, aber in ihrer extremen, uneingeschränkten Formulierung ebenfalls problematische Unterart des Teil-Ganzes-Muster 5 wird in «Konformitätsargumenten» normativer Art verwendet, um für Anpassung an Gruppennormen zu plädieren:

5a. Was alle/die meisten Mitglieder der Gruppe X tun, der man angehört, soll man auch tun.
Alle/die meisten Mitglieder der Gruppe X tun Y.
Also: Man soll auch Y tun.

Muster 5a wurde und wird in Anpassungsappellen immer wieder verwendet, um Außenseiter und Individualisten auf die allgemein übliche Norm (sei es Haartracht, Kleidung, Manieren, Wohnstil, Erziehung, politische und religiöse Zugehörigkeit) einzuschwören. Gegenargumente zu diesen Anpassungsappellen folgen einem gegensätzlich orientierten Muster 5a', das typisch für die Argumentation von Rebellen, Avantgardisten und elitären Zirkeln ist, denen es darum geht, sich von der verachteten Masse abzusetzen:

5a'. Was alle/die meisten Mitglieder der Gruppe X tun, der man angehört, soll man nicht tun.
Alle/die meisten Mitglieder einer Gruppe X tun Y.
Also: Man soll Y nicht tun.

Wenig ernstzunehmende, ja trugschlüssige Anwendungen von 5 a und 5 a' finden sich oft in der Werbung, wenn zum Beispiel für Massenartikel nach dem Slogan «Alle / die meisten kaufen unser Produkt, also sollten auch Sie es kaufen» oder, umgekehrt, für Luxusartikel, mit dem Stereotyp «Nur die Elite kauft unser Produkt, also sollten auch Sie es kaufen» geworben wird. Varianten dieser Werbesprüche finden sich in den folgenden Beispielen:

5 a:

a. Subaru. Der meistgekaufte Allrad-PKW der Welt.
b. Deutschlands Fernsehfreunde haben gewählt. Der A 540 von Telefunken ist der Meistverkaufte aller Klassen.

5 a':

a. Die Albatros II von Jaeger-Le Coultre. Es gibt noch eine Uhr, mit der man sich von Leuten unterscheiden kann, die glauben, sich unterscheiden zu müssen.
b. Außergewöhnliche Menschen haben immer etwas Außergewöhnliches gemeinsam, zum Beispiel eine Corum am Handgelenk, meistens aus der Kollektion «Les Spéciales».

Bei einer rationaleren Verwendung der Muster 5 a und 5 a' sollten Gesprächsteilnehmer zusätzliche Gründe für die (Nicht-)Vollziehung von Y geben oder zumindest nicht ausschließlich und ohne Abschwächungen bzw. genauere statistische Angaben nach diesen problematischen Mustern argumentieren (teilweise ist das auch in den oben ausschnittweise zitierten Werbetexten der Fall).

Die Muster 5 a und 5 a' tauchen trotz ihrer offenkundigen Schwächen auch in wissenschaftlichen Argumentationen auf, nach dem Motto «Alle seriösen Wissenschaftler vertreten doch Y, also können auch Sie Y nicht bestreiten» (5 a) oder andersherum: «Wissenschaftlicher Fortschritt wurde immer von nichtkonformen Außenseitern gegen die allgemeine Überzeugung der Kollegenschaft erzielt, also soll man Y bestreiten.» (5 a')

Kritische Fragen, mit denen wir Teil-Ganzes-Muster überprüfen können, lauten wie folgt:

1. Gilt X wirklich für das Ganze?
2. Gilt X wirklich für die Teile/den Teil Y?
3. Besteht wirklich der angenommene enge Zusammenhang zwischen dem Ganzen und den Teilen/dem Teil Y?
4. Sind zusätzliche Eigenschaften des Ganzen/der Teile zu beachten?

Vergleiche: Ähnlichkeiten und Unterschiede

Wenn ein Gegenstand A eine Eigenschaft X aufweist, ist es naheliegend, daraus zu folgern, daß ein ähnlicher Gegenstand B diese Eigenschaft X ebenfalls aufweist oder zumindest eine ähnliche Eigenschaft X': So werden zwei benachbarte Alpenländer wie die Schweiz und Österreich mit großer Wahrscheinlichkeit ähnliche geographische und klimatologische Eigenschaften aufweisen. Ebenso naheliegend ist es, aus dem Bestehen von großen Unterschieden zwischen A und B auf ihre Zugehörigkeit zu ganz unterschiedlichen Kategorien und Bereichen der Realität zu schließen (so wird sich das Klima von mitteleuropäischen Staaten von dem in Tropenländern massiv unterscheiden). Im Unterschied zu Definitionsmustern geht es aber selbst bei großer Ähnlichkeit von A und B, ja sogar bei völliger Gleichheit von A und B in bezug auf bestimmte Eigenschaften nicht um ihre totale Äquivalenz. Auf der sprachlichen Ebene können wir daher Ausdrücke, die A und B bezeichnen oder enthalten, nicht wechselseitig austauschen. Es genügt aber zum Beispiel für die Forderung nach Gerechtigkeit hinsichtlich Bezahlung, Arbeitsumständen, Behandlung vor Gericht, daß Personen, die sich durch Geschlecht (Männer und Frauen), Nationalität (Inländer und Ausländer) oder Rasse (Weiße und Farbige) unterscheiden, bezüglich **bestimmter** Fähigkeiten, Arbeitsleistungen und Verhaltensweisen **gleich** sind. Nicht nötig ist dagegen der Nachweis ihrer völligen Gleichheit.

Schwierig zu entscheiden ist im Einzelfall, **welche** und **wie viele** Eigenschaften ähnlich, gleich oder verschieden sein müssen, um

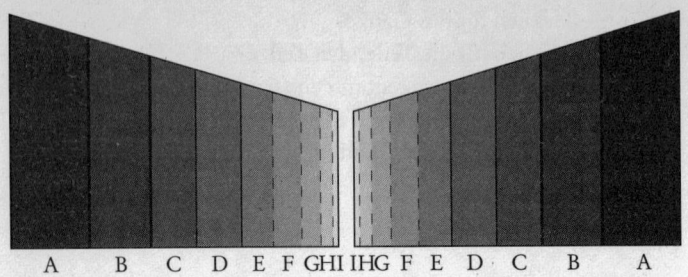

| A | B | C | D | E | F | GHI | IHG | F | E | D | C | B | A |

| Eigener politischer Standort | Anderes Ende des politischen Spektrums | Eigener politischer Standort |

Erläuterungen: A, B, C, …, I = politische Parteien von links nach rechts und umgekehrt

die zur Diskussion stehenden Gegensätze entsprechend als ähnlich, gleich oder verschieden einzustufen. Dies hängt vom Handlungszusammenhang, von kulturellen Institutionen, von Weltanschauungen, aber oft auch von der individuellen Perspektive ab.

So können farbliche Unterschiede («rot», «gelb» und «grün») im Straßenverkehr entscheidend sein, in anderen Handlungszusammenhängen dagegen unwichtig. Bei Einstellungsgesprächen in Unternehmen oder bei Prüfungsgesprächen spielen oft Unterschiede in der Kleidung, Haartracht und im Auftreten eine gewichtige Rolle, obwohl diese Unterschiede für die Einstufung von Wissen, Intelligenz und beruflichen Fähigkeiten eher irrelevant sind. Dieselben Unterschiede erscheinen in anderen, weniger formellen Institutionen oder in anderen Kulturen auch als unwichtig.

Gesprächsteilnehmer sehen zum Beispiel weltanschauliche Unterschiede zwischen politischen Parteien als entscheidend, mehr oder weniger groß und wichtig oder sogar als vernachlässigbar an, je nachdem, welche politische Perspektive zugrunde gelegt wird. Insbesondere Vertreter von radikalen Positionen der extremen Linken und Rechten im politischen Spektrum neigen dazu, die entgegengesetzten politischen Parteien und Positionen als einander nahestehend oder sogar (nahezu) unterschiedslos zu sehen, je weiter sie vom eigenen politischen Standort entfernt liegen. Diese «perspektivische Deformation» politischer Ähnlichkeiten und Unterschiede läßt sich wie auf dem Schema (S. 104) veranschaulichen.

Wer politisch sehr weit links oder rechts steht, neigt dazu, Unterschiede zu anderen Links- oder Rechtsparteien für sehr wichtig und solche politisch nahestehenden Parteien für entsprechend «deutlich» abgegrenzt zu halten (vgl. die scharfen Trennlinien auf der Graphik). Je weiter nach rechts bzw. links geblickt wird, desto näher rücken die politisch «weit entfernten» Gruppierungen zusammen, die Abgrenzungen und Unterschiede werden unwichtig, das heißt schwächer und unschärfer gesehen. Schließlich nimmt man sie kaum noch wahr (vgl. die allmähliche Auflösung der Trennlinien auf der Graphik). Entsprechende Einstufungen tauchen auch in politischen Debatten auf, in denen es um mögliche Koalitionen oder zumindest begrenzte Kooperationen zwischen Parteien geht. Sie kommen aber auch bei kleineren, privaten Gruppen (Vereinen, Schulklassen, Stammtischrunden) oder in Familien vor, wenn Untergruppen oder Individuen sich mehr oder weniger scharf abgrenzen.

In der folgenden Anekdote deformiert dieselbe Person (in ihrer Rolle als Mutter bzw. Schwiegermutter) identische Verhaltensweisen zweier Ehefrauen (ihrer Tochter bzw. Schwiegertochter) in übertriebener Weise und bewertet sie entsprechend völlig gegensätzlich, obwohl keine oder zumindest keine wesentlichen Unterschiede bestehen. Damit werden solche perspektivischen Deformationen wirkungsvoll entlarvt und lächerlich gemacht:

Zwei jüdische Mütter im Gespräch über ihre Kinder.
«Mein Abi», klagt die eine, «hat eine Schlampe geheiratet. Vor elf ist sie nicht aus dem Bett zu kriegen, läßt sich das Frühstück ins Bett bringen, wirft den ganzen Tag Geld für nichts und wieder

nichts aus dem Fenster. Kommt Abi dann erschöpft nach Hause – glaubst du, er findet eine warme Mahlzeit vor? Nein, sie läßt sich von ihm auch noch ausführen – in ein teures Eßlokal!»

«Und wie geht's Esther?»

«Oh, Esther, die hat, Gott sei gelobt, einen richtigen Engel geheiratet. Er bringt ihr das Frühstück ins Bett, läßt sie schlafen bis elf, läßt sie ruhig kaufen, was ihr Herz begehrt – und jeden Abend führt er sie in ein feines Restaurant aus!»

Als Beispiele für Vergleichsmuster ziehe ich zwei besonders wichtige normative Formen heran, die auch in Diskussionen sehr häufig aufeinander folgen:

7. «Gerechtigkeitsschema»:

Wenn die Gegenstände/Personen A und B hinsichtlich Eigenschaft X ähnlich oder gleich sind, sind sie ähnlich oder gleich zu bewerten bzw. zu behandeln.

<u>Gegenstände/Personen A und B sind hinsichtlich X ähnlich oder gleich.</u>

Also: A und B sind ähnlich oder gleich zu bewerten/zu behandeln.

Eine eher triviale Anwendung von Muster 7 könnte wie folgt lauten (die Wahrheit der Argumente in Bs Schluß wird vorausgesetzt):

A. Warum bekommt eigentlich Erna nicht eine bessere Note als Peter? Ich finde, sie ist die bessere Schülerin.

B: Erna und Peter haben denselben Notendurchschnitt in den Schularbeiten und ihren mündlichen Prüfungen, sie haben auch ungefähr gleich gut mitgearbeitet, also bekommen sie selbstverständlich auch dieselben Noten im Jahreszeugnis.

8. Wenn Gegenstände/Personen A und B sich hinsichtlich Eigenschaft X unterscheiden, sind sie unterschiedlich zu bewerten/zu behandeln.

<u>Gegenstände/Personen A und B unterscheiden sich hinsichtlich X.</u>

Also: A und B sind unterschiedlich zu bewerten / zu behandeln.

Ein ebenfalls hochplausibles Beispiel für Muster 8, das als Reaktion auf ein Argument nach 7 vorgebracht wird (die Wahrheit von Bs Argument wird vorausgesetzt):

A. Warum muß ich schon schlafengehen? Astrid muß ja auch noch nicht gehen! (< 7)

B: Sie ist ja auch 5 Jahre älter als du, Philipp, und mit 10 Jahren kann man etwas länger aufbleiben. (< 8)

Hier ist der Unterschied zwischen Astrid und Philipp so deutlich, daß Bs Argument hochplausibel ist.

Problematischere Anwendungen dieser Muster finden wir im folgenden Dialogausschnitt vor:

A: Als Pazifist und radikaler Gegner des Militärs müßtest du eigentlich auch entschiedener Abtreibungsgegner sein: da geht es doch auch um die Tötung von menschlichem Leben!

B: Das kann man doch nicht vergleichen! Im Krieg geht es heute um Massenvernichtung oder sogar die Ausrottung des menschlichen Lebens überhaupt, und außerdem: Embryos sind doch nicht mit geborenen Kindern oder Erwachsenen gleichzusetzen.

Dieses gesellschaftspolitisch brisante Beispiel zeigt deutlich die Schwierigkeiten, das Vergleichskriterium X allgemeingültig zu fixieren bzw. prinzipielle und bloß graduelle Unterschiede auseinanderzuhalten. B's Kontra-Argumentation nach Muster 8 zeigt, daß man unter «Tötung menschlichen Lebens» sehr Verschiedenes verstehen kann. Deshalb ist A's Gleichsetzung von Tötung im Krieg und bei der Abtreibung fragwürdig. Umgekehrt könnte A jedoch in einer Fortführung der obigen Argumentationssequenz einwenden,

– daß zumindest die Folgen massenhafter Abtreibung von kriegsbedingten Verlusten an menschlichem Leben nur graduell verschieden seien; und

– ferner, daß die Feststellung von prinzipiellen Unterschieden zwischen Embryo, Fötus, neugeborenem Baby, Säugling, (Klein-)Kind und Erwachsenem auf größte Schwierigkeiten stößt und nur sehr problematische Grenzziehungen erlaubt.

Darüber hinaus zeigt das Beispiel, daß das komplexe Problem der Gerechtigkeit Fragen aufwirft, die über die Argumentation mit Vergleichsmustern weit hinausgeht. So müßten in der weiteren Folge kausale Muster herangezogen werden, die auf Folgen gesetzlicher Maßnahmen zur Realisierung von Gleichbewertung und -behandlung ähnlicher Gegenstände, Personen und Sachverhalte näher eingehen (welche Maßnahmen haben welche Vorteile und welche Nachteile?). Weiter müßten Art-Gattung-Muster und Teil-Ganzes-Muster eingesetzt werden, um zu begründen, welche Rechte wir Personen(gruppen) unterschiedlichen Alters, Geschlechts oder unterschiedlicher politischer Zugehörigkeit zusprechen können.

Mit dem Gerechtigkeitsschema 7 wird auch fiktiv operiert wie in den folgenden beiden Beispielen:

A: Warum schimpfst du immer bloß mich?

B: Ich würde Beate und Luise genauso schimpfen, wenn sie einen Ketchup-Fleck in ihr schönstes Kleid gemacht hätten.

A: Ich kann die Feigheit und Passivität der Leute in eurem Betrieb angesichts der dauernden Ungerechtigkeiten eures früheren Chefs nicht verstehen.

B: Wenn du einem autoritären Knochen wie unserm Chef gegenübergestanden und noch dazu von ihm abhängig wärst, hättest du auch keine großen Sprüche geklopft!

Hier wird das Gerechtigkeitsschema einmal defensiv (als Rechtfertigung eigenen Verhaltens im ersten Beispiel), einmal offensiv (als Kritik oder Vorwurf im Hinblick auf As Feststellung im zweiten Beispiel) eingesetzt, um fiktiv die gleiche Bewertung von vergleichbaren Aktivitäten bzw. Unterlassungen zu fordern. Die Schwäche solcher fiktiver Gerechtigkeitsargumentationen liegt beim ersten Beispiel in dem Umstand, daß B in der realen Welt der

Nachweis gleichen Handelns für den fiktiven Fall gleicher Vergehen von Beate und Luise nicht ohne weiteres erbringen kann. Damit kann die Kritik erhoben werden, B mache nur «billige» Versprechungen. Im zweiten Beispiel, das auf die Vergangenheit bezogen ist, kann B überhaupt nicht zwingend erweisen, daß A sich gleich verhalten hätte. A könnte daher einwenden, daß B seinen/ihren Vorwurf durch die vergangenheitsbezogene fiktive Argumentation gegen Einwände zu immunisieren sucht. Außerdem kann Bs Argument als Variante oder «ad hominem»-Attacke kritisiert werden: Statt einer Rechtfertigung des eigenen Verhaltens greift B nämlich A persönlich an.

Nicht nur problematisch, sondern klar trugschlüssig sind Vergleichsargumentationen, wenn der Vergleich auf unwichtigen oder sogar vernachlässigbaren Gemeinsamkeiten beruht und wichtige Unterschiede unbeachtet bleiben. Alltagssprachlich bezeichnen wir einen solchen Vergleich als «an den Haaren herbeigezogen», er «hinkt», es werden «Äpfel und Birnen zusammengeworfen». Umgekehrt legen allerdings Diskussionsteilnehmer oft in trugschlüssiger Weise unwichtige oder irrelevante Unterschiede «auf die Goldwaage», sie betreiben «Haarspaltereien». Ein Beispiel für einen hinkenden Vergleich wäre die folgende Argumentation:

A: Österreich ist im Hinblick auf Menschenrechtsverletzungen ein skandalöses Land, da es neuerdings ebenso wie bestimmte Diktaturen im «amnesty international»-Jahresbericht genannt wird.

Obwohl das von A beigebrachte Argument traurigerweise wahr ist – Österreich ist wegen einzelner Polizei-Übergriffe tatsächlich in «amnesty international»-Jahresberichte aufgenommen worden –, kann Österreich weder quantitativ noch qualitativ auch nur annähernd mit «amnesty international»-Berichten über Länder mit (ehemals) diktatorischen Regimes wie Chile, China, Irak, Iran, Südafrika verglichen werden.

Weniger ernst zu nehmen ist die krasse Nichtbeachtung von Unterschieden in der folgenden Anekdote. Auf das grobe Nichtbeachten von Unterschieden wird mit einer «Revanche-Mißachtung» von ebenfalls sehr deutlichen Unterschieden ‹pseudo-gerecht› gekontert:

> Ein Jude trinkt seinen Drink in einer Bar der herrlichen Stadt Reno, als ein fernöstlicher Gentleman versehentlich sein Glas umstößt.
> «Du verdammter Japaner», schreit der Jude, «zuerst Pearl Harbour und jetzt das!»
> «Einen Moment», entgegnet der Asiat, «ich bin Chinese, kein Japaner!»
> «Chinese, Japaner – was ist schon ein Name!»
> «Ihr Juden», hebt der Chinese seinen Finger, «solltet lieber schweigen, ihr habt die ‹Titanic› versenkt!»
> «Waaas haben wir versenkt?» kommt sein Gegenüber aus der Fassung, «die ‹Titanic›? Die hat doch ein Eisberg auf dem Gewissen!»
> «Eisberg, Goldberg, Ginsberg… Was ist schon ein Name!»

Trugschlüssig (in diesem Fall: «haarspalterisch») wird auch im folgenden privaten Disput argumentiert:

> A: Dir werd ich nie mehr was leihen: Du hast mir die drei Platten, die ich dir vor Monaten geliehen habe, trotz häufiger Versprechen noch immer nicht zurückgegeben! Dabei hab ich dir früher deine LPs immer rechtzeitig zurückgebracht!
> B: Du hast mir aber keine LPs, sondern Compact-Disks geliehen.
> A: Das ist hier doch völlig egal!

B kann A zwar eine ungenaue Ausdrucksweise nachweisen, der Unterschied zwischen verschiedenen Arten von Tonträgern ist für die von A eingesetzte Gerechtigkeitsargumentation jedoch völlig irrelevant. Einwände wie die von B dienen nur der Verschleppung der Diskussion bzw. sind oft lediglich ein Versuch, Gesprächspartner zu reizen und aus dem Konzept zu bringen.

Eine weitere trugschlüssige Form, Dinge zu vergleichen, besteht in dem Rechtfertigen eines Übels durch ein anderes (eventuell noch größeres) Übel oder Unrecht (engl. «fallacy of the two wrongs»). So werden Kriegsgreuel «gerechtfertigt», indem darauf verwiesen wird, die Kriegsgegner hätten zuvor oder danach ebensolche (oder sogar größere) Greueltaten begangen. Nach dem Gerechtigkeitsschema kann jedoch korrekt nur gefolgert werden, daß **beide / alle** Greueltaten in Kriegen gleich negativ zu bewerten sind. Allenfalls kann man durch das Aufweisen von Unterschieden im Ausmaß die **noch** negativere Bewertung der Greuel **einer** Kriegspartei rechtfertigen, nicht aber sind deshalb die Verbrechen einer anderen Kriegspartei positiv (oder zumindest nicht negativ, weil entschuldbar) zu bewerten. Dieser Trugschluß taucht sehr häufig in Debatten über Greueltaten der verschiedenen Kriegsparteien des Zweiten Weltkriegs auf.

Schließlich ist noch zu betonen, daß strengste Gerechtigkeit «nach dem Buchstaben des Gesetzes» im konkreten Einzelfall zu wenig plausiblen Konklusionen führen kann. Dies bringt der alte römische Rechtsspruch «summum ius summa iniuria» («Strengstes Recht ist höchstes Unrecht») paradox formuliert auf den Punkt. Daher müssen wir immer den konkreten Handlungszusammenhang berücksichtigen, um nicht zu schematisch und realitätsfremd zu urteilen.

Kritische Fragen zu Gerechtigkeits- und Unterschiedsargumentationen können wie folgt gestellt werden:

1. Sind Gegenstand / Person A und B bezüglich Eigenschaft X wirklich ähnlich / gleich?
2. Sind Gegenstand / Person A und B bezüglich Eigenschaft X wirklich (prinzipiell) verschieden?
3. Sind die angeführten Ähnlichkeiten / Gleichheiten / Unterschiede im Diskussionszusammenhang relevant / von entscheidender Wichtigkeit?
4. Werden zusätzliche Ähnlichkeiten / Gleichheiten / Unterschiede, die von Belang sind, vernachlässigt?
5. Ist die Bewertung / Behandlung von A und B entscheidend ihren Ähnlichkeiten / Gleichheiten / Unterschieden nach allgemein verbreiteten Standards akzeptabel? Oder, wenn nicht, kann im besonderen Diskussionszusammenhang eine abweichende Bewertung seriös begründet werden?

Zwei weitere wichtige, von 7 und 8 unterschiedene Vergleichsmuster haben die folgende Form:

9. Wenn P der Fall ist und Q eher (wahrscheinlicher) der Fall ist als P, ist Q erst recht der Fall.
   <u>P ist der Fall.</u>
   Also: Q ist erst recht der Fall.

Beispiel:

Wenn sogar eine Zweierseilschaft auf einem Gletscher ein beträchtliches Risiko eingeht, ist ein Alleingang auf einem Gletscher erst recht lebensgefährlich.
<u>Sogar eine Zweierseilschaft geht auf einem Gletscher ein berächtliches Risiko ein.</u>
Also: Ein Alleingang auf einem Gletscher ist erst recht lebensgefährlich.

10. Wenn sogar P nicht der Fall ist und Q eher nicht (weniger wahrscheinlich) der Fall ist als P, ist Q erst recht nicht der Fall.
    <u>P ist nicht der Fall.</u>
    Also: Q ist erst recht nicht der Fall.

Beispiel:

Wenn selbst die beste Schülerin der Klasse die Rechenaufgabe nicht lösen kann, können durchschnittlich begabte Schülerinnen sie erst recht nicht lösen.
<u>Maria, die beste Schülerin der Klasse, kann die Aufgabe nicht lösen.</u>
Also: Durchschnittlich begabte Schülerinnen können sie erst recht nicht lösen (außer: Maria hat einen schlechten Tag/ist krank/übermüdet etc.; die Wahrheit der 2. Prämisse wird vorausgesetzt).

Die Muster 9 und 10, die auch normativ formuliert werden können, sind in der juristischen Argumentationslehre als Argumentationen «a fortiori» (lat. «vom Stärkeren ausgehend») bekannt. Die antiken und mittelalterlichen Rhetoriker und Dialektiker bezeichneten sie als Argumentationen «a minore» (= 9.; lat. «vom Kleineren ausgehend») und «a maiore» (= 10.; lat. «vom Größeren ausgehend»). Gemeinsam ist beiden Mustern, daß von einer Skala von angenommenen Wahrscheinlichkeitswerten (bzw. moralischen Bewertungen) ausgegangen wird:

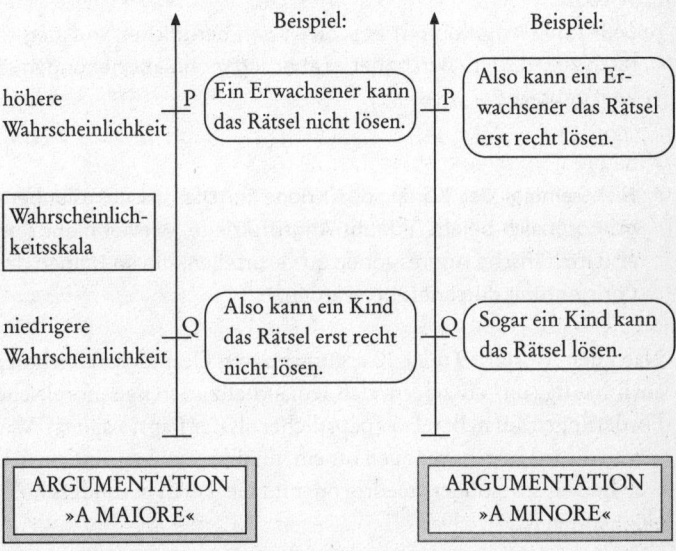

Die Vergleichsmuster 9 und 10 sind in der Alltagsargumentation sehr verbreitet. Die folgenden weiteren Beispiele für Argumente nach 9 und 10 sollen das illustrieren:

A minore:

A: Du wirst diese Prüfung sicher schaffen. Sogar Paul hat sie geschafft, und der ist viel weniger begabt als du (oder: hat viel weniger gelernt / hat eine viel unangenehmere Prüferin erwischt).

A maiore:

A: Ich werde diese Prüfung sicher nicht schaffen: Sogar Eva hat sie nicht geschafft, und die ist viel begabter als ich (oder: hat viel mehr gelernt/hat eine viel angenehmere Prüferin erwischt).

Oder mit anderer Thematik:

A minore:

A: Peter ist wirklich verdammt tüchtig!

B: Wieso?

A: Selbst mit Protektion ist es schwer, den beruflichen Aufstieg so rasch zu schaffen, nun hat er es aber sogar ohne Beziehungen so weit gebracht.

A maiore:

A: Nicht einmal der Koran, der Kriege im Dienste des Glaubens grundsätzlich bejaht, erlaubt Angriffskriege, wieviel mehr sind also militärische Aggressionen zu verurteilen, die im Namen des Christentums durchgeführt werden.

Nach den Mustern 9 oder 10 argumentieren Gesprächsteilnehmer auch häufig, um zu zeigen, daß jemand allzu strenge moralische Forderungen aufstellt (also «päpstlicher als der Papst» agiert). Wir setzen diese Muster aber auch oft ein, um fiktiv zu begründen, daß eine Leistung besonders niedrig oder im Gegenteil besonders hoch einzustufen ist:

A: Darauf brauchst du dir nichts einzubilden, denn die Aufgabe hätte selbst ein Idiot wie Paul herausbekommen!

A: Darauf kannst du wirklich stolz sein, denn das hätte nicht einmal eine Spitzenkönnerin wie Eva geschafft!

Das Problem bei den Vergleichsmustern 9 und 10 besteht in der Nichteindeutigkeit oder Unzuverlässigkeit des Vergleichsmaßstabs, nach dem «a fortiori» geschlossen wird. So können findige

Diskussionspartner in Gegenargumenten Faktoren anführen, die die Vergleichsskala in einem konkreten Fall außer Kraft setzen, weil wichtige Unterschiede nicht beachtet wurden. Nehmen wir noch einmal das erste Beispiel:

A: Du wirst diese Prüfung sicher schaffen. Sogar Paul hat sie geschafft, und der ist viel weniger begabt als du.
B: Ja, aber ich bin gesundheitlich nicht auf der Höhe (oder: mein Termin ist überraschend vorverlegt worden / meine Prüferin hat speziell gegen mich eine Aversion).

Die Werte auf der Vergleichsskala können auch nicht endlos gesteigert werden, weil zum Beispiel Wünschenswertes in Abzulehnendes umschlagen kann. So kann zwar bei Schlankheitsdiäten nach 9 gefolgert werden, daß eine Abnahme um zehn Kilo erst recht wünschenswert ist, wenn schon eine Abnahme um fünf Kilo wünschenswert ist. Wenn jedoch eine Person 1,70 m groß ist und 80 Kilo wiegt, ist (spätestens) eine Abnahme um 40 Kilo nicht mehr wünschenswert. Je nach Zusammenhang müssen wir also beachten, daß ab einem gewissen Skalenwert weitere Steigerungen unsinnige bzw. trugschlüssige Folgerungen resultieren können.

Auch dürfen nicht verschiedene Stufen auf Vergleichsskalen unzulässig vermengt werden. So können wir wünschenswerterweise Geld sparen, wenn wir statt mit dem Taxi mit dem Bus fahren. Wir sparen erst recht, wenn wir zu Fuß gehen, statt mit dem Bus zu fahren. Es ist jedoch fröhlicher Unsinn, wie Herr Moische zu folgern, daß wir mehr sparen würden, wenn wir nicht **statt der Busfahrt**, sondern **statt der Taxifahrt** zu Fuß gehen würden:

Ein Jude sieht vom Bus aus seinen Freund Yossel auf der Straße rennen. Bei jeder Haltestelle hält auch er und setzt dann den Lauf wieder fort. Bis zur Endstation.
«Sag mir, Yossel», fragt Moische, «bist du meschugge?»
«Überhaupt nicht. Ich habe neunzig Cents gespart!»
«Du bist wirklich meschugge! Warum rennst du nicht hinter einem Taxi her und sparst gute zwölf Dollar!»

Folgende kritsche Fragen können mögliche inhaltliche Schwachpunkte in Diskussionsbeiträgen nach 9 und 10 aufdecken:
1. Ist P wirklich eher (wahrscheinlicher) der Fall als Q?
2. Ist P wirklich eher weniger wahrscheinlich als Q?
3. Ist P wirklich (nicht) der Fall?
4. Ist die üblicherweise akzeptierte Vergleichsskala im vorliegenden Fall durch zusätzliche Faktoren außer Kraft gesetzt?

Gegensätze: Widersprüche und Alternativen

Eine zentrale Vernünftigkeitsnorm fordert, daß wir uns in Diskussionen nicht in Widersprüche verwickeln sollen. Aristoteles hat
das Nichtwiderspruchsprinzip als das stärkste aller grundlegenden
logischen Prinzipien bezeichnet und gezeigt, daß wir das Nichtwiderspruchsprinzip nicht einmal leugnen können, ohne es bereits
vorauszusetzen. Es ist daher kein Wunder, daß in Diskussionen
häufig Gegensatzargumente eingesetzt werden, die mögliche Widersprüche aufdecken sollen. Andere Gegensatz-Muster liefern
Argumente zur Auswahl der optimalen Alternative unter mehreren gegebenen Möglichkeiten. Mit Gegensätzen wird also argumentiert, um 1. einen Widerspruch nachzuweisen oder 2. von vorhandenen gegensätzlichen Alternativen eine auszuwählen und die
andere(n) zu verwerfen.

Dabei gelangen die folgenden Muster zum Einsatz:

11. Wenn X die Eigenschaft Y aufweist, kann X nicht zugleich
    und im selben Zusammenhang die entgegengesetzte Eigen-
    schaft Y' aufweisen.
    <u>X weist die Eigenschaft Y auf.</u>
    Also: X kann nicht zugleich und im selben Zusammenhang Y'
    aufweisen (oder: Wer behauptet, X weise Y **und** Y' auf, wider-
    spricht sich).

Beispiel:

> Wer Alkoholiker ist, ist kein Abstinenzler.
> <u>Edgar Allan Poe war Alkoholiker.</u>
> Also: Edgar Allan Poe kann nicht zugleich Abstinenzler gewesen sein.

12. Entweder A oder B (C, D...) ist der Fall.
    <u>B (C, D...) ist nicht der Fall / ist unwahrscheinlich.</u>
    Also: A ist der Fall.

Beispiel:

> Entweder Heinrich Mann oder Thomas Mann ist der bekanntere Schriftsteller.
> <u>Heinrich Mann ist höchstwahrscheinlich nicht so bekannt wie Thomas Mann.</u>
> Also: Thomas Mann ist der bekanntere Schriftsteller.

13. Entweder A oder B (C, D...) ist positiv zu bewerten / zu tun.
    <u>B (C, D...) ist nicht akzeptabel.</u>
    Also: A ist positiv zu werten / zu tun.

Beispiel:

> Entweder darf uns unsere Gesundheit gleichgültig sein, oder wir sollen sie sogar bewußt schädigen, oder wir sollen etwas für sie tun.
> <u>Weder Gleichgültigkeit noch bewußte Schädigung unserer Gesundheit ist akzeptabel.</u>
> Also: Wir sollen etwas für unsere Gesundheit tun.

Bei der Verwendung von Muster 11 ist genau zu beachten, ob jemand die gegensätzlichen Eigenschaften wirklich zur gleichen Zeit und im selben Zusammenhang von einem Gegenstand X aussagt. Es ist nämlich zum Beispiel ohne weiteres möglich, daß ein Auto

heute rot und **morgen** grün ist (wenn es in der Zwischenzeit neu gestrichen wird). Ein Läufer kann im Vergleich zu anderen Amateuren zutreffend als «sehr schnell» qualifiziert werden, zugleich aber im Vergleich zu Profis korrekt als «sehr langsam» eingestuft werden, da es sich um einen völlig anderen Zusammenhang handelt (Leistungen im Freizeitsport vs Leistungen im Spitzensport).

Im allgemeinen versuchen Gesprächsteilnehmer, widerspruchsfrei zu argumentieren. Der Vorwurf der Widersprüchlichkeit gilt nämlich als schwerwiegender Angriff auf die Plausibilität der Argumentation. Oft genügt es, einen Widerspruch nachzuweisen, um eine These zu widerlegen. Argumente nach 11 werden daher oft gebraucht, um angebliche Widersprüche zwischen Aussagen derselben Person aufzudecken. So geht es im folgenden Dialogausschnitt um einen möglichen verbalen Widerspruch:

A: Ich bin grundsätzlich Pazifistin, aber trotzdem sollten Frauen das Recht haben, zum Militär zu gehen.

B: Das ist doch ein Widerspruch! Man kann doch nicht als Pazifistin gegen das Töten im Krieg sein und gleichzeitig dafür sein, daß Frauen das Recht haben, selbst beim Töten mitzumachen!

B verwendet hier eine Konkretisierung von Muster 11, deren Schlußregel ausführlich so formuliert werden könnte:

Wer prinzipiell dagegen ist, daß Menschen getötet werden, kann nicht dafür sein, daß Frauen in Institutionen eintreten können, in denen sie professionell Menschen töten.

Widersprüchlichkeit ist jedoch nur in formalen Sprachen (den Kalkülen der Logik und Mathematik) streng nachweisbar. Diskussionsteilnehmer können daher in alltäglichen Diskussionen meist den Versuch machen, den Vorwurf der Widersprüchlichkeit zu entkräften. Dabei können sie auf mehrere Arten reagieren, von denen ich hier drei anführe:

1. Mit dem Hinweis, daß die Äußerung anders zu verstehen ist, als die Dialogpartner unterstellen. Im Rahmen dieses anderen Ver-

ständnisses verschwindet dann der Widerspruch oder wird zumindest abgeschwächt. So könnte A im obigen Beispiel antworten:

A: Ich habe doch nicht gemeint, daß Frauen mit der Waffe dienen sollten, sondern nur, daß sie als Verwaltungskräfte oder im Sanitätsdienst arbeiten können sollen.

2. Mit dem Hinweis auf die Widersprüchlichkeit der Welt im allgemeinen oder dem Hinweis auf die Unmöglichkeit, immer konsequent zu handeln und sprechen, im besonderen, kann man gleichfalls versuchen, den Vorwurf der Widersprüchlichkeit abzuwehren. Letzteres ist zwar eine Strategie, die Gefahr läuft, jede Art von doppelter Moral oder Inkonsistenz zu rechtfertigen. Eben dagegen wird mit Muster 11 Einspruch erhoben! Andererseits kann es im Einzelfall durchaus berechtigt sein, widersprüchlich zu reden oder zu handeln. Niemand kann hundertprozentig widerspruchsfrei denken und handeln: Wer das ernsthaft von sich behauptet, läuft Gefahr, selbst eine doppelte Moral anzuwenden. Und außerdem sollte man kein Prinzip «zu Tode reiten». So kann es durchaus akzeptabel sein, in Ausnahmefällen aus Gründen des Takts oder der Rücksichtnahme eine Notlüge zu gebrauchen, auch wenn wir prinzipiell von der Wichtigkeit der Aufrichtigkeit überzeugt sind.
   Natürlich ist damit die im obigen Dialog thematisierte Frage, ob auch das Prinzip des Pazifismus solchen berechtigten Ausnahmen unterliegt, noch nicht beantwortet.
   Der Hinweis auf die Widersprüchlichkeit der Welt ist insbesondere in Bereichen rechtfertigbar, in denen widersprüchliche Formulierungen ohne weiteres akzeptabel sind, zum Beispiel beim Sprechen über religiöse Grenzerfahrungen oder über Emotionen in menschlichen Beziehungen (vgl. oben Kapitel 1, S. 61 f.). Denn Gefühle können ambivalent sein und haben damit Eigenschaften, auf die Muster 11 nicht anwendbar ist, so im folgenden Beispiel:

A: Einerseits bist du froh, daß Anna weg ist, andererseits sagst du, du wärst gerne mit ihr in Urlaub gefahren?!

B: Das ist eben so, weil ich Anna mag und sie mir zugleich auf die Nerven geht.

Widersprüchlichkeit kann im Extremfall auch als verbaler Widerstand gegen die Unmenschlichkeit einer brutal aufgezwungenen Wahl zwischen zwei Übeln auftreten und so durchaus gerechtfertigt sein, wie der verzweifelt-witzige Protest Jossel Finkensteins in der folgenden Anekdote:

Noch vor der Perestroika. An Jossel Finkelsteins Tür hämmert jemand, Jossel macht auf, ein KGB-Mann bellt ihn an:
«Lebt hier Jossel Finkelstein?»
Jossel zieht sich seinen ausgefransten Pyjama höher.
«Nein!»
«Also, wie ist ihr Name?»
«Finkelstein, Jossel.»
Der Geheimpolizist schlägt ihn zu Boden und brüllt:
«Hast du nicht gesagt, du Judenschwein, daß du hier nicht lebst?»
«Können Sie das ein Leben nennen...»

3. Eine weitere mögliche Reaktion auf den Vorwurf der Widersprüchlichkeit ist der Hinweis, der Widerspruch sei jetzt nicht das für die weitere Diskussion Wesentliche. So wird der Widerspruch «stehengelassen», was natürlich in vielen Fällen als fragwürdiger Ausweichversuch einzustufen ist. Beim Beispiel mit dem widersprüchlichen Plädoyer für den Militärdienst für Frauen könnte A sich wie folgt zu rechtfertigen versuchen:

A. Das, worauf es uns jetzt hauptsächlich ankommt, ist doch die Frage des gleichen Zugangs zu entscheidenden Machtzentren der Gesellschaft. Nun ist das Militär zweifellos ein solches Machtzentrum, und Frauen sollten gleichberechtigten Zugang zu ihm haben.

Oft geht es bei Diskussionen, in denen Muster 11 eine Rolle spielt, nicht um rein verbale Widersprüche, sondern um Inkonsistenzen zwischen sprachlichen Aussagen und tatsächlichem Handeln. In solchen Fällen werden Gegensätze zwischen Sprechen und Handeln eingeklagt. Dazu drei Beispiele:

A: Du trittst für die Grünen ein, fährst aber jeden Tag mit dem Auto zur Arbeit, und zwar allein, nicht etwa in einer Fahrgemeinschaft! Außerdem wohnst du nur 10 Gehminuten von deinem Arbeitsplatz entfernt, und ein wenig Bewegung würde dir auch nicht schaden!

A: Peter verteidigt die katholische Glaubenslehre, geht aber sonntags nur selten in die Kirche!

A. Sie kritisieren den Massentourismus, leben als Zimmervermieter aber selber sehr gut vom Fremdenverkehr in Ihrem Land!

In all diesen Fällen besteht die Gefahr, daß Muster 11 trugschlüssig gebraucht wird, indem nicht zur Sache argumentiert wird, sondern statt dessen die Person, mit der man diskutiert, attackiert wird (Trugschluß «ad hominem»). Nicht alle Argumente, die gegen Inkonsequenzen von Gesprächsteilnehmern gerichtet sind, müssen jedoch trugschlüssig sein:
- Wenn ein enger und unauflöslicher Zusammenhang zwischen dem Inhalt der Äußerungen und dem tatsächlichen Handeln besteht und
- wenn die Betreffenden ohne große Schwierigkeiten auch anders handeln könnten oder
- wenn er oder sie ein egoistisches Interesse daran hat, anders zu sprechen als zu handeln, also eine Täuschungsabsicht vorliegt, können Angriffe auf die Person nach Muster 11 durchaus legitim sein.

So läßt sich beim ersten oben angeführten Beispiel tatsächlich schwer rechtfertigen, warum A nicht zu Fuß zur Arbeit geht. Problematischer wäre dagegen der folgende Vorwurf:

A: Du trittst für die Grünen ein, bist aber selber Raucher!

Auch wenn Raucher durch das unfreiwillige Mitrauchen der Nichtraucher diese schädigen, sind doch viele zentrale Anliegen der Grünen inhaltlich nicht so direkt und untrennbar mit dem (Nicht-)Rauchen verbunden wie etwa mit der Vermeidung unnötigen Autofahrens (vgl. erstes Beispiel oben)

Klarer trugschlüssig im Sinne einer «ad hominem-Attacke wäre dagegen folgender Vorwurf:

A: Du trittst für die Grünen ein, hast aber viele Freunde und Bekannte aus dem bürgerlichen Umfeld!

Es ist nämlich durchaus von dem politischen Engagement für eine politische Partei trennbar bzw. damit vereinbar, gute persönliche Kontakte zu Personen aus anderen politischen Lagern zu haben. Aus einer pluralistischen Sicht ist dies sogar zu begrüßen.

Im zweiten und dritten Beispiel oben besteht zweifellos ebenfalls ein nur schwer trennbarer Zusammenhang zwischen der verbal geäußerten Meinung und dem nicht dazu passenden konkreten Handeln. Beide Male wird der «ad hominem»-Angriff insbesondere dann zu rechtfertigen sein, wenn dazu noch gezeigt werden kann, daß A Handlungsalternativen hätte – zum Beispiel ohne weiteres die Zeit hätte, öfter sonntags in die Kirche zu gehen, oder ohne weiteres in anderen Branchen arbeiten könnte – oder wenn A sogar eine bestimmte Überzeugung nur verbal vortäuscht, etwa um als braver Katholik oder als kritischer Bürger zu erscheinen.

Schließlich möchte ich noch kurz auf absichtliche Verstöße gegen das Nichtwiderspruchsprinzip eingehen, denen keine egoistischen Motive zugrunde liegen. Wenn Gesprächsteilnehmer sie nicht dazu einsetzen, um ihr Gegenüber zu täuschen oder zu provozieren, sollen sie oft nur die Aufmerksamkeit wecken oder steigern bzw. Heiterkeit erregen. Mit gemeint ist bei diesen «rhetorischen Paradoxa» stets etwas anderes, das keineswegs widersprüchlich ist, so in Werbetexten, daß das Produkt scheinbar Unmögliches möglich macht, also sehr gut ist, oder etwa in den folgenden Werbeslogans von Versicherungen:

1. Damit nichts passiert, wenn etwas passiert!
2. Sie zahlen nichts, wir zahlen alles!

Ausführlicher und mit zahlreichen weiteren Beispielen stelle ich rhetorische Paradoxa als Formulierungstechniken in Kapitel 3, S. 235 ff., dar.

Kritische Fragen, mit denen wir Anwendungen von Muster 11 prüfen können, lauten wie folgt:

1. Weist X tatsächlich die gegensätzlichen Eigenschaften Y und Y' auf?
2. Weist X diese Eigenschaften zugleich und in demselben Zusammenhang auf?
3. Sind Y und Y' tatsächlich unvereinbar?
4. Kann die Person, der vorgeworfen wird, daß zwischen ihrem Sprechen und Handeln ein Widerspruch besteht, glaubhaft versichern, daß im vorliegenden Fall Sprechen und Handeln nicht in einem unauflöslichen Gegensatz zueinander stehen?
5. Kann diese Person nachweisen, daß sie keine andere Wahl hat, als die inkonsequente Handlung zu vollziehen?
6. Kann diese Person nachweisen, daß die Diskrepanz zwischen Sprechen und Handeln nicht beabsichtigt war, also zumindest keine Täuschungsabsicht vorlag?

12. Entweder A oder B (C, D …) sind der Fall.
    <u>B (C, D …) ist / sind nicht der Fall.</u>
    Also: A ist der Fall.

13. Entweder A oder B (C, D …) sind positiv zu bewerten / zu tun.
    <u>B (C, D …) sind nicht akzeptabel.</u>
    Also: A ist positiv zu bewerten / zu tun.

Bei den weiteren zwei Gegensatzmustern 12 und 13, die zur Erinnerung hier noch einmal angeführt sind, ist von entscheidender Bedeutung, ob sich zwei (oder mehrere) Alternativen A, B (C, D...), die in Argument und Schlußregel aufscheinen, wirklich ausschließen oder miteinander verträglich sind. Im ersten Fall handelt es sich um inkompatible, im zweiten Fall um kompatible Gegensätze. So kann jemand Söhne oder Töchter haben, aber auch Söhne **und** Töchter (kompatible Gegensätze). Ähnlich kann ein Gegenstand weiß, blau, rot (...), aber auch weiß **und** blau (rot...) sein, zum Beispiel ein weiß-blau-rot-kariertes Kleidungsstück. Bei entsprechendem Opportunismus kann jemand Parteibücher der politischen Parteien X **und** Y (Z...) besitzen. Wenn jemand Liebe empfindet, schließt das nicht aus, daß er/sie zugleich Haß empfindet (vgl. den Ausdruck «Haßliebe»!). Daher ist es bei kompatiblen Alternativen für die Plausibilität von 12 und 13 wesentlich, daß die Gegensätze vollständig und korrekt aufgezählt werden. Wenn z.B. davon ausgegangen werden kann, daß jemand tatsächlich mehrere Kinder hat (und nicht zum Beispiel kinderlos ist oder selbst ein Kind ist, womit weitere Alternativen ins Spiel kommen würden), kann man, sobald klar ist, daß X keine Söhne hat, plausibel wie folgt schließen:

Entweder X hat Söhne, oder X hat Töchter.
<u>X hat keine Söhne.</u>
Also: X hat Töchter.

Wenn die Alternativen A, B (C...) dagegen **inkompatibel** sind, können neben Schlußfolgerungen nach Muster 12 und 13 außerdem **zusätzlich** die folgenden Varianten 12a und 13a plausibel sein; vom Vorliegen einer Alternative A können wir dann nämlich auf das Nichtvorliegen der inkompatiblen anderen Alternativen B (C, D...) schließen:

12a. Entweder A oder B (C, D...) sind der Fall.
<u>A ist der Fall.</u>
Also: B (C, D...) sind nicht der Fall.

124

13a. Entweder A oder B (C, D…) sind positiv zu bewerten/zu tun.

A ist positiv zu bewerten/zu tun.

Also: B (C, D…) sind negativ zu bewerten/nicht zu tun.

Wenn zum Beispiel eine Person ledig ist, kann sie nicht verheiratet oder geschieden oder verwitwet sein, da es sich hier um inkompatible Alternativen handelt. Ein anderes Beispiel: Wenn Großzügigkeit einer Person positiv zu bewerten ist, sind Kleinlichkeit, Geiz, Pedanterie dieser Person negativ zu bewerten. Auch hier ist wieder wichtig für die Plausiblität, daß alle Alternativen genannt werden und auch tatsächlich inkompatibel sind.

Nur selten tritt der Fall auf, daß nur **zwei** inkompatible Alternativen vorliegen, die keine weitere Möglichkeit zulassen (oder mit einer klassischen scholastischen Formel ausgedrückt: «Tertium non datur» – «Ein Drittes gibt es nicht»). Wenn jemand tot ist, kann er nicht lebendig sein; eine dritte (weitere) Möglichkeit gibt es auch nach dem alltäglichen Sprachgebrauch hier nicht, da «halbtot» oder «scheintot» unter «lebendig» einzuordnen sind. Dasselbe gilt normalerweise bei zwei Alternativen, die auf expliziten Zahlenangaben über das Vorhandensein von Gegenständen beruhen: Wenn wir sicher wissen, daß auf einem Tisch entweder vier oder fünf Teller standen, und weiter, daß es nicht fünf waren, ist der Schluß zwingend, daß es vier waren. Nicht so allerdings in der absurden Welt Karl Valentins, der trotz Belehrungen durch seinen Gesprächspartner und trotz Angabe exakter Zahlen das «Tertium non datur» souverän durchbricht:

DER KAPELLMEISTER: Wieviel Mann warns denn da?

KARL VALENTIN: Ja – zehn Mann – fast elf!

DER KAPELLMEISTER: Entweder warns zehn oder elf!

KARL VALENTIN: Elf warns auf keinen Fall!

DER KAPELLMEISTER: Na also, dann warns eben zehn!

KARL VALENTIN: Nein, acht Stück.

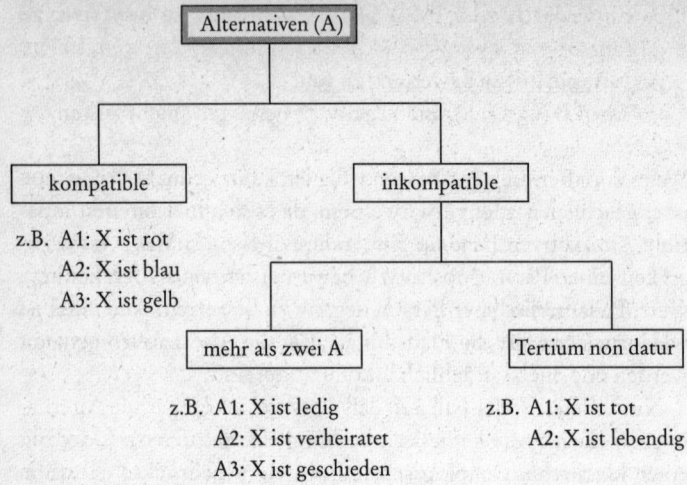

```
                    ┌─────────────────┐
                    │ Alternativen (A)│
                    └─────────────────┘

        ┌──────────────┐              ┌──────────────┐
        │  kompatible  │              │ inkompatible │
        └──────────────┘              └──────────────┘

z.B.  A1: X ist rot
      A2: X ist blau
      A3: X ist gelb
                          ┌──────────────────┐    ┌─────────────────────┐
                          │  mehr als zwei A  │    │  Tertium non datur  │
                          └──────────────────┘    └─────────────────────┘

                    z.B.  A1: X ist ledig        z.B.  A1: X ist tot
                          A2: X ist verheiratet         A2: X ist lebendig
                          A3: X ist geschieden
```

Erläuterungen: A 1, A 2, A 3: mögliche Alternativen;
X: Gegenstände oder Personen

In der normalen Alltagsdiskussion sollten wir allerdings meist die
Möglichkeit weiterer Alternativen einkalkulieren. Problematisch
ist beispielsweise schon der Schluß «X ist ein Mann, also ist X
keine Frau», da es Zwischenstufen gibt («Zwitter / Hermaphrodi-
ten»). Meist ist also Skepsis geboten, wenn unsere Diskussionspartner unterstellen, es gäbe nur zwei inkompatible Alternativen
A und B. Dies zeigt sich besonders bei normativen Argumentationen: Wenn «X ißt (zu-)viel» negativ zu bewerten ist, ist deswegen «X ißt (zu-)wenig» noch nicht positiv zu bewerten. In solchen
Fällen droht die Argumentation oft zum trugschlüssigen Unterstellen von «falschen Dilemmas», zur «Schwarz-Weiß-Malerei»
zu degenerieren. Diese Art von Trugschluß wird in der folgenden
Anekdote karikiert, wo in kaum akzeptabler Weise von «X trägt
von zwei geschenkten Krawatten am nächsten Tag eine» auf «X
mag die andere nicht» geschlossen wird:

Eine jüdische Mutter schenkt ihrem Sohn zwei Krawatten – eine mit Punkten und eine mit Streifen. Am ersten Tag trägt er die gepunktete.

«Was – du magst die gestreifte nicht?»

Der Sohn könnte genausogut beide gleich gern mögen – mit einer muß er jedoch beginnen. Er könnte aber auch beide mögen, aber die gepunktete noch lieber und daher mit ihr beginnen. Die möglicherweise etwas dominante Mutter ignoriert also souverän mindestens zwei weitere Möglichkeiten...

In der Übersicht auf S. 126 sind alle Typen von Alternativen zusammengefaßt.

Im einzelnen ist es natürlich oft schwierig festzustellen, welche und wie viele Alternativen vorliegen. Im folgenden Beispiel zeigt B mit einiger Plausibilität die Möglichkeit weiterer Alternativen auf. As Argumentation ist damit zwar noch nicht als trugschlüssig erwiesen, aber ihre Plausibilität ist zumindest zweifelhaft:

A: Der Kommunismus hat versagt und ist daher abzulehnen, also ist der Kapitalismus, besonders in Form einer sozialen Marktwirtschaft, die einzige Alternative.

B: Das muß nicht stimmen, es könnte noch andere Gesellschaftsformen geben, die ebensogut oder sogar besser als der Kapitalismus funktionieren.

Trugschlüssige Schwarz-Weiß-Malerei liegt oft in politischer Propaganda oder in Werbetexten vor, wo zwei (oder mehrere) Scheinalternativen aufgebaut werden, von denen eine über Gebühr positiv dargestellt wird, die andere(n) dagegen in übertriebener und allzu plakativer Weise negativ. Dazu die folgenden, teils authentischen (I., II.), teils nachempfundenen, dabei aber nur leicht übertriebenen (III., IV.) Beispiele:

I. Sozialismus oder Freiheit (ein ehemaliger CDU/CSU-Wahl-Slogan)

II. Entweder Sie schwimmen wie ein toter Fisch im Strom – oder Umweltanleihe. (Werbeanzeige der Republik Österreich für eine
Umweltanleihe)

III. A: Sie haben die Wahl: Entweder Sie kaufen ein herkömmliches
Waschmittel, oder Sie nehmen unser neues Produkt X, das Ihnen
für weniger Geld mehr Waschkraft bietet und dabei die Umwelt
schont!

IV. A: Wenn Sie in Ihrem Unternehmen einen Computer beschäftigen wollen, gibt es zwei Möglichkeiten: Sie können einen Anfän-
ger beschäftigen (was Sie viel Zeit und Geld kosten kann) oder
einen Profi: einen unserer Computer mit maßgeschneiderten
Programmen für Ihre Branche, die Ihnen helfen, Zeit und Geld zu
sparen!

Eine drastische Karikatur solcher propagandistischer Schwarz-
Weiß-Malereien liefert Kurt Tucholsky in seinem fingierten
Schulaufsatz «Hitler und Goethe». Hier läßt er einen nationalsozialistischen Schüler zum Gegensatz zwischen Goethe und Hitler
folgende teils dümmlichen, teils tautologischen ‹Argumente› anführen:

Hitler und Goethe stehen in einem gewissen Gegensatz. Während Goethe sich mehr einer schriftstellerischen Tätigkeit hingab,
aber in den Freiheitskriegen im Gegensatz zu Theodor Körner
versagte, hat Hitler uns gelehrt, was es heißt, Schriftsteller und
zugleich Führer einer Millionenpartei zu sein, welche eine Millionenpartei ist.

Kritische Fragen zu Gegensatzmustern in der Art von 12 und 13
(bzw. 12 a und 13 a) lauten folgendermaßen:
1. Werden alle möglichen Alternativen aufgezählt?
2. Liegen tatsächlich alle bis auf eine Alternative **nicht** vor?

3. Sind tatsächlich alle Alternativen bis auf eine negativ zu bewerten / nicht durchzuführen?
4. Werden die Alternativen fair präsentiert?
5. Handelt es sich wirklich um (in)kompatible Alternativen?

Ursachen und Wirkungen, Mittel und Zwecke

Kausale Beziehungen, das heißt Relationen zwischen Ursache und Wirkung oder Mittel und Zweck spielen in allen Alltagsdiskussionen, insbesondere auch in kritischen Diskussionen eine zentrale Rolle. Die Kenntnis von Ursache-Wirkung-Mustern ist daher für die Argumentationspraxis besonders wichtig. Im folgenden führe ich eine Reihe von kausalen Mustern der Alltagsargumentation vor.

Kausale Beziehungen sind in Wissenschaft und Philosophie Gegenstand zahlreicher Diskussionen und Kontroversen gewesen. Auch heute gibt es viele teilweise sehr unterschiedliche Definitionen von «kausal» bzw. «Kausalität». Für die alltägliche Praxis möchte ich vor allem die drei folgenden Eigenschaften festhalten, die unbedingt zur Definition von Kausalität gehören. Sie müssen vorliegen, damit ein Ereignis oder eine Handlung als Ursache für eine Wirkung, das heißt ein anderes Ereignis oder eine andere Handlung angesehen werden kann:
1. Der Ursache folgt die Wirkung **regelmäßig**.
2. Die Ursache geht der Wirkung **zeitlich voraus** (allerdings ist als Grenzfall Gleichzeitigkeit von Ursache und Wirkung möglich).
3. Das als Wirkung einzustufende Geschehen würde **nicht ohne** die Ursache auftreten, bzw. es wäre (in der Vergangenheit) **nicht ohne** die Ursache aufgetreten.

Obwohl hier von **der** Ursache gesprochen wird, kommt es oft vor, daß eine Wirkung von mehreren Ursachen hervorgerufen wird. Umgekehrt kann eine Ursache oft **mehrere** Wirkungen aufweisen.

Dies macht es oft schwierig bzw. fragwürdig, von **einer** Ursache oder **einer** Wirkung auszugehen («monokausales» Denken) und entsprechende Schlußfolgerungen anzustellen. Statt dessen müssen wir beim Diskutieren stets die Möglichkeit mehrerer Ursachen für eine Wirkung oder mehrerer Wirkungen einer Ursache in unsere Überlegungen einbeziehen:

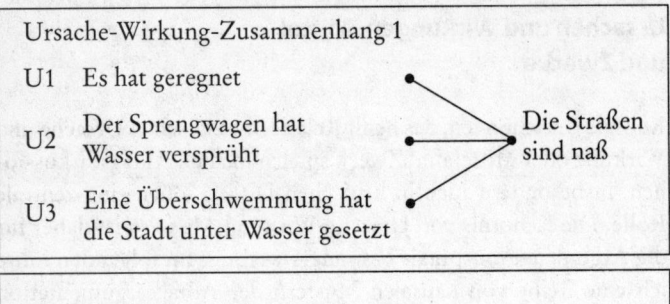

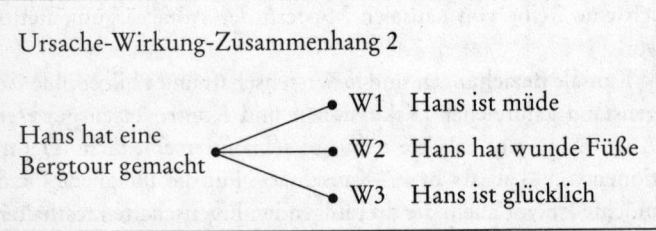

Erläuterung: U1, U2, U3 = Ursachen; W1, W2, W3 = Wirkungen

Wichtig ist auch, sich zu fragen: Ist eine Ursache unentbehrlich für das Auftreten der Wirkung, also eine **notwendige Bedingung** für die Wirkung? Und weiter: Ist eine Ursache ausreichend für das Auftreten der Wirkung, also eine **hinreichende Bedingung** für die Wirkung? Während U1 bis U3 im ersten Beispiel wohl im Normalfall jeweils hinreichende Bedingungen für die Wirkung «Die Straßen sind naß» darstellen, sind sie einzeln für sich genommen nicht notwendig für das Eintreten dieses Zustands: Eine Straße kann auch naß sein, ohne daß es geregnet hat, weil der Sprengwagen sie naß gesprüht hat. Die Ursache im zweiten Beispiel ist dagegen allein weder unbedingt notwendig noch hinreichend für das

Eintreten der Wirkungen W1 bis W3, was nicht heißt, daß das Geschehen «Hans hat eine Bergtour gemacht» nicht unter bestimmten Umständen allein W1 bis W3 herbeiführen kann.

Diese Komplikationen sind für die Beurteilung der Plausibilität von Schlüssen von Ursachen auf Wirkungen (oder von Wirkungen auf Ursachen) oft entscheidend. Trotzdem kann in Alltagsdiskussionen häufig eine «Hauptursache» (eine «Hauptwirkung») isoliert werden, die als **die** Ursache (**die** Wirkung) angesehen werden kann. Im allgemeinen ist dann aber zu fordern, daß diese Ursache eine notwendige und zugleich hinreichende Bedingung für die Wirkung bilden kann. Vergleichen wir folgende Beispiele:

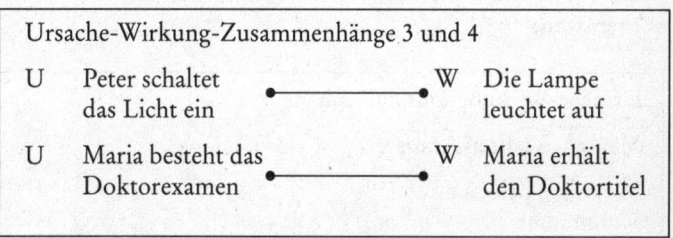

Ursache-Wirkung-Zusammenhänge 3 und 4

| U | Peter schaltet das Licht ein | W | Die Lampe leuchtet auf |
| U | Maria besteht das Doktorexamen | W | Maria erhält den Doktortitel |

Solche Schlußfolgerungen beruhen auf der Unterstellung ‹normaler› Umstände. Daher müssen wir im Bedarfsfall Ausnahmefälle berücksichtigen, die die Schlüsse von der Ursache auf die Wirkung außer Kraft setzen, zum Beispiel im dritten Fall: Der Lichtschalter ist defekt / die Glühbirne ist ausgebrannt / Peter erwischt den falschen Schalter etc.; im vierten Fall: Es werden Formfehler beim Examen eingeklagt / Maria muß plötzlich emigrieren etc.

Bei wissenschaftlichen Kausaldiskussionen müssen die Umstände des Ursache-Wirkung-Zusammenhangs sorgfältig und vollständig berücksichtigt bzw. bei Experimenten genau kontrolliert werden. Für Kausalargumente in kritischen Diskussionen ist zumindest zu fordern, daß die Begleitumstände und Ausnahmebedingungen nach bestem Wissen berücksichtigt werden.

Es ist auch wichtig, zwischen direkten und indirekten Ursachen und Wirkungen zu unterscheiden. So haben menschliche Handlungen Folgen, die wiederum weitere Wirkungen nach sich ziehen:

Auf diese Weise entstehen Ursache-Wirkung-Ketten. Je länger diese Ketten sind, desto schwieriger wird es, überhaupt festzustellen, ob die Ausgangsursache(n) wirklich als zentral für das Auftreten der Fernwirkung(en) angesehen werden kann/können.

Schließlich ist auch in einem weiteren Sinn von Ursachen zu sprechen, wenn bestimmte nicht direkt sinnlich wahrnehmbare Faktoren wie zum Beispiel Motive, Emotionen, Dispositionen oder Charaktereigenschaften entsprechende Handlungen oder Verhaltensweisen bewirken, die dann als deren Wirkungen oder Folgen angesehen und erklärt werden können. Umgekehrt können wir oft Handlungen und Verhaltensweisen aus den zugrundeliegenden psychischen Faktoren wie Motiven, Emotionen etc. vorhersagen:

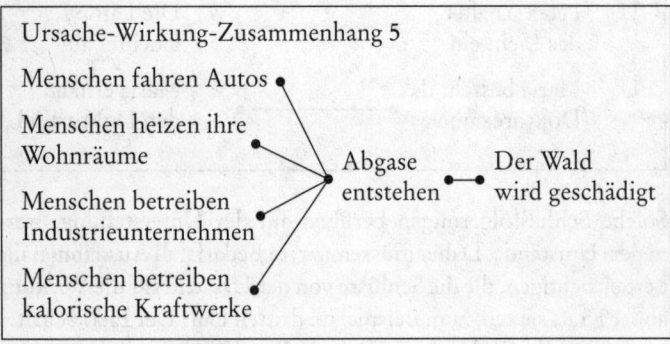

Ursache-Wirkung-Zusammenhang 5

Menschen fahren Autos

Menschen heizen ihre Wohnräume

Menschen betreiben Industrieunternehmen

Menschen betreiben kalorische Kraftwerke

Abgase entstehen

Der Wald wird geschädigt

Im letzten Beispiel kann man auch davon sprechen, daß bestimmte Handlungen als Mittel eingesetzt werden, um einen bestimmten Zweck zu erfüllen bzw. ein bestimmtes Ziel zu erreichen. So kann eine Schlankheitsdiät für Eva ein Mittel sein, um bestimmte Ziele (Wohlbefinden, Befriedigung ihrer Eitelkeit, Bedürfnis nach modischer Kleidung) zu erreichen.

Wie oben bereits festgestellt, gehören Ursache-Wirkung-Muster zu den wichtigsten Mitteln der Alltagsargumentation. Sieben häufige Varianten erörtere ich daher im folgenden genauer:

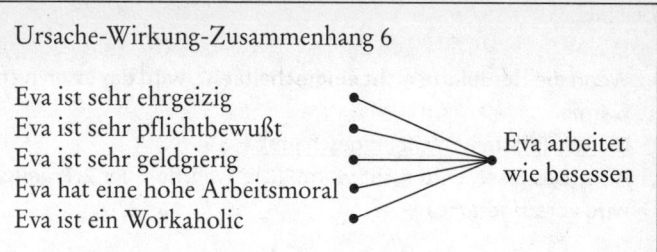

Ursache-Wirkung-Zusammenhang 6

Eva ist sehr ehrgeizig
Eva ist sehr pflichtbewußt
Eva ist sehr geldgierig   Eva arbeitet
Eva hat eine hohe Arbeitsmoral   wie besessen
Eva ist ein Workaholic

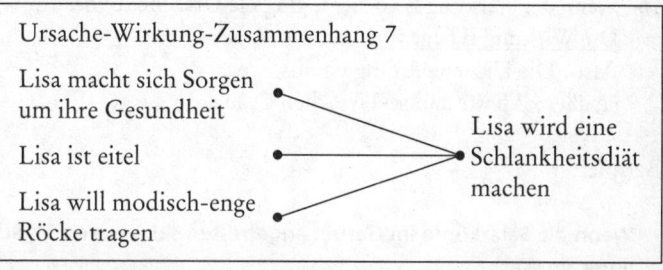

Ursache-Wirkung-Zusammenhang 7

Lisa macht sich Sorgen
um ihre Gesundheit
                                 Lisa wird eine
Lisa ist eitel   Schlankheitsdiät
                                 machen
Lisa will modisch-enge
Röcke tragen

14. Wenn die Ursache A vorliegt, folgt die Wirkung B.
    <u>Die Ursache A liegt vor.</u>
    Also: Die Wirkung B folgt.
    (Außer: Es gibt noch andere [Neben-]Wirkungen C, D etc.)

Beispiel:

Wenn der Himmel stark bewölkt ist, wird es wahrscheinlich regnen.
<u>Heute (18. 7. 1995) ist der Himmel über Innsbruck stark bewölkt.</u>
Also: Es wird wahrscheinlich regnen.

15. Wenn die Ursache A nicht vorliegt, folgt die Wirkung B nicht.
    <u>Die Ursache A liegt nicht vor.</u>
    Also: Die Wirkung B folgt nicht.
    (Außer: Es liegen andere Ursachen C, D etc. für B vor.)

Beispiel:

Wenn die Herdplatte nicht eingeschaltet ist, wird das Essen nicht warm.
Die Herdplatte ist nicht eingeschaltet.
Also: Das Essen wird nicht warm. (Die Wahrheit der 2. Prämisse wird vorausgesetzt.)

16. Wenn die Wirkung B vorliegt, ging die Ursache A voraus.
    Die Wirkung B liegt vor.
    Also: Die Ursache A ging voraus.
    (Außer: B hatte andere Ursachen C, D etc.)

Beispiel:

Wenn die Salatköpfe im Garten angefressen sind, waren Schädlinge am Werk.
Die Salatköpfe im Garten sind angefressen.
Also: Schädlinge waren am Werk. (Die Wahrheit der 2. Prämisse wird vorausgesetzt.)

17. Wenn die Wirkung B nicht vorliegt, ging die Ursache A nicht voraus.
    Die Wirkung B liegt nicht vor.
    Also: Die Ursache A ging nicht voraus.
    (Außer: Es liegen andere Wirkungen C, D etc. von A vor.)

Beispiel:

Wenn es nicht läutet, hat niemand auf die Klingel gedrückt.
Es läutet nicht.
Also: Es hat niemand auf die Klingel gedrückt.
(Außer: Die Klingel ist kaputt/Es sind nur Schwerhörige oder Taube in Hörweite der Klingel etc. Wiederum gilt: Die Wahrheit der 2. Prämisse wird vorausgesetzt.)

Praktische (pragmatische) Schlüsse:

18. Handlung A führt zu Folge B.
    B ist positiv zu bewerten.
    Also: Handlung A ist positiv zu bewerten/zu vollziehen.
    (Außer: A hat andere, gewichtigere negative Folgen C, D etc.)

Beispiel:

Höflicher Umgang mit den Mitmenschen verhindert Streit und Konflikte.
Die Verhinderung von Streit und Konflikten ist positiv zu bewerten.
Also: Höflicher Umgang mit den Mitmenschen ist positiv zu bewerten.
(Außer: Die ständige Höflichkeit führt zu einem Aggressionsstau/Wichtige Sachprobleme bleiben ungelöst/Die Höflichkeit dient nur zur Tarnung von destruktiven Zielen etc.)

19. Handlung A führt zu Folge B.
    B ist negativ zu bewerten.
    Also: Handlung A ist negativ zu bewerten/zu unterlassen.
    (Außer: A hat andere, gewichtifere positive Folgen C, D etc.)

Beispiel:

Rauchen führt zu gesundheitlichen Schäden bei Rauchern und Mitrauchern.
Gesundheitliche Schäden sind negativ zu bewerten.
Also: Rauchen ist zu unterlassen.
(Außer: Man raucht nur sehr sporadisch.)

20. Wenn X Ziel A (nur) durch Mittel B erreichen kann, soll X Mittel B benützen.
    X kann A (nur) durch B erreichen.
    Also: X soll B benützen.
    (Außer: B ist ethisch inakzeptabel, oder: B ist akzeptabel,

aber X kann noch akzeptablere oder weniger aufwendige Mittel C, D etc. benützen und damit ebenso A erreichen)

Beispiel:

> Wenn durch Fortbildung eine höhere berufliche Position erreichbar ist, soll man Fortbildungskurse besuchen.
> <u>Hans kann durch Fortbildung eine Beförderung erreichen.</u>
> Also: Hans soll einschlägige Fortbildungskurse besuchen.
> (Außer: Die Beförderung ist auch durch konsequente Fortsetzung der bisherigen Arbeit erreichbar etc. Wiederum gilt: Die Wahrheit der 2. Prämisse wird vorausgesetzt.)

Die ersten vier Muster dienen zur Vorhersage von Wirkungen aus Ursachen (14, 15) und zur Erklärung von Wirkungen aus Ursachen (16, 17). Die angeführten Ausnahmebedingungen betreffen das bereits erwähnte Problem, zu entscheiden, ob weitere Ursachen oder Wirkungen anzunehmen sind. Mit Hilfe der Muster 18 und 19 können Diskutierende Entscheidungen motivieren, vor allem wenn es um die Abwägung und Durchführung zukünftiger Handlungen geht. Aber auch 20 kann Handlungen motivieren und begründen helfen. Daher können die Muster 18 bis 20 als **pragmatische** oder **praktische** Schlüsse bezeichnet werden.

Viele Meinungsunterschiede in Alltagsdiskussionen betreffen das Bestehen oder Nichtbestehen von kausalen Zusammenhängen. Bei weitem nicht immer sind kausale Argumente so zwingend oder doch zumindest plausibel (bei Berücksichtigung der Ausnahmebedingungen) wie in den oben angeführten Beispielen zu den Mustern 14 bis 20. Ein problematisches Beispiel stellt etwa die folgende Diskussion über die (Nicht-)Wirksamkeit bestimmter schul- bzw. alternativmedizinischer Behandlungsformen dar:

A: Stell dir vor, der Ausschlag von Hans ist endlich weggegangen! Da haben also die homöopathischen Tabletten geholfen.
B: Das ist ja schön, aber ob das wirklich die homöopathischen Pillen bewirkt haben? Du hast doch vorher etwas anderes probiert.

A: Verschiedene Kinderärzte und Hautärzte, die ich um Rat gefragt habe, haben ihn aber monatelang mit den üblichen schulmedizinischen Medikamenten behandelt, und das ohne Erfolg.

B: Aber vielleicht hat er deren Medikamente nicht regelmäßig oder nicht genau nach Vorschrift genommen? Sonst hätten sie doch wohl gewirkt!

A: Ich habe das genauestens überwacht, und außerdem waren sie selbst ratlos. Jedenfalls ist das jetzt egal. Hauptsache, die homöopathischen Mittel haben geholfen!

B: Das heißt aber noch nicht, daß homöopathische Tabletten in diesem Fall besser geholfen haben. Schließlich kann der Erfolg auch auf Einbildung beruhen. Es ist doch erwiesen, daß der Placebo-Effekt sehr stark sein kann.

A: Und wenn schon, Hauptsache, der Ausschlag ist weg.

In diesem Dialog zweier Mütter A und B über Krankheit und Heilung des halbwüchsigen Sohnes von A zeigen sich Möglichkeiten und Grenzen kausaler Argumentationsmuster in der Alltagsargumentation. Da nämlich die näheren Umstände möglicher kausaler Zusammenhänge kaum alle präzis festgestellt werden können, sind wir in alltäglichen Diskussionen darauf angewiesen, die Muster 14 bis 17 unter bestmöglicher, aber eben nicht vollständiger Berücksichtigung von potentiellen Ausnahmebedingungen zu benützen.

Anfangs unterstellt A nach Muster 16, daß die homöopathischen Medikamente geholfen haben, da die Wirkung «Der Ausschlag ist weg» vorliegt. B wendet jedoch ein, daß auch andere Ursachen zu dieser Wirkung geführt haben könnten, nämlich die vorangegangene schulmedizinische Behandlung, die ja auch später als erwartet gewirkt haben könnte (Ausnahmebedingung zu 16). Dagegen zeigt A, daß die von B angenommene weitere Ursache offenbar nicht vorlag, da die einschlägigen Medikamente selbst nach Monaten keinen Erfolg aufzuweisen hatten und die behandelnden Ärzte ratlos waren. Daher gilt nach 17: Wo keine Wirkung vorliegt, gibt es auch keine entsprechende Ursache. B versucht nun, mit einer teilweise realen, teilweise fiktiven Kausalargumentation nachzuweisen, daß immerhin angenommen werden kann, daß die Wirkung eingetreten **wäre**, wenn Hans die schulmedizinischen Medikamente korrekt genommen **hätte** (was B bezweifelt). Bs Diskussionsbeitrag kann als Variante von Muster 14 folgendermaßen rekonstruiert werden:

14a. Wenn Hans die schulmedizinischen Medikamente korrekt eingenommen hätte, wäre der Ausschlag vergangen.
Angenommen, Hans hat sie nicht korrekt eingenommen.
Also: Der Ausschlag ist nur deshalb nicht vergangen.

A weist nun die Annahme von der inkorrekten Einnahme als unhaltbar zurück (wegen eigener genauer Kontrolle) und damit auch die fiktive Argumentation. Außerdem betont A, daß die Argumente nach 14a wegen des Erfolgs der Homöopathika von nur noch theoretischem Interesse seien («Außerdem ist das jetzt egal. Hauptsache…»). B greift nun aber As Argumente noch einmal an, indem sie eine weitere mögliche **andere** Ursache anführt, nämlich den Placebo-Effekt (weitere Ausnahmebedingung zu 16). An dieser Stelle bricht A den Dialog ab, da es ihr angesichts des Heilungserfolgs nicht auf eine weitergehende Klärung der Kausalzusammenhänge ankommt.

Solche und ähnliche Debatten über kausale Beziehungen sind insbesondere dann typisch für die Alltagsdiskussion, wenn auch die einschlägigen Fachdisziplinen zu keiner (fast) allgemein akzeptierten Klärung der Kausalzusammenhänge gekommen sind bzw. sich selbst Experten uneinig sind. Das trifft zum Beispiel auf folgende strittigen Fragen zu, die in der heutigen Zeit immer wieder Gegenstand von Debatten werden:

– Ist der Betrieb von (beliebigen Typen von) Kernkraftwerken zwangsläufig die Ursache von mehr oder weniger schweren Reaktorunfällen mit entsprechenden Folgeerscheinungen?
– Führt der sog. Treibhauseffekt zu Klimaveränderungen?
– Ist der Mensch in seinem Handeln frei oder durch irgendwelche kausalen Faktoren prinzipiell festgelegt? (Es handelt sich um das allgemeine Problem der Willensfreiheit bzw. um das Problem der Zuweisung von Schuld und Verantwortung.)

– Ist für die Herausbildung von Fähigkeiten, Charaktereigenschaften und Persönlichkeitsmerkmalen von Menschen die Vererbung oder die kulturelle Umwelt von entscheidender Bedeutung? (In anderen Epochen, Kulturen und Denktraditionen wurden und werden weitere Faktoren diskutiert, zum Beispiel Schicksal [Karma, Kismet], Einfluß der Gestirne [Astrologie] usw.)

So schwierig im Einzelfall die kritische Beurteilung von Argumentationen nach den Mustern 14 bis 17 als plausibel oder unplausibel auch sein mag, müssen wir uns doch vor folgenden klaren Beispielen von trugschlüssigen Kausalargumenten hüten:

1. Verwechslung von rein zeitlicher Abfolge von Ereignissen mit nicht nur zeitlichem, sondern auch kausalem Aufeinanderfolgen von Ereignissen (der klassische Trugschluß «post hoc, ergo propter hoc»: «nach diesem [Ereignis], also wegen dieses [Ereignisses]»).
2. Verwechslung von Ursache und Wirkung.
3. Verleugnen einer Wirkung bzw. Folge einer Handlung, weil sie negativ bewertet ist (Vermischung von Fakten mit Bewertungen von Fakten).
4. Sich selbst erfüllende Prophezeiungen: Man äußert falsche Vorhersagen, die dann aber durch eigene Aktivitäten ‹wahr› gemacht werden, obwohl die vorhergesagten Wirkungen ohne die eigene Aktivität nicht eingetreten wären.

Ich illustriere diese kausalen Trugschlüsse mit folgenden Beispielen:

Zu 1.:

A: Heute hab ich viel Pech gehabt: Das Auto ist mir abgestorben, die Geldtasche hab ich verloren, und zum Schluß hab ich mir noch beim Treppensteigen den Fuß verstaucht – und das alles, weil mir heut früh eine schwarze Katze über den Weg gelaufen ist.

Hier handelt es sich um einen klassischen Fall einer abergläubischen Pseudobegründung. Verschiedene später als ein Ereignis X eingetretene Ereignisse Y werden in kaum einleuchtender Weise als Wirkung von X eingestuft, obwohl 1. noch niemand gezeigt hat, daß Begegnungen mit schwarzen Katzen **regelmäßig** oder auch nur meistens zu Pechsträhnen führen und 2. Autopannen, Verlust von Wertsachen und Unfälle nachweislich auch auftreten, **ohne** daß vorher schwarze Katzen über den Weg laufen. Von den drei Kriterien für Kausalität erfüllt diese trugschlüssige Begründung («post hoc, ergo propter hoc») damit nur die zeitliche Aufeinanderfolge der Ereignisse, was aber für das Vorliegen von Kausalität nicht ausreicht.

Zu 2.:

A: Der Antisemitismus gehört zu den schlimmsten Vorurteilen der Menschen überhaupt!

B: Am Judenhaß muß aber doch etwas dran sein, sonst wären die Juden nicht von so vielen Völkern im Laufe der Geschichte geächtet und verfolgt worden.

Dies ist eine klassische Form trugschlüssiger antisemitischer Argumentation, die die Opfer zu Tätern macht und damit Ursache und Wirkung verwechselt (oder im Fall von antisemitischer Propaganda absichtlich vertauscht!). Wenn aufgrund seiner politischen Ohnmacht ein Volk durch feindselige oder gewalttätige Handlungen bis hin zu brutalen Massenmorden jahrhundertelang gedemütigt, verfolgt und dezimiert worden ist, kann nicht seriös vertreten werden, Ghetto-Dasein, Ausschluß von bürgerlichen Rechten und Pogrome bis hin zum Holocaust seien von ihm «verursacht» oder «inszeniert» worden. Womit und wozu denn wohl? Die angebliche jüdische Weltverschwörung als Pseudobegründung fügt dieser dümmlichen Argumentationsweise nur noch ein weiteres absurdes Element hinzu.

Ähnlich trugschlüssige Vertauschungen von Tätern und Opfern finden sich bei anderen ethnischen und religiösen Gruppen, so wenn Übergriffe und Massenmorde an den Sinti und Roma damit gerechtfertigt werden, daß sie durch ihr Verhalten und ihre Lebensweise selbst schuld daran seien.

Zu 3.:

A: (hustet)

B: Dein Husten klingt ziemlich arg, du mußt zum Arzt gehen!

A: Nein, denn dann sagt mir der doch nur, das kommt vom vielen Rauchen und wird ein böses Ende nehmen, und das kann ich nicht brauchen, das verdirbt mir den Spaß an den Zigaretten und macht mir Angst!

Von ernsthafter Kausalargumentation kann bei As pseudokausalem Verweis auf negative Folgen des Arztbesuchs nicht die Rede sein. Dasselbe gilt für ähnliche Reaktionen auf seriöse und gutgemeinte Appelle, Alkohol- oder Gewichtsprobleme in Angriff zu nehmen.

Was Personen wie A irrational verkennen bzw. nicht wahrhaben wollen, ist, daß die negativen Folgen des Rauchens auf alle Fälle zu erwarten sind, ob sie nun ihre Vogel-Strauß-Politik fortsetzen oder nicht. So sollten sie sich besser den negativen Konsequenzen inklusive ernster Diagnosen und dringender Appelle von seiten der Ärzte stellen. Christian Morgenstern hat diesen Trugschluß in seinem Gedicht «Die unmögliche Tatsache» brillant parodiert. Er läßt seinen Protagonisten Palmström, der von einem Auto verkehrswidrig überfahren wurde, wie folgt schließen:

«Nur ein Traum war das Erlebnis.
Weil», so schließt er messerscharf,
«nicht sein *kann*, was nicht sein *darf*.»

Zu 4.:

A: Ich hab es gleich von vornherein gewußt, mit Paula kann man nicht reden, weil sie sofort beleidigt ist!

B: Wieso?

A: Sie ist eine Mimose! Ich hab ihr nur ein paar unangenehme Wahrheiten über ihren Charakter gesagt und ihr Auftreten, ihre fragwürdige Weltanschauung und ihren komischen Freundeskreis kritisiert, und schon war sie gekränkt!

In diesem Fall führt ein nicht weiter begründeter Verdacht As über negative Eigenschaften Paulas dazu, daß A ihn nach Kräften selbst wahrmacht, indem er / sie Paula so lange vor den Kopf stößt, bis sie das «sich selbsterfüllend prophezeite» Verhalten auch zeigt.

Die Gefahr trugschlüssigen Argumentierens kann auch bei fiktiver Kausalargumentation auftreten, wenn Gesprächsteilnehmer nicht genau auseinanderhalten, was für Ursachen welche Wirkungen in der realen Welt haben und welche Ursachen welche Wirkungen hätten, wenn fiktive Welten angenommen werden. Welch köstliche Verwirrungen beim irrationalen Springen von einer Welt in die andere, in diesem Fall eine Traumwelt, vorkommen können, führt Karl Valentin beim folgenden Ausschnitt aus seinem Stück «Die Raubritter vor München» vor. Der Zusammenhang ist folgender: Der Wachtposten Bene wird vom Trommlerbuben Michl geweckt und erzählt, daß er gerade einen exotischen Traum gehabt habe. Er sei eine Ente gewesen und in einem Teich geschwommen, und gerade, als er einen Wurm fressen wollte, habe ihn Michl geweckt. Michl bedauert dies zunächst, doch dann wendet er ein:

MICHL: Nun ja, es ist ja gleich, ein schöner Traum wars doch net.

BENE: Ja, für a Entn scho –

MICHL: Ja, für a Entn, aber du bist koa Entn!

BENE: Ja, aber im Traum war ich eine Entn; überhaupt, für solche Träume bist du noch z'jung.

MICHL: Du derfst mir ja dankbar sein, daß ich dich aufgeweckt hab, denn wenn i dir den Wurm fressn hätt lassen, dann wär dir jetzt höchstens recht schlecht.

BENE: Einer Entn wird doch net schlecht von einem Wurm, verstehst du denn das nicht?

Spezielle Formen von Ursache-Wirkung-Argumenten treten auf, wenn **längere** Kausalketten zur Debatte stehen, insbesondere bei Vorhersagen über zukünftige Entwicklungen bzw. indirekten (Spät-)Folgen von Handlungen. Es handelt sich also dabei um Erweiterungen der Muster 14 bis 17 auf immer weiter entfernte, durch lange kausale Ketten vermittelte Ursachen und Wirkungen.

Hier argumentieren Optimisten verschiedenster Weltanschauungen häufig so, daß sie unbegrenzte Entwicklungsmöglichkeiten annehmen, die trotz zwischenzeitlicher Krisen und Probleme zu immer positiveren Folgen und Wirkungen führen werden. So argumentieren zum Beispiel Befürworter der Kernenergienutzung, der Gentechnologie, der freien Marktwirtschaft, aber auch Marx und Engels, die zwar den Zusammenbruch der kapitalistischen Gesellschaft vorhersagten, aber auch deren gesetzmäßige Weiter- und Aufwärtsentwicklung zur klassenlosen Gesellschaft annahmen.

Pessimisten gehen dagegen davon aus, daß der in Gang gesetzte Kausalprozeß früher oder später an seine Grenzen stoßen wird, die zudem katastrophaler Natur sein können. So argumentieren zum Beispiel Gegner der Kernenergienutzung oder der Gentechnologie, Verfasser von düsteren Prognosen über die soziale und politische Zukunft oder Personen, die ökologische Krisen bis hin zu globalen Katastrophen vorhersagen.

Diese beiden häufigen Arten von Kausalargumentation können allgemein folgendermaßen veranschaulicht werden:

Erfolgsgrad von Handlungen

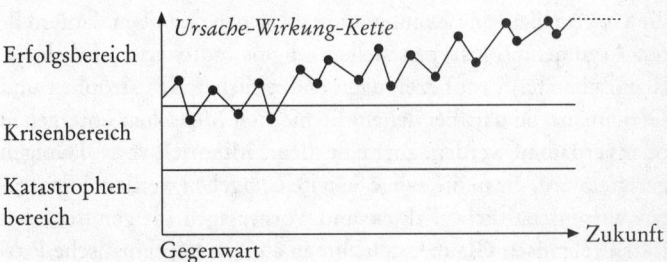

Annahme einer unbegrenzten Entwicklung
(optimistische Kausalargumentation)

Der oben dargestellte Optimismus kann natürlich in globaler wie in lokaler Hinsicht unterschiedlich gut begründet sein: Er kann auf einem naiven Vertrauen in die Zukunft oder nur auf Verdrängung von durchaus vorhandenen Ängsten aufbauen; er kann auf laienhaftem Alltagswissen in einem bestimmten Bereich beruhen, aber auch durch seriöse wissenschaftliche Untersuchungen sowie philosophische und theologische Überlegungen gut motiviert sein.

Auch der Pessimismus kann auf ganz unterschiedlich differenzierten Begründungen beruhen, zum Beispiel auf neurotischer Zukunftsangst oder Neigung zum Schwarzsehen, aber auch auf differenzierte religiöse, philosophische und wissenschaftliche Gründe zurückgreifen.

Erfolgsgrad von Handlungen

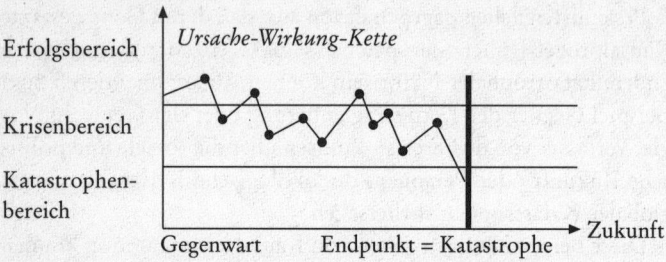

Annahme einer Entwicklung mit katastrophalem Endpunkt
(pessimistische Kausalargumentation, engl. slippery slope argument)

Gewissermaßen eine Kombination zwischen den oben dargestellten Argumentationstypen stellen religiös motivierte (christliche, islamische etc.) Prophezeiungen endzeitlicher Katastrophen und Gerichtsurteile dar, bei denen die meisten Menschen untergehen oder verdammt werden, aber eine kleine Minorität von Gläubigen gerettet wird, die in die ewige Seligkeit eingehen werden. Hier treten wissenschaftliche Fakten und Vorhersagen oft gemischt mit festen religiösen Glaubensannahmen auf, und optimistische Prognosen für die Rechtgläubigen sind mit pessimistischen Prognosen für «heidnische», «ketzerische» und/oder sündige Personengruppen verkoppelt.

Zu diesen Kausalargumentationen, die sich auf die ferne Zukunft erstrecken, ist kritisch anzumerken, daß unabhängig vom jeweiligen Weltbild Fernprognosen problematisch sind. Wir können die Zukunft eben nur sehr kurzfristig einigermaßen verläßlich vorhersagen (berüchtigtes Beispiel: langfristige Wetterprognosen!).

Ein typisches Beispiel für Argumentationen mit langfristigen optimistischen und pessimistischen Vorhersagen bietet der folgende Dialogausschnitt, in dem A die Kernkraft befürwortet und B gegen sie argumentiert (was nicht heißen soll, daß es im Lager der Kernkraftgegner keinen Optimismus gäbe: So sind viele Personen aus dem alternativen Lager der Ansicht, daß atomare und fossile Energiequellen mittel- bzw. langfristig zur Gänze durch Solarenergie, Windenergie, Biomasse etc. ersetzt und so die Energieprobleme der Menschheit gelöst werden können):

A: Wir werden die sicherheitstechnischen Probleme immer besser in den Griff bekommen, Materialschwächen und menschliches Versagen beim Betrieb von AKWs immer mehr ausschalten, das Problem des atomaren Mülls lösen, kostengünstigere und leistungsstärkere AKWs bauen, dies wiederum wird die Energieprobleme der Menschheit lösen und schließlich auch dazu führen, daß der befürchtete Treibhauseffekt abgebaut wird, weil keine fossilen Energieträger mehr verheizt werden müssen.

B: Das kann ich nicht glauben: Nicht nur der Reaktortyp, der zur Katastrophe von Tschernobyl führte, sondern auch westliche Kernreaktoren sind enorm unfallanfällig (siehe Harrisburg!), durch den laufenden Betrieb vieler AKWs steigt immer mehr das Risiko eines Super-GAUs. Dieses Risiko wird durch mögliche terroristische Anschläge noch vergrößert. Außerdem ist keine echte Lösung für die Endlagerung hochradioaktiven Materials in Sicht, die jetzt bestehenden Endlagerstätten sind tickende ökologische Bomben, die die Umwelt noch jahrhunderte- oder sogar jahrtausendelang schwer verseuchen können. Damit steuert alles auf eine atomare Katastrophe zu.

Obwohl in diesem Fall meines Erachtens einiges für die pessimistische Position spricht, ist doch die oben erwähnte prinzipielle Schwierigkeit festzustellen, daß kaum jemand in der Lage ist, alle Eventualitäten zu überblicken. Daher werden Prognosen immer unzuverlässiger, je komplexer die Ereignisketten sind und je länger die Zeiträume sich in die Zukunft erstrecken. Skepsis gegen angeblich zwingende langfristige Vorhersagen ist daher angebracht. Wer selbst Prognosen wagt, tut gut daran, sie durch Ausnahmebedingungen und Abschwächung des zwingenden Charakters der Vorhersage in den Folgerungen vertretbarer zu machen («Soweit sich beim jetzigen Stand des Wissens sagen läßt…»/«Bei gleichbleibender Entwicklung…»/«Sofern nicht X eintritt…»).

Optimistische und pessimistische Prognosen tauchen nicht nur in politischen Diskussionen auf. Auch in Beziehungsgesprächen können Sequenzen optimistischer und pessimistischer Kausalargumente vorkommen, so im folgenden Ausschnitt aus Ingmar Bergmans «Szenen einer Ehe» (5. Szene). Johan und Marianne haben sich getroffen, um ihre Scheidungspapiere zu unterzeichnen. Trotzdem gesteht Johan nach einiger Zeit zu, daß er viel lieber zu Marianne zurückkehren würde, die er zuvor betrogen und verlassen hat. Daraufhin beginnt Marianne zu überlegen. Johan versucht sie daher durch optimistische Prognosen zu gewinnen, scheitert jedoch an ihren – angesichts der Vorgeschichte nicht unberechtigten – skeptischen Gegenargumenten:

MARIANNE (nach einer Pause): Ich würde gerne wissen, wie es sein würde.

JOHAN: Ich weiß, daß es besser werden würde, als es je gewesen ist. Ich weiß, daß wir uns viel mehr umeinander bemühen würden. Glaubst du das nicht auch? (Pause) Glaubst du das nicht auch?

MARIANNE: Nach ein paar Wochen würden wir wieder in unsere alten Verhaltensmuster zurückfallen, in unser altes Gezeter, unsere alten Aggressionen. Alle guten Vorsätze wären vergessen. Wir hätten nichts gelernt. Alles würde wie früher werden. Oder noch schlimmer. Es wäre ein schwerer Fehler.

Am Beispiel auseinanderbrechender Beziehungen haben pessimistische Prognosen einen tragischen Aspekt. Pessimistische langfristige Prognosen können jedoch auch Ironie und Spott herausfordern. So wird in der folgenden Anekdote eine eher unwahrscheinliche pessimistische Kausalargumentation karikiert:

Zwei Juden reisen im Zug. Der eine fragt den anderen, ob er nicht wisse, wie spät es sei. Keine Antwort. Er wiederholt seine Frage, der Befragte rührt sich nicht. Schließlich klopft er ihm hart auf das Knie, brüllt seine Frage dem Mitreisenden ins Ohr. Die gewünschte Auskunft wird ihm dann zögernd erteilt.

«Warum nicht gleich so?»

«Nun, stellen Sie sich vor: Ich antworte Ihnen freundlich, Sie verwickeln mich in ein Gespräch, ich lade Sie zu mir ein, wir essen eine Kleinigkeit. Dabei werden Sie meine Tochter sehen, sie ist wunderhübsch, Sie sind auch nicht häßlich, ihr verliebt euch ineinander, werdet heiraten wollen – und da hören die Scherze auf –, ich möchte keinen Schwiegersohn, der nicht einmal eine Uhr besitzt!»

Ein ganz anders gelagertes Problem, das bei kausalen Zusammenhängen oft auftritt, besteht darin, zu entscheiden, ob rein naturgesetzliche Ursache-Wirkung-Ketten vorliegen oder eine Person als verantwortlich anzusehen ist, die die kausalen Ketten ausgelöst hat. Im letzteren Fall handelt es sich dann um **Handlungen** und deren **Folgen**.

Im juristischen Kontext, etwa vor Gericht, ist in diesem Fall zu entscheiden, ob zum Beispiel ein Ereignis, das den Tod einer Person zur Folge hatte, als «Mord», «Totschlag», «fahrlässige Tötung», «Notwehr» oder «Unfall» zu beurteilen ist. Dabei sind Faktoren wie Zurechnungsfähigkeit, Tatmotive, Vorleben der potentiellen Täter, nähere Umstände des Geschehens usw. von großer Bedeutung.

Aber auch in Alltagsdiskussionen spielen Fragen der Verantwortlichkeit und Schuldzuweisung eine große Rolle. Sind mehrere Handelnde im Spiel, tritt oft das weitere Problem auf, herauszufinden, wer «angefangen hat» bzw. wer bloß auf vorangegangene Handlungen reagiert hat. Besonders in Debatten über die Ursachen von Krisen in Zweierbeziehungen ist jedoch ein Anfangs- und Ausgangspunkt schwer zu finden:

A: Warum bist du wieder so gereizt?

B: Weil du mich gestern wieder einmal grundlos angefahren hast!

A: Das war nicht grundlos, du hast unsere Verabredung vergessen und mich damit das xte Mal versetzt!

B: Aber das war doch schon vor einer Woche!

A: Na und? Jedenfalls hast du mit deiner dauernden Vergeßlichkeit schuld an meinem Ärger und unserem Streit.

B: Nein, du hast angefangen, denn eine vergessene Verabredung ist kein Grund, Tage danach zu schimpfen.

… (open end)

Diese und ähnliche Debatten drohen in Serien von Retourkutschen und Kreisläufe ohne Ende zu entarten. Zugleich werden unheilvolle Spiralen von Aggressionssteigerung in Gang gesetzt, denn bei jedem neuen Streit steigt der Aggressionspegel höher. Es ist eben oft schwierig oder sogar unmöglich, einen Strich in der Ereignisfolge zu ziehen, ab dem eine «erste» Ursache festzustellen ist, besonders, wenn das Problem unterschiedlich großer Zeitintervalle zwischen Aktion und Reaktion dazukommt («Aber das war doch schon vor einer Woche!») und unterschiedliche Bewertungen von Handlungen vorgenommen werden («Eine vergessene Verabredung ist kein Grund»). Der Psychotherapeut Paul Watzlawick spricht in solchen Fällen vom Problem der unterschiedlichen «Interpunktion der Ereignisse». A und B sollten besser erkennen, daß ihre konfliktauslösenden Handlungen sich gegenseitig bedingen und so eine endlose Konfliktschleife bilden (vgl. unten).

Soweit dies emotional möglich ist, sollten daher in solchen Fällen die Beteiligten die Vergangenheit ruhen lassen, um so aus dem Teufelskreis («circulus vitiosus») von Beschuldigung und Gegenbeschuldigung auszubrechen. Dann könnten «praktische Schlüsse» für die Zukunft gezogen werden, um die Beziehungskrise zu überwinden.

Auf diese «praktischen Schlüsse» (= Ursache-Wirkung-Muster 18 bis 20) komme ich nun zu sprechen. Sie werden der Übersichtlichkeit halber hier noch einmal angeführt:

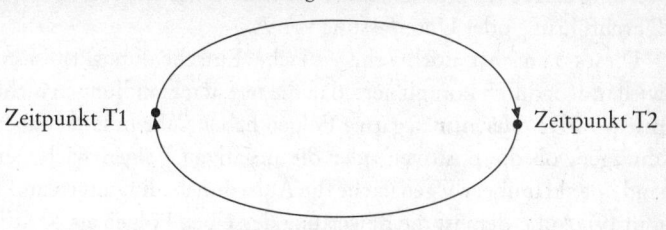

B vergißt Verabredung mit A
und ärgert A dadurch

Zeitpunkt T1   Zeitpunkt T2

A macht B gereizt Vorwürfe
und kränkt B dadurch

Praktische (pragmatische) Schlüsse:

18. Handlung A führt zu Folge B.
    <u>B ist positiv zu bewerten.</u>
    Also: Handlung A ist positiv zu bewerten / zu vollziehen.
    (Außer: A hat andere, gewichtigere negative Folgen C, D etc.)

19. Handlung A führt zu Folge B.
    <u>B ist negativ zu bewerten.</u>
    Also: Handlung A ist negativ zu bewerten / zu unterlassen.
    (Außer: A hat andere, gewichtigere positive Folgen C, D etc.)

20. Wenn X Ziel A (nur) durch Mittel B erreichen kann, soll X
    Mittel B benützen.
    <u>X kann A (nur) durch B erreichen.</u>
    Also: X soll B benützen.
    (Außer: B ist ethisch inakzeptabel, oder: B ist akzeptabel,
    aber X kann noch akzeptablere oder weniger aufwendige Mit-
    tel C, D etc. benützen und damit ebenso A erreichen.)

Diese Muster werden sehr oft in Planungsdiskussionen gebraucht,
in denen es um Entscheidungen über Handlungen, Handlungsfolgen und Strategien zur Erreichung von Zielen geht. Dabei wird in
den Mustern 18 und 19 von der positiven oder negativen Bewertung der Folgen auf die entsprechende Bewertung der Ursache,

149

nämlich Handlung A, geschlossen. Die positive oder negative Bewertung von A verhilft schließlich zu einer Entscheidung über die Durchführung oder Unterlassung von A.

Dieses zunächst noch sehr einfache Entscheidungskriterium wird u. a. dadurch kompliziert, daß die meisten Handlungen nicht **nur** positive oder **nur** negative Folgen haben. Wir müssen daher abwägen, ob die positiven oder die negativen Folgen wichtiger sind oder klar überwiegen (siehe die Ausnahmebedingungen zu 18 und 19). Außerdem ist die Bewertung derselben Folgen als positiv oder negativ manchmal strittig. Ferner gibt es Zwischenwerte **eher** positiver oder **eher** negativer Folgen. Es kommt also sehr darauf an, gemeinsam akzeptierte Bewertungen zu finden. Schließlich gibt es oft eine Reihe von möglichen Handlungsalternativen mit jeweils ganz unterschiedlichen Folgen (sowie auch sekundären, tertiären usw. Folgen), so daß der Abwägungsprozeß ziemlich kompliziert wird. Im folgenden Schema werden einige Faktoren des gesamten Handlungsspielraums veranschaulicht.

Auch können wir in Alltagsdiskussionen meist nicht davon ausgehen, daß sich Nutzen oder Schaden von Folgen von Handlungen klar quantifizieren lassen. Die Handlung mit dem größten Nutzen (= den meisten positiven Folgen) und zugleich dem geringsten Schaden (= den wenigsten negativen Folgen) läßt sich daher im Alltagszusammenhang nicht einfach errechnen, zumal meist nicht alle möglichen Handlungsalternativen und alle möglichen (Sekundär-)Folgen bekannt sind.

Trotz all dieser Komplikationen sind praktische Schlüsse in der alltäglichen Argumentation unentbehrlich. Oft bringen zudem die am Gespräch teilnehmenden Personen zusätzliche Informationen ein, wodurch die Entscheidung optimiert werden kann. Wenn Handlungsalternativen und Handlungsfolgen so vollständig wie möglich berücksichtigt und so differenziert wie möglich bewertet werden, sind praktische Schlüsse nach den Mustern 18 und 19 durchaus als rational zu bezeichnen.

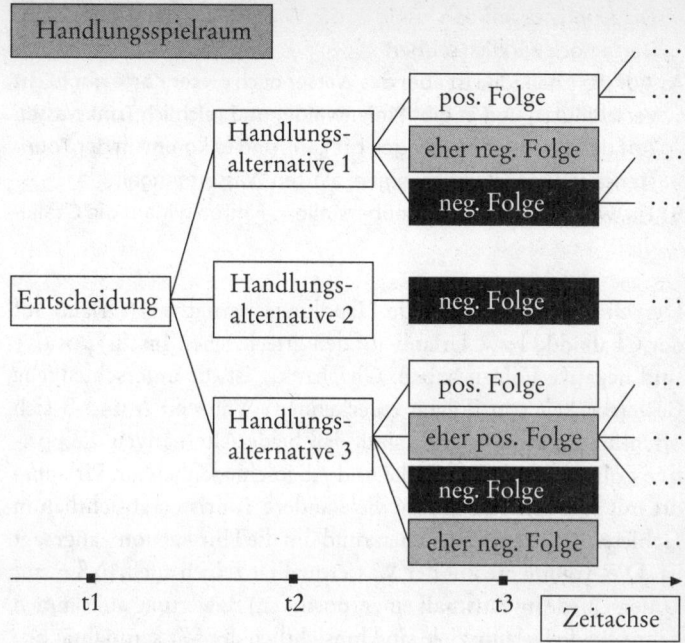

Handlungsspielraum

pos. Folge · · ·
· · ·
Handlungs-
alternative 1
eher neg. Folge · · ·

neg. Folge · · ·

Entscheidung
Handlungs-
alternative 2
neg. Folge · · ·

pos. Folge · · ·
Handlungs-
alternative 3
eher pos. Folge · · ·

neg. Folge · · ·

eher neg. Folge · · ·

t1   t2   t3
Zeitachse

Erläuterung: t1, t2, t3 stehen für verschiedene aufeinanderfolgende Zeitpunkte im Entscheidungsprozeß; «pos. Folge» = positive Folge; «neg. Folge» = negative Folge.

Ein Beispiel für die Anwendung von 18 und 19 bildet der folgende Ausschnitt aus einem Gespräch, in dem A und B den nächsten Sommerurlaub planen:

A: Ich schlage vor, daß wir heuer nach Griechenland, und zwar auf die Chalkidiki fahren.

B: Warum ausgerechnet dahin?

A: Dort finden wir ziemlich günstige Unterkünfte. Die Inseln sind viel teurer. Außerdem ist die Chalkidiki zumindest teilweise noch nicht so überlaufen. Die Wasserqualität ist größtenteils noch ziemlich gut.

B: Aber auf den griechischen Inseln gibt es weniger überlaufene

151

Orte, und nur auf den Inseln ist das Wasser nach der Greenpeace-Karte noch wirklich sauber.

A: Auf der Chalkidiki ist aber das Wasser nach dieser Karte nur leicht verschmutzt, und es gibt Pinienwälder und reichlich Trinkwasser. Auf den Inseln ist es dagegen oft kahl, und es kommt in der Touristensaison manchmal zu einem akuten Wassermangel.

B: Tja, wenn ich das so gegenüberstelle ... Fahren wir auf die Chalkidiki!

Der Dialog zeigt, daß beide Handlungsalternativen (Urlaub auf der Chalkidiki bzw. Urlaub auf den griechischen Inseln) positive **und** negative Folgen haben. Gleichzeitig ist die unterschiedliche Bewertbarkeit von Folgen zu erkennen: Während A und B sich offenkundig darüber einig sind, daß beide Alternativen die positive Folge von relativer Ruhe und Abgeschiedenheit am Urlaubsort mit sich bringen, fahren viele andere Touristen absichtlich in Gebiete auf Urlaub, bei denen rund um die Uhr «action» angesagt ist. Die Argumente mit der Wasserqualität zeigen auch, daß es auf Unterschiede im **Ausmaß** einer (positiven) Bewertung ankommen kann: Beide Urlaubsziele sind hinsichtlich der Wasserqualität positiv zu bewerten, die Inseln jedoch noch mehr. Beim Abwägungsprozeß der verschiedenen Folgen der Entscheidung, das eine oder andere Urlaubsziel zu wählen, kommen zusehends mehr Vergleichsmuster ins Spiel. Vor- und Nachteile werden einander gegenübergestellt, um die relativ günstigste Wahl zu rechtfertigen, was A schließlich auch gelingt.

Häufig werden die Muster 18 und 19 auch fiktiv eingesetzt. So könnten zwei denkbare fiktive Argumentationen von B im obigen Dialog ihren Platz finden:

B: Nehmen wir an, es würde sehr heiß in diesem Sommer. Dann würden wir auf einer Insel angenehmere Temperaturen und etwas Wind haben.

B: Schauen wir doch nicht nur auf den Preis: Wenn wir in den vergangenen Jahren nur kostengünstige Angebote genommen hätten, hätten wir so manches schöne Urlaubserlebnis verpaßt.

Klar trugschlüssige Anwendungen von 18 und 19 liegen vor, wenn mit den Folgen von Handlungen nicht **argumentiert**, sondern **gedroht** wird (der klassische Trugschluß «ad baculum» = «Drohung mit dem Stock»). Wenn jemand die Machtmittel hat, um einer Person als Folge der Durchführung einer Handlung sehr negative Konsequenzen aufzuzwingen, kann so zwar in vielen Fällen Gehorsam (= Nichtdurchführung der Handlung) durchgesetzt werden, aber dieser «Erfolg» ist dann eben nicht mit Hilfe seriöser Sachargumente erreicht worden:

A: Sie werden in Zukunft bei Sitzungen nicht mehr Kritik an meiner
   Geschäftsführung aussprechen!
B: Und wenn die Kritik im Interesse des Unternehmens liegt?
A: Sie werden Ihren Mund halten, sonst sehe ich mich gezwungen,
   Sie zu entlassen!
B: (schweigt)

Wenn jemand nicht über die Machtposition verfügt, um selbst drohen zu können, werden «ad baculum»-Trugschlüsse oft unter Verweis auf höhere Mächte eingesetzt. Im folgenden Ausschnitt aus einem Leserbrief richtet sich der Verfasser gegen die These eines Zeitungsartikelschreibers, daß angesichts der Aids-Gefahr Studenten großzügig von Kondomen Gebrauch machen sollten:

[…] «Ein großzügiger Kondomgebrauch für Studenten ist sicher
nützlich» – damit verführen Sie die Jugend zur Todsünde der widernatürlichen Unzucht, wie Sie überhaupt jegliche Unzucht, das
heißt jegliche Todsünde gegen das 6. Gebot, durch Verschweigen
und Unterschlagen der moralischen Bewertung für Ihren Fall legitimieren. Passen Sie auf, denn Verführern wie Ihnen droht eine
furchtbare Strafe Gottes (vgl. Mt. 18,6–7).

Dabei verweist der Leserbriefschreiber einerseits auf aus seiner Sicht negative Folgen, die mit dem Vertreten dieser These verbunden sind – hier werden also «echte», wenn auch keineswegs zwingende pragmatische Schlüsse verwendet –, andererseits droht er

mit einer «furchtbaren Strafe Gottes». Ob der Verfasser des Leserbriefs die von ihm zitierte Bibelstelle, nämlich Matthäus 18,6–7,

> Wer aber einem von diesen Kleinen [= kleinen Kindern], die an
> mich glauben, Ärgernis gibt, dem wäre es besser, wenn ihm ein
> Mühlstein an den Hals gehängt und er in die Tiefe des Meeres
> versenkt würde. Wehe der Welt wegen der Ärgernisse! Es müssen
> ja Ärgernisse kommen, aber wehe dem Menschen, durch den das
> Ärgernis kommt.

richtig interpretiert oder nicht, ist eine gesonderte Frage (vgl. unten Kapitel 2, S. 168 ff., zur Autoritätsargumentation). Der Verfasser des Leserbriefs müßte jedenfalls erst zeigen, daß diese Bibel-
passage als Verdammung von Empfehlungen, Aids durch Kondomgebrauch einzudämmen, zu verstehen ist. Da er diesen
Zusammenhang nicht selbst herstellt, versucht er an dieser Stelle
offenkundig durch Drohung und nicht durch auf die Sache gerich-
tete Argumente zu überzeugen. Damit liefert er aber ein Beispiel
für einen Trugschluß «ad baculum».

Das Muster 20 gehört als Mittel-Zweck-Muster ebenfalls zu den
praktischen, das heißt handlungsanleitenden Schlußmustern. Mit
der Verwendung von 20 setzen wir voraus, daß ein Ziel anzustreben ist, wenn geeignete Mittel zu seiner Erreichung vorliegen.
Entsprechend der in Kapitel 1 vertretenen Vernunftauffassung
sollten als positiv eingestufte Ziele im gemeinsamen Interesse aller
beteiligten Personen liegen oder zumindest auf einem Interessenausgleich beruhen. Im Prinzip kann man dann davon ausgehen, daß das Erreichen solcher Ziele unter allen Umständen vorrangig ist, nach dem allerdings sehr problematischen Motto «Der
Zweck heiligt die Mittel». So kann man zum Beispiel das Einsetzen emotionaler bis rührseliger verbaler Appelle für karitative
Zwecke auch in kritischen Diskussionen als rational gerechtfertigt
ansehen.

Daß dieses Motto aber nicht unter allen Umständen akzeptabel
ist, drücken die Ausnahmebedingungen aus, die die Wahl anderer
Mittel fordern, wenn 1. ein auf den ersten Blick naheliegendes Mit-

tel nach gemeinsam akzeptierten ethischen Grundsätzen unannehmbar ist (zum Beispiel Vivisektion von Tieren oder gar Menschen zu Forschungszwecken), 2. ein anderes oder mehrere andere relativ akzeptable Mittel zur Verfügung stehen (zum Beispiel Ersatz von herkömmlichen Motoren durch mit Katalysator versehene für einen umweltfreundlicheren Betrieb von Autos), 3. ein oder mehrere weniger aufwendige Mittel greifbar sind (zum Beispiel Ersatz von chlorgebleichtem Papier durch Umweltschutzpapier für Schreibzwecke). Sollte nur ein inakzeptables Mittel zur Verfügung stehen, ist die Durchführung der entsprechenden Handlung zu unterlassen, falls nicht gute Gründe für eine einmalige Ausnahme vorliegen («Not kennt kein Gebot»). In diesem Zusammenhang wären auch gewalttätige Handlungen in Notwehr zu nennen, die in Notfällen durchaus rational gerechtfertigt werden können.

Während positive Ziele die verfügbaren Mittel, darunter auch negative, bis zu einem gewissen Grad aufwerten können, werden umgekehrt positive Mittel durch entsprechende negative Ziele entwertet («Das ist ja nur Mittel zum Zweck»). Hier wären beispielsweise populistische Forderungen von Politikern zu nennen, die nur zum Zweck des Stimmenfangs geäußert werden. In beiden Fällen stellt sich also die Frage nach der «Verhältnismäßigkeit der Mittel». Je nach der Beantwortung dieser Frage ergeben sich mehr oder weniger akzeptable Diskussionsbeiträge nach Muster 20.

Klar trugschlüssige Argumente nach Muster 20 liegen vor, wenn das oder die Mittel 1. nichts zur Erreichung des Zieles beitragen oder 2. seine Erreichung sogar behindern. Daraus resultiert die absurde Komik der folgenden Ausschnitte aus den Stücken «Tingeltangel» und «Ritter Unkenstein» von Karl Valentin:

DER KAPELLMEISTER: Übrigens, was seh ich denn da, Sie haben ja gar keine Gläser in Ihre Augengläser drin.

KARL VALENTIN: Seit fünf Jahren schon nimmer; die sind mir einmal zerbrochen, weil ich draufgetreten bin; und seit der Zeit hab ichs nicht mehr, weil ichs da ganz herausgeschlagen hab.

DER KAPELLMEISTER: Was setzen Sie dann das leere Gestell auf, das hat doch gar keinen Zweck?

KARL VALENTIN: Besser ists doch wie gar nichts.

UNKENSTEIN *(zu Heinrich)*: Schleppe mir sofort den Ritter Lenz aus dem Burgverlies und bringe ihn hierher.
HEINRICH: Jetzt gleich?
UNKENSTEIN: Was heißt gleich?
HEINRICH: Naa i moan, weil er grad abendessen tut.
UNKENSTEIN: Was? Im Hungerturm? Statt zu hungern tut er abendessen?
HEINRICH: Natürlich. Wenn er nichts zu essen hätt, dann stürb er ja, und wenn er gestorben wäre, dann könnte er ja nicht mehr hungern. Was tät er dann noch im Hungerturm.

«Besser als gar nichts» sind normalerweise nur Mittel, die ihren Zweck wenigstens notdürftig erreichen, was bei einem leeren Brillengestell im Hinblick auf das Sehen nicht der Fall ist. Das zweite Paradoxon, daß der Zweck des Hungerturms nur dadurch erreicht wird, daß man die Gefangenen dort **nicht** hungern läßt, löst sich dadurch auf, daß man in solch düsteren Örtlichkeiten normalerweise – aber nicht in der Welt Karl Valentins! – sehr, sehr wenig zu essen bekommt, keinesfalls aber ein normales Abendessen.

Mit den folgenden kritischen Fragen können wir die Plausibilität der Ursache-Wirkung-Muster 14 bis 20 testen:
1. Liegt die Ursache wirklich (nicht) vor?
2. Liegt die Wirkung wirklich (nicht) vor?
3. Führt die in Frage stehende Ursache regelmäßig zur Wirkung?
4. Unterbleibt die Wirkung, wenn die Ursache nicht vorliegt?
5. Könnte die Wirkung durch andere Ursachen herbeigeführt worden sein?
6. Könnte die Ursache noch andere Wirkungen hervorrufen?
7. Ist die Wirkung (Folge einer Handlung) tatsächlich positiv zu bewerten?
8. Ist die Wirkung (Folge einer Handlung) tatsächlich negativ zu bewerten?
9. Gibt es noch weitere Folgen der in Frage stehenden Handlung?

10. Wiegen die negativen Folgen die positiven Folgen auf?
11. Wiegen die positiven Folgen die negativen Folgen auf?
12. Ist das Handlungsziel im Verhältnis zu den verwendeten Mitteln ungleich wichtiger / positiver zu bewerten?
13. Sind die aufgewendeten Mittel die einzig zur Verfügung stehenden?
14. Gibt es positiver bewertete und / oder weniger aufwendige Mittel?
15. Wenn nur ein Mittel zur Verfügung steht, ist es nach allgemeinen ethischen Grundsätzen akzeptabel? Wenn nicht, ist es in der vorliegenden Situation ausnahmsweise gerechtfertigt?

Beispiele: Verallgemeinern und Illustrieren

Beispiele werden in Diskussionen in zwei Hauptfunktionen eingesetzt: verallgemeinernd (induktiv) und illustrativ. Induktive Beispiele dienen dazu, ausgehend von Einzelfällen eine Verallgemeinerung zu ermöglichen. Illustrative Beispiele können in allen bereits vorgeführten Mustern der Alltagsargumentation als **zusätzliche** Bekräftigung und Veranschaulichung der vorgebrachten Argumente vorkommen. Sie zeigen nämlich, daß man in **ähnlich** gelagerten Fällen auch vom Argument bzw. von den Argumenten auf die strittige These schließen kann. Das zeigt zugleich auch, daß die vorausgesetzte Schlußregel tragfähig und verläßlich anwendbar ist.

Während induktive Beispiele eine eigene Form des Argumentierens darstellen, haben illustrative Beispiele eher eine Hilfsfunktion im Rahmen der übrigen Muster. Besonders wenn die vorgetragenen Argumente allein nicht ganz überzeugend wirken, können einige illustrative Beispiele die Beweiskraft verstärken. Konkrete Beispiele steigern auch die Verständlichkeit, deshalb verwende ich auch in diesem Buch zahlreiche illustrative Beispiele.

Meist geben wir in alltäglichen Diskussionen nur einige wenige Beispiele oder gar nur eines. Das heißt jedoch nicht, daß alltägliche

Beispielargumentation deshalb notwendigerweise unzureichend oder gar irrational ist. Im Alltag wird eben von einer **qualitativ** begründeten Wahrscheinlichkeit der Beispiele ausgegangen, die deswegen auch nicht mit der **quantitativ** begründeten Wahrscheinlichkeit statistischer Aussagen verglichen werden kann. In kritischen Diskussionen sollen gute Beispiele **treffend** sein, das heißt typisch für den jeweiligen Zusammenhang, in dem eine Verallgemeinerung vorgenommen oder ein Argument zusätzlich illustrativ bekräftigt wird. Das schließt jedoch nicht aus, daß auch in Alltagsgesprächen gelegentlich statistisch untermauerte Argumente eingebaut werden können und sollen, besonders wenn Experten an der Diskussion teilnehmen, die über ein entsprechendes Wissen verfügen.

Die folgenden beiden Argumentationsmuster liegen den meisten induktiven Beispielargumentationen zugrunde:

21. In Beispiel 1 hat X Eigenschaft Y.
    In Beispiel 2 hat X Eigenschaft Y.
    In Beispiel 3 hat X Eigenschaft Y.
    ....
    In Beispiel n hat X Eigenschaft Y.
    Also: Alle / die meisten / viele X haben Eigenschaft Y.

Beispiele:

Baldrian hat heilende Wirkungen.
Estragon hat heilende Wirkungen.
Majoran hat heilende Wirkungen.
Rosmarin hat heilende Wirkungen.
Salbei hat heilende Wirkungen.
Thymian hat heilende Wirkungen.
Ysop hat heilende Wirkungen.
Zitronenmelisse hat heilende Wirkungen.
Also: Alle (oder zumindest die meisten) Gartenkräuter haben heilende Wirkungen.

22. In Beispiel 1 ist X positiv zu bewerten / ist X zu tun.
    In Beispiel 2 ist X positiv zu bewerten / ist X zu tun.
    In Beispiel 3 ist X positiv zu bewerten / ist X zu tun.
    ....
    In Beispiel n ist X positiv zu bewerten / ist X zu tun.
    Also: X ist immer / meistens / in vielen Fällen positiv zu be-
    werten / zu tun.

Beispiel:

Schwimmen ist gut für die Gesundheit.
Radfahren ist gut für die Gesundheit.
Jogging ist gut für die Gesundheit.
Skilanglauf ist gut für die Gesundheit.
Turnen ist gut für die Gesundheit.
Also: Die meisten Sportarten sind gut für die Gesundheit, bzw.
sie sollen eifrig betrieben werden. (Außer: Sie werden unver-
nünftig / im Übermaß betrieben, oder es sind ausgesprochen ge-
fährliche Sportarten.)

23. In Beispiel 1 ist X negativ zu bewerten / ist X zu unterlassen.
    In Beispiel 2 ist X negativ zu bewerten / ist X zu unterlassen.
    In Beispiel 3 ist X negativ zu bewerten / ist X zu unterlassen.
    ....
    In Beispiel n ist X negativ zu bewerten / ist X zu unterlassen.
    Also: X ist immer / meistens / in vielen Fällen negativ zu be-
    werten / zu unterlassen.

Beispiel:

Hitler ist negativ zu bewerten.
Stalin ist negativ zu bewerten.
Pinochet ist negativ zu bewerten.
Pol Pot ist negativ zu bewerten.
Also: Alle (oder zumindest die meisten) Diktatoren des 20. Jahr-
hunderts sind negativ zu bewerten.

Für die Beurteilung von Verallgemeinerungen ist wichtig, wie weitgehend sie sein sollen: Eine Allaussage wie «**Alle** X haben Eigenschaft Y» oder generelle Normen wie «**Alle** X sind positiv/negativ zu bewerten» bzw. «X ist **immer** zu tun/zu unterlassen» können wir durch ein einziges Gegenbeispiel widerlegen, während bei Aussagen wie «Die meisten X haben Eigenschaft Y» ein Gegenbeispiel nicht ausreicht, um die Verallgemeinerung zu Fall zu bringen. Allerdings sind auch weniger weitgehende Verallgemeinerungen zu kritisieren, wenn kein wirklich treffendes Beispiel genannt wird. Außerdem sollten die Diskussionsteilnehmer stets prüfen, ob die Beispiele auch wirklich ähnlich gelagerte Fälle betreffen. Extremfälle schwacher Beispielargumentation bezeichnet man als Übergeneralisierungen oder trugschlüssige Verallgemeinerungen (engl. «hasty generalizations»). Gelegentlich verdienen Beispielargumentationen jedoch auch wegen zu schwacher, das heißt zuwenig weitgehender Verallgemeinerungen Kritik. Dies ist der Fall, wenn die zunehmend häufiger werdenden Fälle von politischem Terrorismus als Exzesse einzelner Radikaler bagatellisiert werden.

In vielen Fällen können jedoch ein paar Beispiele oder sogar ein einziges treffendes Beispiel durchaus für plausible Verallgemeinerungen ausreichen:

A: Heute gehe ich groß essen, und zwar in das französische Restaurant am Schiller-Platz. Was hältst du davon?

B: Nichts gegen die französische Küche – aber nicht in diesem Laden!

A: Wieso?

B: Da hab ich in den letzten Wochen zweimal für eine Menge Geld ein eher mäßiges Essen gekriegt, außerdem war die Bedienung unfreundlich. Und Hans ist es vor ein paar Tagen ähnlich gegangen. In dem Lokal bist du immer die Dumme!

Obwohl B für ihr vernichtendes Urteil «In dem Lokal bist du immer die Dumme!» nur drei Beispiele bringt, ist Bs generalisierendes negatives Werturteil nicht als irrational zu bezeichnen. Sie gibt nämlich durchaus treffende Beispiele, da im Zusammenhang von Qualität, Preisen und Service in Restaurants davon ausgegangen werden kann, daß sich ein wirklich gutes Restaurant **nie**, keinesfalls jedoch dreimal knapp hintereinander schwere Mängel erlauben würde. In diesem Fall wäre es sogar unvernünftig (und obendrein wohl ziemlich frustrierend!), so oft in das Restaurant zu gehen, bis man eine wirklich repräsentative Zahl von Besuchen beisammen hat.

Ein anderer Fall, in dem ein oder einige wenige Beispiele für eine plausible Verallgemeinerung durchaus ausreichen können, betrifft Situationen, in denen es um das Verhalten nach dem ein- oder mehrmaligen Auftreten von (lokalen oder globalen) Katastrophen geht. In solchen Fällen wäre es unsinnig, ja selbstmörderisch, erst einmal zu riskieren, noch eine stattliche Zahl von weiteren Katastrophen zu erleben, um eine statistisch tragfähigere Datenbasis zu bekommen. Wir handeln dann im Gegenteil rational, wenn wir «auf Verdacht» (das heißt auf der Grundlage von einem oder wenigen Präzedenzfällen) erst einmal davon ausgehen, daß sich die Katastrophen wiederholen könnten, und alles tun, um sie zu vermeiden. Entsprechend werden kausale (pragmatische) Argumente eingesetzt:

A: Schau, die appetitlichen blauen Beeren dort drüben! Die werd' ich kosten!

B: Tu's nicht! Hans und Gerda haben davon gegessen und eine schwere Vergiftung bekommen.

Obwohl es sich bei Hans und Gerda um eine spezielle Überempfindlichkeit handeln könnte oder sie sich auch von etwas anderem ihre Vergiftung geholt haben könnten, wäre es unvernünftig von A, auf einer breiteren Beispielbasis zu bestehen und, falls diese von B nicht gegeben werden kann, die Beeren zu versuchen.

Im globalen Rahmen bewegen sich Diskussionen um die Risiken von Kernenergie in diesem Zusammenhang:

A: Ich bin weiter für die friedliche Nutzung der Kernenergie.

B: Und die Beispiele von Sellafield, Harrisburg und Tschernobyl geben dir nicht zu denken? Die haben doch gezeigt, daß der Betrieb von Kernkraftwerken zu gefährlichen Störfällen, ja sogar Katastrophen führen kann.

A: Na ja, aber man hat doch errechnet, daß zumindest GAUs nur alle paar tausend Jahre vorkommen können. Jetzt ist es einmal passiert, und wir haben sicher für eine sehr lange Zeit keine Gefahr zu befürchten.

Hier ist eher As (pseudo-)statistische Argumentation zu kritisieren bzw. als trugschlüssig zu bezeichnen als Bs Ausgehen von nur drei Beispielen und die entsprechende Verallgemeinerung.

Ein Beispiel für eine trugschlüssige Übergeneralisierung liefert die folgende unhaltbare Verallgemeinerung:

A: Diese Ausländer sind doch wirklich kriminell!

B: Wirklich?

A: Ja, neulich hab ich gelesen, daß einer eine alte Frau beklaut hat, und meine Arbeitskollegin hat einen beim Stehlen erwischt. Kein Wunder, daß die Verbrechensrate bei uns ständig steigt!

Ohne Einschränkungen ist diese Verallgemeinerung schlicht und einfach falsch. Aber selbst mit Einschränkungen (zum Beispiel: «Die meisten Ausländer sind doch kriminell, aber natürlich gibt es Ausnahmen») müßte A mehr Beispiele, angesichts der politischen Brisanz auch Statistiken heranziehen sowie Vergleiche mit der einheimischen Kriminellenrate im Verhältnis zur Gesamtbevölkerung anstellen. Soweit solche Statistiken vorliegen, wurde zum Beispiel in Österreich von den zuständigen Polizeidienststellen und Ministerien für das Jahr 1993 festgestellt:

– Der Ausländeranteil an den Kriminellen bleibt seit vier Jahren konstant;

– bei den in Österreich ansässigen Gastarbeitern ist er ohnehin minimal (unter 100 Tatverdächtigen waren 1993 nur sechs Gastarbeiter);

– bei den Delikten zeigen sich starke Unterschiede: Hohe Aus-
länderanteile ergeben sich vor allem bei Urkundenfälschungen
(650 Verurteilte aus dem Ausland gegenüber 250 Inländern)
und bei Vermögensdelikten, was sich aber aus der niedrigen
sozialen Position der Ausländer erklären läßt. Aus demselben
Grund sind sie beim Tatbestand der Veruntreuung kaum vertreten (dieses Delikt setzt voraus, daß man über viel Geld verfügt!). Sie sind aber auch kaum in Sittlichkeitsverbrechen und
Vergewaltigungen verstrickt. Bei der naturgemäß internationalen Rauschgiftkriminalität sind angesichts der zu erwartenden
Beteiligung relativ wenig Verurteilte, nämlich 25 %, aus dem
Ausland.

Der Wiener Kriminalsoziologe Arno Pilgram stellt resümierend
fest: «Das Stereotyp vom verbrecherischen Ausländer ist unbe-
gründet. Die sind weniger kriminell als Inländer» (zitiert nach:
Salzburger Nachrichten, 19. 11. 1994, S. 3). Beim Aufbauschen der
Ausländerkriminalität handelt es sich also um ein typisches Vorur-
teil, das auf einer falschen oder zu undifferenzierten Verallgemeinerung beruht.

Zum Unterschied von induktiven Beispielen, die eine eigene
Form des Argumentierens darstellen, können illustrative Beispiele
mit allen bisher behandelten Formen des Argumentierens kombiniert werden. Sie werden nach folgenden allgemeinen Mustern gebildet und eingesetzt:

24. Wenn das Argument zutrifft, folgt daraus die Wahrheit (oder
zumindest Wahrscheinlichkeit) der These.
Das Argument trifft zu.
In ähnlichen Fällen (siehe Beispiel 1, 2, 3, …, n) folgt aus dem
Argument auch die Wahrheit (oder Wahrscheinlichkeit) der
These.
Also: Die These ist wahr / wahrscheinlich.

25. Wenn das Argument zutrifft, folgt daraus die Richtigkeit der
normativen These.
Das Argument trifft zu.

In ähnlichen Fällen (siehe Beispiel 1, 2, 3, …, n) folgt aus dem Argument <u>auch die Richtigkeit der normativen These.</u>
Also: Die normative These ist richtig.

Um die illustrativen Beispiele zu illustrieren, präsentiere ich im folgenden eine Serie von oben bereits behandelten Anwendungen von Mustern der Alltagsargumentation, füge jedoch zusätzlich eine jeweils passende Anzahl von illustrativen Beispielen hinzu:

1. Definitionsmuster

A: Ich glaube nicht, daß Österreich als Nation gelten kann, da es geschichtlich, kulturell und sprachlich doch schon jahrhunderteland mit Deutschland eng verbunden ist.

B: Aber Österreich muß doch wegen dieser Verbindungen nicht ein Teil der deutschen Nation sein! Wesentlich ist doch, daß es ein eigener Staat ist. Daß historische, kulturelle und sprachliche Bindungen nicht ausreichen, zeigt sich an vielen vergleichbaren Fällen: so sind zum Beispiel auch England und die USA geschichtlich, kulturell und sprachlich eng verbunden und trotzdem wegen ihrer klaren politisch-staatlichen Abgegrenztheit eigenständige Nationen, dasselbe gilt zum Beispiel auch für England und Kanada, England und Australien, Portugal und Brasilien usw.

2. Art-Gattung-Muster

A: Kriege haben sich im Verlauf der Weltgeschichte als unvermeidbar gezeigt, also kann man sie vielleicht bedauerlich finden, aber nicht als Verbrechen einstufen.

B: Aber Kriege sind doch Massenmord! Im Ersten Weltkrieg beispielsweise wurden 10 Millionen Menschen getötet, im Zweiten Weltkrieg sogar 55 Millionen. Also sind Kriege als Massenmorde sogar ungeheuerliche Verbrechen.

3. Teil-Ganzes-Muster

A: Wie ist eigentlich der Saxophonist Charlie Mariano?
B: Den kenn ich als Mitglied des «United Jazz & Rock Ensemble», das bürgt für Spitzenqualität!
A: Wieso? In einer guten Band können doch auch weniger gute Leute spielen.
B: In einer Band von dieser Klasse spielen nur Supermusiker, da sind zum Beispiel Leute wie Barbara Thompson, John Hiseman, Albert Mangelsdorff und Wolfgang Dauner.

4. Vergleichsmuster

A: Ich bin so nervös wegen der Prüfung morgen!
B: Du wirst die Prüfung sicher schaffen, denn die hat sogar Paul geschafft, und der ist weniger begabt und fleißig als du; dasselbe trifft auch auf Greta und Michael zu, die die Prüfung sogar leicht geschafft haben.

5. Gegensatzmuster

A: Ich bin zwar als Pazifist gegen das Töten von menschlichem Leben, aber die gesetzlichen Abtreibungsverbote lehne ich ab.
B: Das ist doch ein Widerspruch, bei der Abtreibung geht es doch auch um Tötung menschlichen Lebens, und du bist doch zum Beispiel auch gegen die Todesstrafe und gegen Euthanasie!

A: Wieso wirfst du mir Inkonsequenz vor?
B: Du bist bei den Grünen, fährst aber jeden Tag mit dem Auto zur Arbeit! Das ist aber nicht die einzige Inkonsequenz, ich weiß zum Beispiel, daß du laufend Alu-Dosen kaufst und deinen Müll oft ungetrennt in den Container wirfst.

6. Ursache-Wirkung-Muster

A: Mit den homöopathischen Tabletten ist der Ausschlag von Hans endlich weggegangen.
B: Das ist ja schön, aber ob das wirklich die homöopathischen Pillen bewirkt haben?
A: Ich glaube schon, denn die schulmedizinischen Medikamente haben überhaupt nichts ausgerichtet, und außerdem ist zum Beispiel auch bei Peter und Silvia, den Kindern meines Bruders, ein ganz ähnlicher Ausschlag mit diesen Tabletten geheilt worden.

Illustrative Beispiele können auch eingesetzt werden, um fiktive Argumente zu bekräftigen und zu verstärken, zum Beispiel die folgende Anwendung eines wichtigen Vergleichsmusters, des Gerechtigkeitsschemas:

A: Warum schimpfst du immer bloß mich?
B: Ich würde genauso alle anderen in der Familie schimpfen, wenn sie einen Ketchup-Fleck auf ihre Kleidung machen würden, zum Beispiel Beate und Luise, aber auch deinen großen Bruder Ralph und euren Vater!

Fiktive Beispiele sind natürlich den gleichen Einwänden ausgesetzt wie fiktive Argumente: Da sie nicht auf reale Einzelfälle Bezug nehmen, kann nicht unmittelbar überprüft werden, ob zum Beispiel die Mutter A gemäß ihrem Gerechtigkeitsargument wirklich den Rest der Familie gleich behandeln würde. Für die Bewertung als (un)plausible Argumentation kommt es also sehr darauf an, ob die fiktiven Beispiele glaubwürdig sind oder nicht.

Klare Fälle trugschlüssiger Argumentation mit illustrativen Beispielen sind zum Beispiel in den Kettenbriefen anzutreffen. Dabei handelt es sich um Briefaktionen, bei denen die Empfänger aufgefordert werden, durch Weitersenden einer bestimmten Anzahl von Kopien des Kettenbriefs an der Aktion teilzunehmen. Dies werde ihnen enormes Glück bringen. Die Nichtteilnahme werde dagegen verheerendes Unglück nach sich ziehen. Diese pragmatischen Argumente werden durch eine Reihe von illustrativen Beispielen «belegt», wie etwa im folgenden Brief:

Constantine Diax erhielt den Brief 1953. Er bat seine Sekretärin, davon 20 Kopien zu machen und diese zu verschicken. Ein paar Tage später gewann er die Lotterie. Carlo Daadit, ein Beamter, erhielt den Brief, und er vergaß, daß er ihn innerhalb 96 Stunden verschicken sollte. Er verlor seine Stelle. Nachdem er den Brief zurückgesendet hatte, machte er 20 Kopien davon und beförderte sie weiter. Ein paar Tage später bekam er eine bessere Stelle. Ein RAF-Offizier erhielt 47 Millionen Pfund. Jine Eäkou erhielt 40 Millionen Pfund, aber verlor das Geld wieder, weil er die Kette brach. Auf den Philippinen: Cane Velch verlor seine Frau, nachdem er den Brief erhalten und nicht weiter befördert hatte, aber trotzdem, bevor seine Frau starb, erhielt er 750 000 Pfund. Dajan Fairchild glaubte nicht an den Brief und warf ihn weg. Neun Tage später starb er. 1987 erhielt eine junge Frau aus Kalifornien den Brief. Er war undeutlich und fast unleserlich geworden. Sie versprach sich selbst, den Brief abzutippen und ihn weiterzubefördern, aber sie ließ ihn liegen und wollte es später machen. Dann wurde sie geplagt von verschiedenen Problemen, wie teure Reparaturen an ihrem Auto. Der Brief verließ ihre Hände nicht innerhalb 96 Stunden. Schließlich tippte sie den Brief wie versprochen und... sie bekam ein neues Auto.

Neben anderen Vorwürfen, die dieser Art zu argumentieren gemacht werden könnten – zum Beispiel primär mit Appellen an die Angst statt mit Sachargumenten zu operieren etc. –, ist folgendes zu kritisieren: Die Wahrheit oder nur Wahrscheinlichkeit der angeführten Sachverhalte können wir mit den rudimentären Angaben zu Eigennamen oder Orten **keinesfalls** seriös überprüfen. Die Frage, ob die angeblichen Glücks- bzw. Unglücksfälle wirklich Folgen des (Nicht-)Weiterschickens des Kettenbriefes waren, wird nicht einmal gestellt. Die Repräsentativität der angeführten sieben Beispiele wird einfach unterstellt, was angesichts eines auf den ersten Blick so unglaublichen Kausalzusammenhangs äußerst fragwürdig erscheint. Beispielargumentationen können durch die folgenden kritischen Fragen getestet werden:

1. Geben die Beispiele wahre oder zumindest wahrscheinliche Sachverhalte oder Ereignisse an, bzw. enthalten sie Bewertungen und Verhaltensnormen, die nach allgemein akzeptierten Standards akzeptabel sind?
2. Sind sie im jeweiligen Zusammenhang als treffend und typisch anzusehen?
3. (Falls ihre Treffendheit fraglich ist:) Können sie eventuell durch eine statistisch relevante Datenbasis gestützt werden, bzw. stehen sie nicht im Widerspruch zu statistischen Untersuchungen?
4. Sind die Verallgemeinerungen zu stark/zu schwach?
5. Gibt es Gegenbeispiele?
6. Können auf Verlangen weitere Beispiele gegeben werden?

Autoritäten: Fachleute und Respektspersonen

Bei vielen Themen, die zur Diskussion stehen, fehlen uns eigene Kenntnisse und Erfahrungen, um geeignete Sachargumente zu finden. Die eigene Urteilsfähigkeit ist dann im zur Debatte stehenden Bereich nicht weit genug entwickelt, um ernstzunehmende Stützungen oder Widerlegungen der strittigen These vorbringen zu können. In diesem Fall ist es naheliegend und oft geradezu unvermeidlich, Autoritäten heranzuziehen, um eine argumentative Entscheidung herbeizuführen oder doch zumindest zu erleichtern. Autoritäten werden nach folgenden Mustern eingesetzt:

26. Was die Autorität X über den Sachverhalt Y sagt, stimmt.
    <u>X sagt, daß Y wahr/wahrscheinlich ist.</u>
    Also: Y ist wahr/wahrscheinlich.

Beispiel:

> Was ein Nobelpreisträger über sein engeres Fachgebiet sagt, stimmt.
> Einstein sagt, daß Raum und Zeit relative Größen sind.
> Also: Raum und Zeit sind relative Größen. (Außer: Die weitere physikalische Forschung zwingt zur [teilweisen] Revision dieser Annahme.)

27. Was die Autorität X über die normative These Y sagt, stimmt.
    X sagt, daß Y anzunehmen / abzulehnen ist.
    Also: Y ist anzunehmen / abzulehnen.

Beispiel:

> Was die UNO-Charta der Menschenrechte über das Recht auf freie Meinungsäußerung sagt, ist zu respektieren.
> Die UNO-Charta der Menschenrechte zählt das Recht auf freie Meinungsäußerung zu den elementaren, unverzichtbaren Menschenrechten.
> Also: Das Recht auf freie Meinungsäußerung ist als elementares Menschenrecht zu respektieren. (Außer: Es wird für gehässige Verleumdung mißbraucht oder es wird benützt, um zur Verletzung anderer elementarer Menschenrechte aufzurufen etc.)

Paradebeispiele für Autoritäten in Muster 26 sind Fachleute auf einem bestimmten Gebiet, häufig handelt es sich um wissenschaftliche Experten und Gutachter. Typische Autoritäten in 27 sind juridische, moralisch-ethische oder religiöse Respektspersonen, zum Beispiel Richter, Priester, Theologen oder sonstige allgemein akzeptierte Persönlichkeiten. Es kann sich bei entsprechenden politischen und religiösen Gruppen und Gemeinschaften aber auch um abstrakte Autoritäten handeln wie grundlegende Schriften (etwa die obengenannte UNO-Charta der Menschenrechte, die Werke von Kant und Marx, die Werke Platons usw.), heilige Bücher (für Christen, Moslems, Hindus und Anhänger des Taoismus etwa Bibel, Koran, Bhagavadgita, Tao Te King) oder die aus diesen Büchern erschlossene Autorität Gottes (bei monotheistischen Religionen) oder der Götter und Göttinnen (bei polytheistischen Religionen).

Der Einsatz von Autoritäten kann zwar eigenständige Argumente in kritischen Diskussionen nicht vollständig ersetzen, ist andererseits angesichts der ungeheuren Vielfalt des heute verfügbaren Wissens, konkurrierender Wertsysteme und religiöser Dogmen, aber auch wegen der sehr schwer überblickbaren Komplexität moderner Industriegesellschaften unentbehrlich. Um so wichtiger ist es daher, daß wir Autoritätsargumente bzw. allgemein die Berufung auf Respektspersonen kritisch auf ihre Akzeptierbarkeit überprüfen.

Die oben angeführten Beispiele sind plausible Autoritätsargumente. Es gibt jedoch auch fragwürdige Autoritätsargumente. Die blinde und uneingeschränkt autoritätsgläubige Berufung auf das Wissen von Fachleuten oder die moralische Kompetenz von Respektspersonen wird zu Recht als Trugschluß eingestuft. Ein solches trugschlüssiges Autoritätsargument wird als «argumentum ad verecundiam», also «Appell an die Ehrfurcht», bezeichnet.

Woran lassen sich plausible von trugschlüssigen Autoritätsargumenten unterscheiden? Dafür gibt es die folgenden Kriterien:

1. Die Autoritätsperson muß korrekt zitiert werden, das heißt, ihre Ansicht darf nicht unvollständig oder verzerrt wiedergegeben werden.
2. Die Autoritätsperson sollte auf ihrem Fachgebiet anerkannt sein, das heißt auch von anderen Autoritäten akzeptiert oder zumindest respektiert werden.
3. Die Autoritätsperson sollte das betreffende Urteil auf ihrem Fachgebiet abgeben, das heißt nicht auf einem anderen Gebiet, wo sie auch nur über eine laienhafte Kompetenz verfügt.
4. Die Autoritätsperson muß ihr Urteil unvoreingenommen abgeben, das heißt, sie darf nicht durch Vorlieben und weltanschauliche Bindungen in ihrem Urteilsvermögen beeinträchtigt sein.
5. Die Autoritätsperson sollte durch andere Autoritäten über-

prüfbar sein, das heißt, sie darf nicht gegen Kritik (völlig) immun sein. Die Immunität gegen Kritik ist eine Eigenschaft, die typischerweise von Personen, die fundamentalistische (religiöse) Positionen vertreten, für ihre Autoritäten angenommen wird. Diese prinzipielle Immunität ist aber gemäß meiner Definition von «vernünftig» als irrational zurückzuweisen, da sie einem Interessenausgleich **aller** Diskutierenden im Wege steht.

6. Die Autoritätsperson sollte, wenn möglich, auch tatsächlich durch das Einholen von Ansichten von Gegenautoritäten überprüft werden.

Diese Kriterien benützt in den folgenden Dialogpassagen jeweils B für seine/ihre Kritik:

Zu 1.

A: Du, da steht in der Zeitung, daß der Vorsitzende im parlamentarischen Untersuchungsausschuß zwei Ministern in seinem Abschlußbericht falsche Zeugenaussagen nachgewiesen hat – also für mich sind diese Minister moralisch erledigt.

B: Moment, ich hab ein Interview mit dem Ausschußvorsitzenden gehört, und er hat nur gesagt, daß es einige Gründe für den Verdacht auf falsche Zeugenaussage gibt, das ist doch etwas anderes, als in der Zeitung behauptet wird.

Zu 2.

A: Der Erwerb der Muttersprache kann nicht primär durch Umgebungseinflüsse erklärt werden. Nach Noam Chomsky, einem der bedeutendsten Linguisten der Gegenwart, ist nämlich das Lernen der Muttersprache auf einen angeborenen Mechanismus des Spracherwerbs zurückzuführen, wobei die Rolle der Umwelt, also Eltern, Lehrer usw., sich darauf beschränkt, diesen Lernmechanismus auszulösen.

B: Chomsky ist aber als Autorität in der Linguistik nicht unumstritten: Es gibt andere prominente Sprachwissenschaftler, wie Simon Dik und M. A. K. Halliday, die die Rolle der Kommunikation viel stärker betonen und nur einen sonst nicht erklärbaren Rest auf genetische Faktoren zurückführen wollen.

Zu 3.

A: Ich kauf mir jetzt auch eine Rolex. Das müssen sehr gute Uhren sein, weil Franco Zeffirelli und Yehudi Menuhin, die ja wohl sehr ernstzunehmende Künstler sind, darauf schwören: Sie werben nämlich für die Rolex.

B: Die sind zwar hervorragende Künstler und Musikkenner, aber von Uhren verstehen sie auch nicht mehr als du und ich.

Zu 4.

A: Atomphysiker haben gerade nach Tschernobyl versichert, daß sich die tödlichen Auswirkungen selbst eines GAU in Grenzen halten. Also können wir weiter auf die friedliche Nutzung der Kernenergie zurückgreifen.

B: Die haben doch ein handfestes Interesse daran, die negativen Folgen zu verniedlichen, weil sie von der Atomwirtschaft ihre Forschungsprojekte bezahlt bekommen!

Zu 5.

A: Was du sagst, widerspricht doch der Bibel und ausdrücklichen Stellungnahmen des Papstes! Das kann ich unmöglich akzeptieren.

B: Ähnliches sagen unbedingte Anhänger des Koran, Mohammeds oder anderer Religionsführer und anderer heiliger Schriften. Aber auch noch so hochstehende religiöse Autoritäten und noch so ehrwürdige Bücher können doch nicht prinzipiell immun gegen Kritik sein.

Zu 6.

A: Die Umweltfreundlichkeit des neuen Wasserkraftwerks ist in einem wissenschaftlichen Gutachten bestätigt worden, also ist das eine gute Lösung.

B: Ja, aber es gibt ein sehr kritisches Gegengutachten.

Besondere Schwierigkeiten bei der kritischen Beurteilung von Autoritätsargumenten ergeben sich, wenn Diskutierende zur Stützung ihrer jeweiligen Position Autoritäten aus sehr unterschiedlichen Traditionen, wissenschaftlichen Schulen, Kulturen oder Religionen anführen. Dann schwankt das Urteil über die Akzeptierbarkeit der jeweiligen Autorität oft so stark, daß es kaum möglich ist, zu einer einvernehmlichen Bewertung der Autoritäten zu kommen. Hier ist zum Beispiel das Problem zu nennen, bürgerliche und linke Wissenschaftler als Fachleute zu vergleichen oder die Schwierigkeit, Aussagen von Autoritäten der westlichen Schulmedizin und der chinesischen Akupunktur über Diagnose und Therapie zu gewichten. Analoge Schwierigkeiten treten auf, wenn wir in einer religiösen Debatte den Papst, evangelische Bischöfinnen, griechisch-orthodoxe Patriarchen, moslemische Imame, indische Gurus, den buddhistischen Dalai Lama oder japanische Zen-Meister wertend vergleichen sollen.

Daraus folgt, daß das Kriterium 6. leicht und ohne weiteres eigentlich nur bei Autoritäten **derselben** Tradition oder Denkrichtung anwendbar ist. Da es wahrscheinlich unmöglich ist, für **alle** am Gespräch Beteiligten akzeptable Autoritäten zu finden, sollten wir mit Hilfe verschiedener Techniken versuchen, ein fruchtloses gegenseitiges Ablehnen von Autoritäten und Gegenautoritäten zu verhindern. Dies ist rational im oben definierten Sinn, da es im gemeinsamen Interesse aller Diskutierenden ist, auf Autoritäten ohne Polemik von der Gegenseite zurückgreifen zu können.

Als erste Möglichkeit ergibt sich hier, zur Aufwertung eigener Autoritäten und zur Zurückweisung von mehr oder weniger heftigen Attacken gegen eigene Autoritäten andere Autoritäten anzuführen, die für die **jeweils an der Diskussion beteiligten** Kontrahenten eher verbindlich sind. So können fragwürdige, polemische oder als blasphemisch empfundene Abwertungen von Autoritäten verhindert werden, und die Gefahr, daß die Diskussion sich festläuft, kann zumindest abgemildert werden:

A: Diese östlichen Gurus und ihre Lehren, die du so schätzt, finde ich schlicht und einfach absurd und unglaubwürdig: Kein vernünftiger Mensch kann den Quatsch akzeptieren, den die über Wiedergeburt, Karma, Meditation, Erleuchtung usw. erzählen. Da halte ich mich lieber an die westliche Denktradition.

B: Es gibt aber durchaus auch respektable westliche Denker, die östliche Lehren sehr ernst nehmen, ja sogar ähnliche Inhalte selbst vertreten: Denk zum Beispiel an Pythagoras und Platon, die ebenfalls die Reinkarnation lehrten. Christliche Autoritäten wie Hildegard von Bingen und Meister Eckhart betonen die Möglichkeit von meditativer Versenkung bis zur Gotteserfahrung. Der Begründer der Anthroposophie, Rudolf Steiner, der Schriftsteller Hermann Hesse und der Psychoanalytiker Erich Fromm — um nur einige zu nennen — haben viel von der östlichen Gedankenwelt in ihr Denken integriert. Da muß also etwas dran sein.

Eine zweite, der ersten ähnliche Technik besteht darin, grundsätzlich für die Gesprächspartner akzeptable Autoritäten zu zitieren, die außerdem normalerweise gerade **nicht für** die strittige These eintreten. Das verleiht den Aussagen der Autoritäten in solchen Fällen besonderes Gewicht und macht sie möglicherweise auch für Personen akzeptabel, die sonst vielleicht nicht überzeugt würden:

A (orthodoxer Kommunist): Gerade der Umbruch im Osten und seine verheerenden sozialen Folgen zeigen doch, daß es sehr unheilvoll ist, daß vom bewährten planwirtschaftlichen Konzept abgegangen worden ist.

B: Aber auch Kommunisten wie Gorbatschow haben schließlich eingesehen, daß sich das traditionelle planwirtschaftliche System nicht mehr aufrechterhalten läßt, und sind zumindest teilweise zu marktwirtschaftlichen Konzepten übergegangen.

Oder:

A (Befürworter der Marktwirtschaft): Der Zusammenbruch des Kommunismus im Osten hat gezeigt, daß es keine Alternative zur kapitalistischen Markwirtschaft gibt.

B: Aber auch kapitalistisch orientierte Wirtschaftswissenschaftler fordern heute, daß der Staat bei gewissen Auswüchsen des marktwirtschaftlichen Systems steuernd eingreifen soll, zum Beispiel bei der Börsenspekulation oder beim Raubbau an der Natur.

Eine dritte Technik besteht darin, zu zeigen, daß die Äußerungen der von den Kontrahenten geschätzten Autoritäten nicht immer auf die gleiche Weise interpretiert werden können, sich teilweise sogar widersprechen oder sich im Laufe der Zeit gewandelt haben. So werden die Autoritätsargumente der Kontrahenten relativiert, abgeschwächt oder sogar entkräftet. Dies kann insbesondere dann weiterhelfen, wenn an der Diskussion beteiligte Personen auf der absoluten Gültigkeit der Aussagen ihrer Autoritäten bestehen, was bei religiöser Autoritätsargumentation oft der Fall ist. In den folgenden beiden Beispielen stellt B den Zitaten As aus der Bibel bzw. dem Koran, die als Autoritätsargumente eingesetzt werden, inhaltlich ganz andere, ja gegensätzliche Aussagen entgegen. Sie stammen jedoch **ebenfalls** aus Bibel und Koran! Und für den Fall, daß man solche Zitate nicht wörtlich parat hat, kann man sie notfalls auch sinngemäß wiedergeben oder, falls möglich, nachschlagen:

A: Du kannst deinen ewigen Aktivismus vergessen, denn der Apostel Paulus schreibt im Römerbrief 3,28 ganz deutlich, daß «der Mensch durch den Glauben ohne Gesetzeswerke gerechtfertigt wird», und gemeint ist hier: ohne eigene gesetzestreue Werke und Taten. Menschlicher Aktivismus ist also anmaßend und überheblich.

B: Wenn du schon die Bibel zitierst, solltest du auch den Jakobusbrief nicht vergessen, wo es in 2,24 heißt, daß «der Mensch aus Werken gerechtfertigt wird, aber nicht aus Glauben allein», und ein Stück weiter: «Denn wie der Leib ohne Geist tot ist, so ist auch der Glaube ohne Werke tot.»

A: Das christliche Gejammere über die Bereitschaft der islamischen Welt, religiös motivierte Kriege zu führen, ist angesichts zahlloser von Christen geführter Kriege höchst scheinheilig. Außerdem werden Religionskriege durch Mohammed ausdrücklich gerechtfertigt. So sagt er zum Beispiel im Koran in Sure 9, Vers 123: «O Gläubige, bekämpft die Ungläubigen, die in eurer Nachbarschaft wohnen; laßt sie eure ganze Strenge fühlen und wißt, daß Allah mit denen ist, welche ihn fürchten.»

B: Mohammed sagt aber auch in Sure 4, Vers 91: «Wenn sie – nämlich die Ungläubigen – von euch ablassen und euch nicht be-
kämpfen, sondern euch Frieden anbieten, so erlaubt euch Allah
nicht, sie anzugreifen.»

Mit Hilfe dieser Techniken sollte es im allgemeinen möglich sein,
Autoritäten in Diskussionen in konstruktiver, das heißt für alle
Beteiligten fruchtbarer Weise einzusetzen.

Folgende kritische Fragen können wir als Test für Autoritätsargumente verwenden:

1. Wird die Autoritätsperson korrekt und vollständig zitiert?
2. Ist die Autoritätsperson auf ihrem Fachgebiet (uneingeschränkt) anerkannt, das heißt auch von anderen Autoritäten
   akzeptiert?
3. Gibt die Autoritätsperson das betreffende Urteil auf ihrem
   Fachgebiet ab?
4. Gibt die Autoritätsperson ihr Urteil unvoreingenommen ab?
5. Wird die Autoritätsperson gegen Kritik immunisiert?
6. Gibt es kritische Urteile von Gegenautoritäten?

Analogien: indirekte Vergleiche

Analogiebildungen können zwar als Vergleichsargumente im weiteren Sinn angesehen werden, ich stufe sie hier aber dennoch als
eigene Form des Argumentierens ein. Im Unterschied zu Vergleichen sind Analogien nämlich auf Gegenstände bezogen, die nur
bildlich, das heißt in einem übertragenen Sinn, miteinander vergleichbar sind. Die Analogie ist ein Vergleich, bei dem auf den
ersten Blick unähnliche Elemente, die aus sehr verschiedenen Bereichen der Wirklichkeit stammen, zusammengebracht werden,
weil sie in einer bestimmten, entscheidenden Hinsicht doch ähnlich sind. Analogien sind demnach indirekte Vergleiche. Im Unterschied zu direkten Vergleichen ist bei der Analogie der Phanta-
sie kaum eine Grenze gesetzt. Wenn nämlich Gegenstände nicht in

vielen, sondern nur in einer bestimmten Hinsicht ähnlich sein müssen, um analog verglichen werden zu können, kann man nahezu überall Ähnlichkeiten entdecken.

Ein Beispiel: wir können einen Staat direkt mit ähnlichen politischen Gebilden vergleichen, also anderen Staaten, die hinsichtlich Größe, Klima, Bevölkerung, Sprache, Wirtschaft, militärischer Macht usw. mehr oder weniger ähnlich sind. So wurden in der Diskussion über die Frage, ob Österreich der EU beitreten soll, zahlreiche Vergleiche mit der Schweiz gezogen, die in vielerlei Hinsicht – geographische, ökonomische, verkehrspolitische Parallelen – direkt mit dem Nachbarland Österreich vergleichbar ist. Ein Vergleich ist also direkt und in vielerlei Hinsicht möglich.

Ein Staat kann aber auch mit einem Schiff im Sturm verglichen werden, mit dem er viel weniger Ähnlichkeiten aufweist. Trotzdem ist diese Analogie nahezu sprichwörtlich geworden («das Staatsschiff lenken» etc.), da der Staat zumindest in einer bestimmten Hinsicht, nämlich der Gefährdung, einem Schiff in stürmischer See gleichkommen kann.

Wir können einen Staat ferner auch mit einem vollen Boot vergleichen – ein in unserer Zeit verbreiteter Vergleich – wie im folgenden Dialogausschnitt –, dessen analogischer Kern durch die Abbildung veranschaulicht wird (hier steht der Pfeil für den indirekten, analogischen Vergleich):

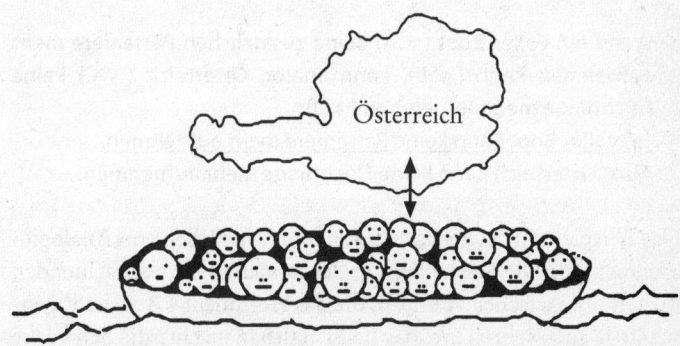

Österreich

A: Ich finde Österreichs Haltung in der Flüchtlingsaufnahme beschämend!

B: Das kann man doch nicht sagen, Österreich kann ganz einfach
keine Flüchtlinge mehr einreisen lassen, ein volles Boot kann
auch keine Passagiere mehr aufnehmen!

Solche und viele andere Analogieargumente lassen sich durch die
folgenden Analogiemuster rekonstruieren, mit einer «proportio-
nalen» Schlußregel «A zu B = C zu D» (aufgrund der Schwierigkeit, für jedermann akzeptable Analogieargumente zu bilden, ver-
zichte ich hier ausnahmsweise auf illustrative Beispiele):

28. Wenn A Eigenschaft B aufweist, hat analog auch C Eigenschaft D.

A weist Eigenschaft B auf.

Also: C hat Eigenschaft D.

29. Wenn As Eigenschaft B positiv zu bewerten ist, ist analog
auch Cs Eigenschaft D positiv zu bewerten.

As Eigenschaft B ist positiv zu bewerten.

Also: Cs Eigenschaft D ist positiv zu bewerten.

30. Wenn As Eigenschaft B negativ zu bewerten ist, ist analog
auch Cs Eigenschaft D negativ zu bewerten.

As Eigenschaft B ist negativ zu bewerten.

Also: Cs Eigenschaft D ist negativ zu bewerten.

Das oben angeführte Beispiel läßt sich nach Muster 28 folgendermaßen rekonstruieren:

Wenn ein volles Boot (= A) keine zusätzlichen Passagiere mehr
aufnehmen kann (= B), kann analog Österreich (= C) keine
Flüchtlinge mehr aufnehmen (= D).

Ein volles Boot kann keine Passagiere mehr aufnehmen.

Also: Österreich kann keine Flüchtlinge mehr aufnehmen.

Das Beispiel zeigt typische Stärken und Schwächen von Analogieargumenten: Die Stärke liegt in der zumeist sehr einleuchtenden
Beziehung zwischen A und B, die das Argument «A weist Eigenschaft B auf» sehr stark, das heißt **haltbar** macht; die Schwäche

liegt in der nur indirekt gegebenen Vergleichbarkeit von A/B mit C/D, die das Argument als nur relativ schwach **relevant** erweist. Im obigen Beispiel kann mit einigem Recht gefragt werden, ob ein Boot mit Österreich und Passagiere mit Flüchtlingen überhaupt sinnvoll verglichen werden können. So ist etwa ein volles Boot dem Untergang gefährlich nahe, was für Österreich zur Zeit (1995) wohl kaum zutrifft.

Um die Relevanz zu erhöhen, muß die Beziehung A/B der Beziehung C/D inhaltlich angenähert werden. Damit sinkt jedoch die Haltbarkeit von A/B, da C/D ja als strittige These Gegenstand der Diskussion und eben deshalb umstritten ist. Je ähnlicher A/B der Relation C/D steht, um so strittiger und weniger haltbar wird A/B. Im obigen Beispiel könnte zum Beispiel auch die folgende Analogie gebraucht werden:

A: Ich finde Österreichs Haltung in der Flüchtlingsaufnahme beschämend.

B: Das kann man doch nicht sagen, Österreich kann keine weiteren Flüchtlinge mehr aufnehmen, denn ein funktionierender Wirtschaftsbetrieb kann auch nicht ständig mehr Leute anstellen.

Die im obigen Analogieargument ausgedrückte Beziehung C zu D («Ein funktionierender Wirtschaftsbetrieb [= C] kann nicht ständig mehr Leute anstellen [= D]») hat größere **Relevanz**, da sie der Beziehung A zu B («Österreich [= A] kann keine weiteren Flüchtlinge mehr aufnehmen [= B]») sicher inhaltlich nähersteht (auch wenn natürlich ein Staat mehr bzw. etwas anderes ist als ein funktionierender Wirtschaftsbetrieb). Hier kommt zum Ausdruck, daß die Flüchtlinge, denen Asyl gewährt wird, sich im weiteren Verlauf in den Arbeitsmarkt eingliedern können, was der Wirklichkeit näherkommt als der Vergleich mit zusätzlichen Insassen eines Bootes. Außerdem wird Österreich in Analogie zu einem an sich funktionierenden Betrieb gesehen, was der Wirklichkeit ebenfalls näherkommt, und nicht einem kurz vor der Katastrophe stehenden Wasserfahrzeug gleichgesetzt. Andererseits sinkt die **Haltbarkeit** des Analogiearguments: Ein funktionierender Betrieb kann ja expandieren und dann zumindest in Zeiten guter Konjunktur durchaus Interesse an weiteren Angestellten haben. Nicht zuletzt sind ja viele österreichische Unternehmer **für** großzügige Aufnahme von Flüchtlingen eingetreten, weil sie Interesse an (billigen?) Arbeitnehmern hatten.

Analogien erweisen sich auch als nützlich, wenn Fachleute mit Personen argumentieren, die nur über ein laienhaftes Wissen verfügen. Komplexe und für Laienpersonen nahezu unverständliche Argumente können durch Analogien ersetzt werden. So können wir weiter argumentieren, ohne sehr umfangreiche Definitionen und Sacherklärungen in die Diskussion einbauen zu müssen. Das kann natürlich nicht heißen, daß Experten gegenüber Laien dauernd nur Analogieargumente gebrauchen sollten, aber gelegentlich können solche didaktischen Analogien durchaus vorteilhaft sein. Im folgenden Beispiel benützt eine linguistische Expertin eine berühmte Analogie des bedeutenden französischen Sprachwissenschaftlers Lucien Tesnière zur Veranschaulichung des Satzaufbaus:

A: Frau Professor, was ist eigentlich mit «Satzstruktur» gemeint? Und was soll das heißen, daß das Prädikat eines Satzes seinen «strukturellen Mittelpunkt» bildet? Das kommt mir reichlich hochgestochen und verworren vor.

B: Das ist eigentlich ganz einfach, denn den Satzaufbau kann man sich wie ein kleines Drama vorstellen: die Satzaussage bezeichnet die Handlung, die den Mittelpunkt des Geschehens darstellt, die übrigen Satzglieder sind die handelnden Hauptpersonen, Zeitpunkt, Schauplatz und nähere Umstände des dramatischen Geschehens.

Analogien können auch kritisch genützt werden, um konkurrierende Argumente ironisch auf die Spitze zu treiben und dadurch besonders deutlich zurückzuweisen:

A: Ich bin grundsätzlich Pazifistin, aber ich fordere für die Frauen das grundsätzliche Recht, zur Armee gehen zu können.

B: Ach, wissen Sie, das kommt mir jetzt so vor, als ob jemand sagt, ich bin gegen jede Form der Diktatur, und um Diktaturen unmöglich zu machen, fordere ich zur Erreichung dieses Ziels für gewisse Zeit diktatorische Vollmachten!

Analogien können aber auch selbst wieder ironisch attackiert werden, so etwa in der folgenden wörtlich wiedergegebenen Passage aus einem Streitgespräch des Urologen C. F. Rothauge (= A) mit dem Medizinkritiker Julius Hackethal (= B):

A: Ich kann dazu nur sagen, daß Herr Kollege Hackethal in der Manier eines Michael Kohlhaas nun hier das Kind mit dem Bade ausschüttet und dann noch die Mutter mit der Badewanne totschlägt.

B: Zu Zeiten von Kohlhaas gab's noch keine Badewannen...

Hier werden bestimmte Züge von As doppelter Analogie herausgegriffen und durch Übersteigerung lächerlich gemacht. Hackethal wird als Kritiker der Schulmedizin einerseits mit dem moralistischen Gerechtigkeitsfanatiker Michael Kohlhaas aus dem 16. Jahrhundert verglichen; andererseits wird sein Vorgehen mit der sprichwörtlichen Analogie vom Kind, das mit dem Bad ausgeschüttet wird, als maßlos übertrieben kritisiert. Schließlich wird diese Analogie noch weiter gesteigert («die Mutter mit der Badewanne totschlagen»). Hackethal reagiert mit dem spöttischen Hinweis, daß die beiden analogischen Vergleiche inhaltlich nicht zusammenpassen.

Trugschlüssig werden Analogieargumente dann, wenn der bildliche Vergleich buchstäblich an den Haaren herbeigezogen wird und die Analogie ganz einfach nicht paßt. Das ist der Fall zum Beispiel bei vielen Analogien, die soziale oder ökonomische Größen (wie den Staat und seine Bürger) mit biologischen Organismen (dem Körper und seinen Zellen) gleichsetzen. Eine besonders absurde Anwendung dieser trugschlüssigen Analogie liegt bei der nationalsozialistischen Greuelpropaganda vor, die jüdische Bürger mit «Parasiten am Volkskörper» verglich. Neben falschen Analogien sind aber auch unklare oder vieldeutige Analogien abzulehnen, die mehr verdunkeln als Klarheit schaffen.

Ein drastisches Beispiel für ein im wahrsten Sinn des Wortes unseriöses Analogieargument, das alle Schwächen trugschlüssiger Analogien in sich vereinigt, liefert der folgende Ausschnitt aus der Posse «Der Talisman» von Johann Nestroy. Der zerlumpte Schwindler Titus Feuerfuchs, den seine neue Herrin, die Gärtnermeisterin Flora, in dieser Kleidung ihrer gräflichen Herrin nicht vorstellen kann und will, hält ihren Bedenken folgende Analogie entgegen (1. Akt, 17. Auftritt):

FLORA: Aber der Anzug hat so gar nix, was einem Gärtner –
TITUS: Oh, der Anzug hat nur zuviel Gärtnerartiges, er is **übersä't** mit Fleck, er is **aufgegangen** bei die Ellbögen und an verschiedenen Orten: weil ich nie ein Paraplü trag', wird er auch häufig **begossen**, und wie er noch in der **Blüte** war, hab' ich ihn oft wie eine Pflanze **versetzt**. (Hervorhebung von mir, M. K.)

Kritische Fragen zur Analogieargumentation lauten wie folgt:
1. Ist der in der Analogie ausgedrückte Sachverhalt als solcher zutreffend, das heißt haltbar? Trifft dasselbe auf die Annehmbarkeit des analogen Werturteils zu?
2. Ist er in bezug auf die strittige These relevant, das heißt übertragbar?
3. Das heißt bei Analogieargumenten genauer: Lassen sich trotz der prinzipiellen Unähnlichkeit von strittigem und analogem Sachverhalt ausreichende und einleuchtende Parallelen im Inhalt erkennen?
4. Vereinfacht die Analogie zu sehr?
5. Umgekehrt: Ist die Analogie zu kompliziert oder sehr unklar?

Angesichts der stets problematischen Übertragbarkeit des analogen Vergleichs auf den strittigen Diskussionsgegenstand haben manche Fachleute aus Philosophie und Wissenschaft Analogien als Mittel rationaler Argumentation auch prinzipiell in Frage gestellt oder zurückgewiesen. Tatsächlich lassen sich kaum Analogieargumente denken, die unstrittige und zwingende Begründungen liefern. Ähnliche Kritik, wenn auch in schwächerem Ausmaß, kann jedoch an jeder Vergleichsargumentation geübt werden. Gut gewählte Analogien können Streitfragen jedoch hervorragend auf den Punkt bringen, komplexe Zusammenhänge auf vereinfachtem Niveau veranschaulichen sowie auch kreativ neue Facetten des Diskussionsgegenstandes herausarbeiten. Sie können oft eine wertvolle zusätzliche Stützung von Argumenten nach anderen Mustern bilden.

Den prinzipiellen Kritikern der Analogieargumente ist auch die Tatsache entgegenzuhalten, daß sie von großen Persönlichkeiten aus Wissenschaft und Philosophie immer wieder eingesetzt worden sind (von Sokrates bis Marx, von Platon bis Kant, von Aristoteles bis Wittgenstein). Wenn sie im Bewußtsein ihrer Schwachpunkte überlegt verwendet werden, müssen Analogien also aus einer kritischen Diskussion keineswegs ausgeschlossen werden. Denn das hieße das Kind mit dem Bade ausschütten…

Zusammenfassung

In Kapitel 2 greife ich antike und moderne Anregungen auf, die Typen von Argumenten, die in alltäglichen Diskussionen auftauchen, umfassend zu systematisieren. Die von Aristoteles begründete argumentative Topik, die lehrt, an welchen «Orten» («topoi») Argumente gefunden werden können, ist hier eine wahre Fundgrube. Sie ist in neuerer Zeit von den Philosophen Toulmin und Perelman wieder aufgegriffen und weiterentwickelt worden. Im Anschluß an Toulmin stelle ich zunächst ein dreiteiliges Basisschema vor, das aus den Elementen These, Argument und Schlußregel besteht. Es liegt den meisten alltäglichen Diskussionsbeiträgen zugrunde. Argumente werden sodann dreifach unterteilt: Sie können erstens auf Sachverhalte einerseits oder Werte bzw. Normen andererseits gerichtet sein. Argumente können zweitens pro oder kontra einer strittigen These vorgebracht werden. Schließlich lassen sich drittens reale (auf die reale Welt bezogene) und fiktive (auf verschiedene fiktive, aber mögliche Welten bezogene) Argumente unterscheiden.

Nach diesen allgemeinen Unterscheidungen präsentiere ich 30 speziellere Muster der Alltagsargumentation. Sie werden zunächst jeweils durch klare, plausible, oft sogar triviale Beispiele veranschaulicht. Sodann diskutiere ich problematischere Anwendungen dieser Muster bis hin zu trugschlüssigen Varianten. Den Schluß bildet jeweils eine Checkliste von kritischen Fragen, mit denen Gesprächsteilnehmer die eigenen, aber auch die Argumente der Kontrahenten testen können.

Die 30 spezielleren Muster verteilen sich auf neun allgemeine Klassen von Argumentationsmustern, je nach den entscheidenden inhaltlichen Zusammenhängen zwischen Vordersätzen (Prämissen) und Schlußfolgerung (Konklusion): Definitionsmuster, Art-Gattung-Muster, Ganzes-Teil-Muster, Vergleichsmuster, Gegensatzmuster, Ursache-Wirkung-Muster, Beispielmuster, Autoritätsmuster, Analogiemuster. Damit sind im wesentlichen alle inhaltlichen Bezüge erfaßt, die die Relevanz der Argumente für oder gegen eine strittige These garantieren.

3. Formulierungstechniken

Denn da sich jede Rede aus dem Sachinhalt und der Formulierung zusammensetzt, kann weder die Formulierung eine solide Grundlage haben, wenn man den Sachinhalt entfernt, noch der Sachinhalt Glanz aufweisen, wenn man die Formulierung wegnimmt.
Cicero: De oratore / Über den Redner, 3. Buch 19)

Angemessenheit

Wie formulieren wir klare, plausible, von der Sache her einleuchtende Argumente so, daß sie auch tatsächlich Überzeugungskraft erhalten? Eine schwierige Frage, auf die keine simple und eindimensionale Antwort möglich ist! Grundsätzlich ist jedoch zum vernünftigen Formulieren von Gesprächsbeiträgen in Diskussionen festzustellen, daß als oberste Norm die **Angemessenheit** der Ausdrucksweise anzustreben ist:

■ Formuliere angemessen!

Angemessen ist eine Formulierung, wenn sie in optimaler, das heißt ausgewogener Art und Weise sowohl auf das jeweilige Thema der Diskussion (die Inhaltsebene) als auch auf die persönlichen Bedürfnisse der Diskutierenden (die Beziehungsebene) und den Anlaß der Diskussion (die Gesprächssituation) Rücksicht nimmt.

Dies ist im unten angeführten Schema durch die Position der Formulierung in der Mitte des «Angemessenheitsdreiecks» symbolisch dargestellt.

Die Berücksichtigung der drei Faktoren der Angemessenheit erfordert, daß wir möglichst **klar und verständlich**, aber auch möglichst **sachlich** und möglichst **wirksam** formulieren. Nur so sind Formulierungen rational gemäß einer Definition von «vernünftig» als «im Interesse **aller** am Gespräch beteiligten Personen». Nur Formulierungen, die sich in gleichem Maße durch Klarheit, Sachlichkeit und Wirksamkeit auszeichnen, sind nämlich im Interesse nicht nur der jeweiligen Sprecher, sondern auch der Hörer. Denn ein Interessenausgleich in der Diskussion ergibt sich am besten und wirksamsten dadurch, daß Argumente und Gegenargumente optimal im Sinne dieser drei Faktoren zum Ausdruck gebracht werden. Wenn das nicht der Fall ist, bestehen folgende Gefahren:

– Mißverständnisse können auftreten und den weiteren Ablauf der Diskussion behindern;
– wenn sich die Mißverständnisse häufen, kann es sogar soweit kommen, daß total aneinander vorbeigeredet wird;
– sachlich gute Argumente können wegen schwacher Formulierung nur wenig Beachtung finden oder die Zuhörenden sogar ermüden und langweilen;
– durch unsensible und unhöfliche Ausdrucksweisen können Gesprächsteilnehmer unnötig vor den Kopf gestoßen werden; an sich plausible Argumente werden dadurch unwirksam.

All das erschwert einen Interessenausgleich oder macht ihn sogar unmöglich, wenn solche Formulierungsschwächen gehäuft auftreten.

Natürlich erleben wir in realen Diskussionen immer wieder, daß auch Ausdrucksweisen gewählt werden, die höchst wirksam, jedoch nur **scheinbar** klar und sachlich sind. Diese Formulierungen sind so angelegt, daß sie die anderen Gesprächsteilnehmer in effizienter Weise täuschen und manipulieren. Solche Techniken der Verbalisierung sind aber als unangemessen im obigen Sinne (und auch als nicht rational vertretbar!) zu bezeichnen. Sie dienen nämlich nur **einem** Interesse, nicht jedoch dem gemeinsamen Interesse oder dem Ausgleich zwischen den Interessen der Diskutierenden. Nur auf Wirkung zielende Formulierungen können somit nicht den Anspruch auf Angemessenheit erfüllen.

Faktoren der Angemessenheit

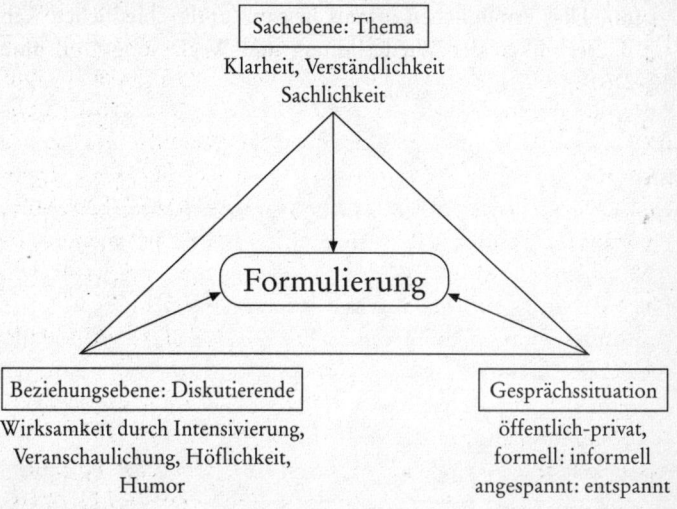

Sachebene: Thema
Klarheit, Verständlichkeit
Sachlichkeit

Formulierung

Beziehungsebene: Diskutierende
Wirksamkeit durch Intensivierung,
Veranschaulichung, Höflichkeit,
Humor

Gesprächssituation
öffentlich-privat,
formell: informell
angespannt: entspannt

Umgekehrt werden klare und sachliche Darstellungen ins Leere gesprochen, wenn sie nicht auf die emotionalen Interessen und Bedürfnisse aller am Gespräch Beteiligten eingehen. Das ist der Fall, wenn sie zu steril, farblos und eintönig formuliert sind oder wenn Anlaß und Situation des Gesprächs andere oder anders formulierte Argumente erfordern würden. Auch solche durchaus ernsthaft um die Problemlösung bemühte Formulierungen sind jedoch unangemessen, da sie dem Ziel eines Interessenausgleichs nur mangelhaft dienen. Es ist sogar höchst bedauernswert, wenn sachlich starke Argumente wegen ihrer schwachen, ineffizienten Formulierung nicht die gebührende Beachtung finden.

Die Wirksamkeit der Formulierung muß jedoch durchaus nicht im Gegensatz zur Bemühung um Klarheit und Sachlichkeit stehen. In guten Formulierungen gelingt die Verschmelzung dieser drei Hauptfaktoren zur optimalen Angemessenheit des Ausdrucks. Tatsächlich können sogar viele Techniken wirksamen Ausdrucks zugleich auch der Klarheit und Sachlichkeit dienen, ebenso wie klares und sachliches Formulieren auch der Wirksamkeit dienen kann. Dies ermöglichen jeweils in ganz unterschiedlicher Weise z. B. Techniken der Wiederholung und Weglassung (vgl. unten S. 216 ff.).

Verständlichkeit

Wie allgemein zum Formulieren ist auch speziell zu Verständlichkeit und Klarheit folgendes festzustellen: Es ist kaum möglich, unabhängig vom Thema, von den Gesprächsteilnehmern und vom Anlaß des Gesprächs generelle Regeln aufzustellen. Was trotz eines schwierigen Themas in einer Fachdiskussion unter Fachleuten klar und leicht verständlich ist, kann sogar bei einem relativ einfachen Gesprächsgegenstand in einer Alltagsdiskussion, an der vorwiegend Personen ohne Fachwissen teilnehmen, schon schwer verständlich sein.

Daher gilt wie bei allen Problemen des Formulierens, daß oberstes Gebot sein sollte, alle Faktoren der Angemessenheit soweit als möglich zu berücksichtigen und zwischen extremen Möglichkeiten der Darstellung einen Mittelweg zu suchen. Im Zusammenhang von Klarheit und Verständlichkeit heißt dies, zwischen den folgenden beiden Extremen die jeweils optimale Mitte zu finden:

1. Das Ideal der maximalen Klarheit und leicht faßlichen Darstellung, verbunden mit dem Bestreben, möglichst nichts unausgedrückt (das heißt implizit) zu belassen.

   Dies führt im Extremfall zur häufigen Wiederholung von Wörtern und Sätzen, zum Verzicht auf alle mehrdeutigen oder metaphorischen Ausdrücke und zu grammatischen Konstruktionen, die nahezu vollkommen parallel gestaltet sind. Das hat eine zwar glasklare, jedoch weitschweifige, langweilige und ermüdende Ausdrucksweise zur Folge. Eine solche Formulierung ist nicht angemessen, da sie nicht optimal auf die Interessen der Gesprächsteilnehmer eingeht. So wird zum Beispiel deren Bedürfnis nach Abwechslung, farbig-anschaulicher und witzig-geistreicher Darstellung total vernachlässigt. Dies wiederum bewirkt, daß sie abschalten und damit die Wirksamkeit unserer Argumente verlorengeht.

2. Das Extrem der stark konzentrierten Informationsweitergabe, verbunden mit hochgradiger Implizitheit des Ausdrucks (An-

deutungen, witzigen Anspielungen), vielen stilistischen Varianten (Synonymen) und bildlichen Ausdrücken (Metaphern) im Bereich des Wortschatzes sowie reichlicher Variation im grammatischen Bereich.

Das hat eine sehr anregende und abwechslungsreiche, auch stilistisch anspruchsvolle, aber für viele Zuhörende schwer faßliche Ausdrucksweise zur Folge. Darunter leiden Klarheit und Verständlichkeit, aber auch die Wirkung der Argumente kann beeinträchtigt werden.

Der Ausgleich zwischen diesen Extremen erfordert auch je nach Anlaß der Diskussion, also entsprechend den Gegebenheiten der Gesprächssituation, ganz unterschiedlich gesetzte Schwerpunkte. Das bedeutet zum Beispiel im Bereich der **Wortwahl**, daß in eher formellen Gesprächen, insbesondere in Ausschüssen, Aufsichtsräten und Fachkommissionen, also unter Experten, die Verwendung zahlreicher Termini des Fachwortschatzes, auch vieler Fremdwörter, durchaus angebracht ist. Ja, sie dient sogar der Verständlichkeit. Fachtermini haben nämlich in der Regel eine eindeutige, klar festgelegte Bedeutung und erleichtern somit die Verständigung unter Fachleuten. In eher informellen Gesprächen sollten Fachtermini dagegen eher selten gebraucht werden, insbesondere wenn nur oder vorwiegend Laien teilnehmen, da der Vorteil der größten Präzision durch den Nachteil der schlechteren Verständlichkeit mehr als aufgewogen wird. Außerdem wirken fachchinesische Ausdrucksweisen oft arrogant oder einschüchternd und können so zum inneren Abblocken der zuhörenden Personen führen, selbst wenn die Argumente an sich sehr plausibel sind. Das gilt jedoch nicht für die im Alltagswortschatz völlig eingebürgerten Fremdwörter wie «garantieren», «elegant» oder «Minister», sondern nur für weniger oder kaum bekannte Fachtermini wie «substituieren», «polyfunktional» oder «Phylogenese».

Was die **Stilhöhe** des gebrauchten Wortschatzes betrifft, so sollten wir in der Öffentlichkeit eher Wörter wählen, die der Hochsprache angehören oder ihr zumindest nahestehen. In privaten Diskussionen, zum Beispiel in der Familie oder im Freundeskreis, behindert dagegen der Gebrauch von alltagssprachlichen Ausdrücken oder Dialektwörtern die Klarheit und Verständlichkeit nicht und ist daher durchaus als angemessen zu bezeichnen. Ja, ein zu formeller Ausdruck würde in einem privaten Zusammenhang als gespreizt oder sogar arrogant empfunden und damit die Klarheit eventuell beeinträchtigen, jedenfalls aber die Wirksamkeit der Argumente vermindern, zum Beispiel der Gebrauch von «transpirieren» statt «schwitzen», von «Knabe» statt «Bub» oder «Junge», von «adäquat» statt «passend». Zwei Beispiele sollen das bisher Gesagte veranschaulichen. In einer Fachdiskussion im Rahmen einer soziologischen Tagung wäre etwa die folgende Ausdrucksweise durchaus als angemessen zu bezeichnen:

A: Wie erklären Sie sich die zunehmende Ausländerfeindlichkeit?
B: Ich sehe darin nichts anderes als eine sozio-ökonomisch bedingte Neuauflage des antisemitischen Sündenbocksyndroms, nur eben in der heutigen Situation in einer chauvinistischen Variante.

In einer privaten Diskussion zu demselben Thema, an der auch Personen ohne Fachwissen teilnehmen, wäre dieselbe Formulierung unangemessen. Die zahlreichen Fremdwörter aus dem soziologischen und politologischen Fachwortschatz müßten zur Hebung der Verständlichkeit durch annähernd gleichwertige Ausdrücke aus dem Alltagswortschatz ersetzt und eventuell durch erläuternde Sätze ergänzt werden:

A: Wie erklärst du dir die zunehmende Ausländerfeindlichkeit?
B: Ich sehe darin nichts anderes als eine Neuauflage des Versuchs, für alle möglichen Probleme in der Gesellschaft *einen* Sündenbock zu finden; das waren früher die Juden, in der heutigen, wirtschaftlich schwierigen Situation treten diese Versuche eben in einer fremdenfeindlichen Form auf.

Schwierigkeiten bereiten in diesem Zusammenhang Diskussionen mit gemischtem Teilnehmerkreis, zum Beispiel Laien und Fachleute aus verschiedenen Regionen mit mehr oder weniger verschiedenen Dialekten. Hier ist wohl im Interesse der Verständlichkeit möglichst der Wortschatz der Hochsprache zu verwenden, unter Vermeidung aller Fachtermini. Falls ein Fachterminus unbedingt benötigt wird (vom Thema der Diskussion her), so ist er durch die Experten möglichst anschaulich zu definieren, unter Benützung von Beispielen, die vom Alltagswissen her verständlich sind:

A: Die großen historisch gewachsenen Ungleichheiten in der beruflichen Situation von Männern und Frauen erfordern drastische Maßnahmen, zum Beispiel positive Diskriminierung.

Eine einfachere Version dieses Gesprächsbeitrags hätte u. a. den Ausdruck «positive Diskriminierung» zu erläutern:

A: Die großen historisch gewachsenen Ungleichheiten in der beruflichen Situation von Männern und Frauen – das heißt viel mehr Männer kommen in Spitzenberufen zum Zug – erfordern drastische Maßnahmen, zum Beispiel positive Diskriminierung. Darunter ist zu verstehen, daß Frauen bei der Vergabe von Stellen bevorzugt werden, selbst wenn sie nur die gleiche Befähigung wie Männer nachweisen können.

Ich habe oben festgestellt, daß sowohl allzu knappe, dichte Ausdrucksweise als auch zu große Ausführlichkeit, häufige Wiederholungen etc. der Angemessenheit der Formulierung im Wege stehen können. Dazu noch einige weiterführende Bemerkungen.

Im allgemeinen kann **Kürze** des Ausdrucks der Klarheit und Verständlichkeit (und darüber hinaus auch der Wirksamkeit, siehe unten S. 221 ff.) durchaus dienen. Hier besteht außerdem ein deutlicher Unterschied zwischen schriftlichem und mündlichem Sprachgebrauch. In einem schriftlichen Text ist eine gewisse Satzlänge durchaus zumutbar, und auch eine Reihe von Nebensätzen kann mit Hauptsätzen gekoppelt sein. Im mündlichen Sprachgebrauch ist aber die Formulierung von sehr langen und komplexen Satzgefügen kaum zu empfehlen. Andererseits ist Kürze kein absolutes Ideal hinsichtlich Verständlichkeit. Wo es der Wissensstand der Diskutierenden erfordert, sind nämlich ausführlichere

Erläuterungen, auch wenn sie die Darstellung etwas umständlicher machen, durchaus am Platz (vgl. das obige Beispiel zur «positiven Diskriminierung»).

Ohne weiteres können im Dienste der Kürze Voraussetzungen (Prämissen) für die Schlußfolgerung(en) weggelassen werden, die sich aus dem Zusammenhang mehr oder weniger automatisch ergeben, zum Beispiel die Schlußregeln für die Argumente. Die folgende Ausdrucksweise ist nicht nur knapper und damit ökonomischer, sondern auch weit üblicher als die explizitere Formulierung mit ausdrücklicher Nennung der Schlußregel, die sogar pedantisch wirkt:

A: Ich finde, jeder einzelne sollte etwas zur Rettung der Umwelt beitragen (*Argument*). Deshalb werde ich meine Autofahrten drastisch einschränken (*These*).

Umständlich, pedantisch und zudem unüblich wäre:

A: Ich finde, jeder einzelne sollte etwas zur Rettung der Umwelt beitragen (*Argument*). Wenn ich finde, daß jeder einzelne etwas zur Rettung der Umwelt beitragen sollte, muß ich auch etwas zur Rettung der Umwelt tun, zum Beispiel meine Autofahrten drastisch einschränken (*Schlußregel*). Deshalb werde ich meine Autofahrten drastisch einschränken (*These*).

Ein weiterer Unterschied zwischen schriftlichem und mündlichem Sprachgebrauch betrifft **Wiederholungen**. Gängigen schriftlichen Stilnormen zufolge sind knapp aufeinander folgende Wiederholungen desselben Wortes zu vermeiden. Im mündlichen Sprachgebrauch sind jedoch Wiederholungen von Wörtern oder Wortgruppen oft gerechtfertigt, weil sie im Dienste der Klarheit stehen. Anders als beim schriftlichen Text, wo stets die Möglichkeit des Nocheinmallesens besteht, kann beim Sprechen nicht rechtzeitig erfaßte Information verlorengehen. Es ist daher nützlich, wenn gelegentlich zentrale Passagen des Diskussionsbeitrages, eventuell in verkürzter Fassung, wiederholt werden. Im Bereich der Grammatik ist die Wiederholung von Konstruktionen (zum Beispiel gleiche Wortstellung, gleiche Art von Satzgliedern) ebenfalls sehr nützlich für die Verständlichkeit. Dies zeigt etwa das folgende Beispiel (Wiederholungen stehen auch im Dienst der Wirksamkeit, siehe dazu unten S. 216 ff.):

A: Ich werde mir das Rauchen nicht abgewöhnen. Schließlich sind viele Raucher uralt geworden.

B: Das mag schon stimmen, aber du mußt dir darüber im klaren sein, daß erstens bei weitem nicht alle Raucher uralt werden, daß zweitens viele Raucher sogar jung sterben und daß drittens die meisten Raucher mit zunehmendem Alter schmerzhafte und lebensgefährliche Folgeerscheinungen des Rauchens zu erleiden haben.

Schließlich dient die **Gliederung** des Gesprächsbeitrags der Klarheit. Kurze Zusammenfassungen, Verweise auf früher Geäußertes und Ankündigungen von nachfolgenden Bemerkungen oder Schlußfolgerungen tragen zur Deutlichkeit bei. Sie gliedern den Diskussionsbeitrag und ordnen ihn in den Gesprächszusammenhang ein. Dies gilt wiederum für mündliche Äußerungen noch mehr als für schriftliche Argumentationen. Solche gliedernden Äußerungen dienen insbesondere dazu, die wesentlichen Bestandteile eines Diskussionsbeitrages, nämlich Argumente und Thesen, deutlich voneinander abzugrenzen. Dies zeigt das folgende Beispiel:

A: Du hast mich nie ernst genommen, du hast meine Beweggründe für unsere Meinungsverschiedenheiten immer ignoriert, ja mir noch nicht einmal ruhig zugehört!

B: Das stimmt doch nicht! Ich kann dir folgende Gegenbeispiele nennen: Wegen dir habe ich immerhin unseren Wohnsitz gewechselt, ich bin immer auf deine Argumente eingegangen, soweit sie mir eingeleuchtet haben, und eben habe ich dir minutenlang zugehört. Diese Beispiele zeigen doch wohl, daß deine Vorwürfe so allgemein nicht zutreffen.

Auch die Wahl der **Reihenfolge** der Teile eines Diskussionsbeitrages ist von Bedeutung für die Klarheit und Verständlichkeit. Statt der naheliegenden Reihenfolge:

1. die Argumente der Gesprächspartner kurz aufgreifen oder sogar ausführlich resümieren,
2. die eigenen Argumente ankündigen und vorbringen,
3. eine Schlußfolgerung ziehen, das heißt mit den Argumenten eine These stützen (vgl. das obige Beispiel),

können jedoch im Einzelfall auch andere Abfolgen gewählt werden. So kann die eigene Schlußfolgerung markant an den Anfang gestellt werden, wenn sie in einem scharfen Gegensatz zu der vorher geäußerten These steht, und die Argumente können anschließend vorgebracht werden, um diese Schlußfolgerung zu erhärten.

Die bisher erörterten Bereiche der Verständlichkeit habe ich im Anschluß an die antike Rhetorik dargestellt. In neuerer Zeit hat der Kommunikationspsychologe Friedemann Schulz von Thun in Zusammenarbeit mit Fachkollegen vier Größen ermittelt, die die Verständlichkeit des Ausdrucks steigern: 1. Einfachheit, 2. Gliederung/Ordnung, 3. Kürze/Prägnanz und 4. Anregung/zusätzliche Stimulanz. Die «Gegner» verständlicher Ausdrucksweise sind dagegen 1. Kompliziertheit, 2. Unübersichtlichkeit, 3. Weitschweifigkeit und 4. Fehlen von zusätzlicher Stimulanz. Schulz von Thun betont jedoch auch, daß die vier «Verständlichmacher» nicht absolut gesetzt werden dürfen. So darf zum Beispiel die Kürze nicht übertrieben werden. Auch die Einfachheit der Ausdrucksweise wird zwangsläufig durch stilistische Mittel der Stimulanz wie rhetorische Fragen, Analogien, Metaphern und Personifizierungen (vgl. das im Text Folgende und S. 208 ff.) bis zu einem gewissen Grad in Richtung größere Weitschweifigkeit und Kompliziertheit bewegt. Wiederum ist eine optimale Kombination der verschiedenen Faktoren für die Verständlichkeit entscheidend.

Was das **Vortragen** der gewählten Formulierungen betrifft, so ist hinsichtlich der Klarheit und Verständlichkeit deutliches, flüssiges, dabei aber nicht langweilig-monotones Sprechen das anzustrebende Ideal. Wir können zwar beim Sprechen kaum vermeiden, gelegentlich einen bereits begonnenen Satz abzubrechen, uns zu korrigieren und neu zu beginnen. Dies kann sogar im Dienste der Lebendigkeit und damit Wirksamkeit des Ausdrucks stehen. Wir sollten aber im Dienste der Klarheit zumindest den Versuch unternehmen, Satzbrüche und Füllwörter auf ein Minimum zu beschränken. Dasselbe gilt für Denkpausen mit Füllsel wie «äh», «also», «nicht wahr» usw. Das folgende Beispiel ist die Wiedergabe eines authentischen Gesprächsbeitrages, bei dem der Sprecher, ein Drogenabhängiger, aufgrund seines geschwächten Zustands offenkundig Mühe hatte, eine klare syntaktische Linie zu verfolgen (ich vernachlässige Feinheiten der Wiedergabe wie Pausen, Dialektmerkmale usw.):

A: Ich hätte gemeint mit einer Landkommune, daß ich mich sehr wohl, sagen wir, wenn diese Landkommune zum Beispiel lebt von Ackerbau oder von gewissen Dingen, die, äh handwerklich, also manuell, hergestellt werden, daß ich da voll mittue, ja.

Die häufigen Satzbrüche sind in der folgenden stilistisch verbesserten Version korrigiert und die Füllwörter weggelassen:

A: In einer Landkommune hätte ich gemeint, daß ich mich sehr wohl an der Arbeit voll beteilige, wenn diese Kommune zum Beispiel vom Ackerbau lebt oder von manuell hergestellten Produkten.

Zu den bisher erörterten Faktoren von Klarheit und Verständlichkeit treten noch Bedingungen, die durch die Dialogsituation hervorgerufen sind. Sie bestehen darin, daß man auf die Gesprächspartner achtgeben muß. Dies betrifft vor allem die Beobachtung von verbalen oder mimisch-gestischen Zeichen der Zustimmung, Ablehnung und des (Un-)Verständnisses. Wenn rechtzeitig auf diese Signale eingegangen wird, kann noch während des Sprechens die Verständlichkeit erhöht werden, indem anders fortgefahren wird, zum Beispiel mit leichter verständlichem Wortschatz oder kürzeren Sätzen.

Zu den dialogischen Bedingungen der Verständlichkeit gehört auch, daß alle Diskutierenden darum bemüht sind, die jeweils

Sprechenden nicht oder nur selten zu unterbrechen. Gleichzeitiges Sprechen ist dem Verstehen höchst abträglich. Andererseits kann aber nicht uneingeschränkt gefordert werden, daß Unterbrechungen in jedem Fall zu vermeiden sind, da bei Schwierigkeiten, den Sprecher oder die Sprecherin zu verstehen, kurze Rückfragen, Äußerungen der Unsicherheit oder des Befremdens durchaus am Platz sind. Sie verhindern nämlich, daß Mißverständnisse im weiteren Verlauf der Diskussion das Erreichen des Diskussionsziels erschweren, nämlich die Klärung des strittigen Problems.

Wichtig ist hier auch, zu beachten, ob wir überhaupt die gleiche Auffassung davon haben, was der normale Rhythmus im Wechsel der Gesprächsbeiträge ist, wie oft wer wie lange am Wort sein darf, wie schnell normalerweise gesprochen wird usw. Unterschiedliche Stile im Bereich des «Gesprächsrhythmus» sind uns viel weniger bewußt als Unterschiede in Sachfragen. Deshalb werden daraus entstehende Probleme oft nicht thematisiert. Offensives, schnelles Sprechen mit zahlreichen gegenseitigen Unterbrechungen kann in einer Gruppe in einer bestimmten Gesprächssituation (Familie, Stammtisch, Arbeitsteam etc.) als durchaus normal oder sogar anregend empfunden werden. In einer dazu komplementären Gesprächskultur sind langsames Sprechen, gelegentliche bedeutungsvolle Pausen und ständiges Einander-Ausredenlassen normal und werden als behutsames, einfühlsames miteinander Umgehen positiv gewertet. Wehe jedoch, wenn Vertreter solcher entgegengesetzter Stile unvorbereitet aufeinandertreffen! Sie werden einander wechselweise als Grobiane («Da kommt man ja nicht zu Wort!») oder Schlafmittel («Der/die gibt ja kaum einen Ton von sich, da schläft man ja ein!») erleben. Die Linguistin Deborah Tannen hat an zahlreichen Beispielen (beinahe) gescheiterter Beziehungen eindrucksvoll gezeigt, daß Diskussionen dadurch chronisch schiefgehen können, daß sich Personen in diesem Bereich «nicht verstehen» bzw. sich gegenseitig «aus dem Takt bringen». Deshalb ist es so wichtig, diese Faktoren genau zu beachten. Wenn notwendig, sollten wir nicht emotional reagieren, sondern eher unseren Gesprächsstil ändern.

Wichtig sind auch höfliche, respektvolle und ein positives Gesprächsklima schaffende Formulierungsweisen. Sie sind indirekt günstige Faktoren für das Verstehen, auch wenn sie nicht direkt Klarheit und Verständlichkeit zur Folge haben. Emotionale Aufgeschlossenheit und gegenseitige Anteilnahme der Argumentierenden wirken nämlich fördernd auf die Bereitschaft ein, auch schwierigeren Diskussionsbeiträgen konzentriert zu folgen. Die Anthropologin Penelope Brown und der Linguist Stephen Levinson sprechen in diesem Zusammenhang von «positiver» und «negativer» Höflichkeit. Erstere liegt vor, wenn durch Lob, Betonung von Nähe und Gemeinsamkeit ein gutes Klima geschaffen wird. Bei der negativen Höflichkeit wird dagegen versucht, Einschränkungen der persönlichen Freiheit und damit eine Gefährdung des Klimas zu vermeiden, zum Beispiel durch das Unterlassen von (allzu) direkten Aufforderungen, strenger Auferlegung von Pflichten, dominanten Hinweisen usw.

Im Dienste des Gesprächsklimas können also im Sinne der negativen Höflichkeit sogar Formulierungen stehen, die der Forderung nach Klarheit auf den ersten Blick zuwiderlaufen, wie abgeschwächte oder indirekte Ausdrucksweisen, Andeutungen und Anspielungen. Mit diesen Techniken des Ausdrucks vermeiden Diskutierende, ihre Gesprächspartner zu kränken, zu dominieren oder tabuisierte Gesprächsthemen allzu offen zu benennen. In solchen Fällen ist eine Einbuße an Klarheit bewußt in Kauf zu nehmen, um über das heikle Thema überhaupt weiterdiskutieren zu können. Dies zeigt wieder, daß Angemessenheit des Ausdrucks ein vielschichtiger Begriff ist, der sich nicht auf Klarheit (oder Sachlichkeit oder Wirksamkeit) **allein** reduzieren läßt.

Schließlich können nicht-wörtliche Ausdrucksweisen wie rhetorische Fragen, die indirekte Behauptungen der These sind, zur Lebendigkeit des Ausdrucks und damit wieder zum Gesprächsklima beitragen, so wie es eine Umformulierung eines weiter oben gebrauchten Beispiels zeigt:

A: Warum sollte ich mir das Rauchen abgewöhnen? (*Rhetorische Frage zum Ausdruck der These*) Schließlich sind viele Raucher uralt geworden.

Indirekte Ausdrucksweisen können auch direkt im Dienste der Wirksamkeit stehen; darauf wird auf S. 233 ff. näher eingegangen.

Vermeiden sollten wir in vernünftig geführten Diskussionen allerdings alle Formen von Indirektheit oder Doppeldeutigkeit, die nicht den obengenannten kooperativen Zwecken dienen, sondern im Gegenteil die übrigen Gesprächsteilnehmer verwirren oder täuschen. Im folgenden Ausschnitt aus dem Drama «Wer hat Angst vor Virginia Woolf?» von Edward Albee provoziert der zynische Hausherr George seinen Gast Nick durch eine bewußt mißverständlich formulierte, doppeldeutige Verwendung des Personalpronomens «sie»:

GEORGE: ...Martha ist hundertvierundzwanzig Jahre alt. Wiegen tut sie 'n bißchen mehr. Wie alt ist **Ihre** Frau?

NICK (ein wenig verwirrt): Sechsundzwanzig.

GEORGE: **Martha** ist ein erstaunliches Weib. Ich schätze, **sie** wiegt ungefähr hundertzehn?

NICK: Ihre Frau... wiegt...?

GEORGE: Nein, nein, mein Junge. Die Ihre, **Ihre** Frau! Meine Frau heißt Martha. (Hervorhebungen von mir, M. K.)

Normalerweise beziehen sich persönliche Fürwörter wie «sie» auf kurz vorher im Text genannte Personen. George bezieht sich mit **«sie»** also scheinbar auf seine Frau Martha, was in diesem Zusammenhang jedoch keinen Sinn ergibt. George hatte ja kurz zuvor schon andeutungsweise unterstellt, daß seine Frau Martha mehr als 124 Pfund wiegt. Die erstaunte Rückfrage von Nick ist völlig berechtigt, liefert aber George die Gelegenheit zu seiner provokant-belehrenden Korrektur.

Solche und ähnliche Verwirrspiele sind natürlich nicht dazu geeignet, einen Interessenausgleich zu fördern, und vergiften das Gesprächsklima. Sie sind daher von konstruktiven Verwendungen indirekter Ausdrucksweisen scharf zu unterscheiden.

Knapp und aufs Wesentliche konzentriert lassen sich die obigen Ausführungen zur Klarheit und Verständlichkeit in folgenden vier Regeln zusammenfassen:

- Formuliere so einfach wie möglich und so komplex und differenziert wie nötig!
- Formuliere so kurz wie möglich und so ausführlich wie nötig!
- Gib jeder Äußerung einen klaren, wohlstrukturierten Aufbau!
- Sprich klar und deutlich, aber nicht monoton!

Sachlichkeit

Auch hinsichtlich der Sachlichkeit gilt die primäre Forderung, Angemessenheit des Ausdrucks zu finden. Dies mag erstaunen, da Angemessenheit nicht nur in bezug auf das Thema, sondern auch auf die Teilnehmer und den Anlaß des Gesprächs definiert worden ist. Auf den ersten Blick wird aber Sachlichkeit wohl nur mit Objektivität, das heißt mit unparteilichem Themen- bzw. Sachbezug in Zusammenhang gebracht. In diesem Sinne sollen die Formulierungen «zur Sache» gehen, das heißt sich so eng wie möglich auf die strittige These beziehen und möglichst viel zu ihrer Stützung bzw. Widerlegung beitragen. Vage, indirekte oder weitschweifige Formulierungen sollten wir unterlassen, da sie unverhältnismäßig viel Verstehensaufwand erfordern, um sinnvoll auf das jeweilige Thema bezogen werden zu können. Die Ausdrucksweise soll neutral sein, und wir sollten es vermeiden, einseitig zu formulieren oder gar persönlich zu werden. Diese scheinbar so selbstverständlichen Forderungen werden jedoch rasch problematisch, wenn wir uns folgende Schwierigkeiten vor Augen führen:

1. **Viele, ja die meisten** Ausdrücke der Alltagssprache enthalten einen **wertenden** Beigeschmack, so daß schon mit der Benennung ein Gegenstand oder eine Handlung positiv oder negativ bewertet wird. Das trifft z.B. bei Ausdrücken wie «Sekte», «Chaot», «Randalierer», «Spießer», «Faschist», «Lüge»; «meckern», «nörgeln», «ausbeuten», «hassen» zu (negativer Beigeschmack); aber auch bei Ausdrücken wie «Weltreligion», «Rechtgläubige», «Patrioten», «Naturschützer», «Wahrheit»; «befreien», «verteidigen», «helfen», «lieben» (positiver Beigeschmack). Besonders deutlich zeigt sich dies bei Eigenschaftsbezeichnungen, vor allem bei wertenden Adjektiven wie «gut»-«böse», «ordentlich»-«pedantisch», «brav»-«unterwürfig», «geradlinig»-«stur», «kompromißbereit»-«feige», «flexibel»-«charakterlos» usw.

2. Die Benennung von Gegenständen, Personen, deren Eigenschaften oder Handlungen mit wertenden Ausdrücken ist

manchmal geradezu unvermeidlich, da in der Alltagssprache **kein wirklich neutraler** Ausdruck vorhanden ist. Eine möglichst sachliche Umschreibung wäre dann oft sehr umständlich. Dadurch würde sie der Forderung nach Klarheit und Verständlichkeit zuwiderlaufen.

3. In abgeschwächter Form gilt dies sogar für die wissenschaftlichen Fachsprachen. Denn auch **viele wissenschaftliche Termini** enthalten **wertende Nuancen**, weil sie unterschiedlichen wissenschaftlichen Schulen, Traditionen oder Methoden entstammen. Jedenfalls zeigt der wissenschaftliche Streit um die korrekte Beschreibung und terminologische Erfassung eines Wissensbereichs, daß es für die Forderung nach Sachlichkeit nicht einfach genügt, sich wissenschaftlicher Termini zu bedienen.

4. Am gravierendsten tritt das Problem der **ideologischen Wahl der Bezeichnung** auf, wenn Personen unterschiedlichen Geschlechts, mit unterschiedlichen Weltanschauungen, oder auch Personen, die große Altersunterschiede aufweisen, aufeinandertreffen. Hier zeigen sich meist stark unterschiedliche Auffassungen über **die** korrekte und sachlich gerechtfertigte Benennung eines Gegenstands oder Sachverhalts. Oft ist die subjektive Überzeugung sehr stark, die eigene Sicht der Welt sei ‹objektiv› die richtige und daher die eigene Formulierung sachlich. Was eine «männerfeindliche» oder «frauenfeindliche», eine «linksgerichtete» oder «rechtsgerichtete», eine «autoritäre» oder «frech-provozierende» Bezeichnung ist, wird von all diesen Gruppen sehr unterschiedlich beantwortet. Oft werden sogar **Bezeichnungskämpfe** um die sachlich angemessenste Benennung geführt, da die Übernahme eines gruppenspezifischen Ausdrucks im allgemeinen Sprachgebrauch (besonders in den Massenmedien) zugleich die Position der jeweiligen Gruppe in der weltanschaulichen Auseinandersetzung verstärkt. Dies zeigen besonders deutlich weltanschaulich «rechts» oder «links» bzw. «konservativ» oder «liberal» getönte Paare von Ausdrücken wie z. B.: «soziale Marktwirtschaft» und «(Spät)Kapitalismus», «freisetzen» und «entlas-

sen», «Sozialpartnerschaft» und «Ausbeutung», «Gleichma-
cherei» und «Chancengleichheit», «verfassungsfeindlich Ge-
sinnte» und «kritisch-mündige Bürger», «Sozialschmarotzer»
und «soziale Randgruppen», «Wirtschaftsflüchtlinge» und
«Flüchtlinge im Sinne der Genfer Konvention», «Umvolkung»
und «kulturelle Offenheit» usw.

5. Sachlichkeit beschränkt sich nicht nur auf die Wahl von benen-
nenden Ausdrücken. Auch die **Wahl grammatischer Darstel-
lungsmittel** wirft Probleme der Sachlichkeit auf. Es macht
einen großen Unterschied, ob wir in einem Diskussionsbeitrag
eine Person als Subjekt von aktiven, positiv bewertenden
Handlungsverben in den Mittelpunkt des Geschehens rücken
und somit als Täter darstellen, ob wir die Person als Subjekt von
passiven Sätzen und somit als bloß von der Handlung betroffen
präsentieren oder ob wir unpersönliche Ausdrucksweisen wählen, die unklar lassen, wer die verantwortlich Handelnden sind
oder waren. Die folgenden drei Beispiele illustrieren jeweils
eine ganz andere Sicht «derselben» Sachverhalte:

A: Meiner Meinung nach ist X der geeignete Bürgermeister,
denn er hat in den letzten Jahren entscheidende Impulse für
den Umweltschutz gegeben, außerdem hat X den Bau verschiedener sozialer Einrichtungen durchgesetzt und dabei
stets versucht, alle demokratisch gewählten Gemeinderäte in
seine Entscheidungen einzubeziehen.

B: Ich bin gegen eine Wiederwahl von X, denn er ist zu den Entscheidungen im Bereich Umweltschutz von den anderen politischen Kräften mehr oder weniger gezwungen worden. Außerdem wurde er durch die politischen Mehrheitsverhältnisse
– keine absolute Mehrheit seiner Partei – dazu gedrängt, verstärkt zusammenzuarbeiten. Die sozialen Einrichtungen
schließlich sind ihm von Bürgerinitiativen mühsam abgerun-
gen worden.

C: Was in unserer Gemeinde in den letzten Jahren getan worden
ist, wurde zum Großteil nicht am Interesse der Mehrheit der

Bevölkerung orientiert. Viel ist hinter den Kulissen entschieden worden oder wurde durch die Einflußnahme mächtiger Einzelpersonen in die Wege geleitet.

Während im ersten und zweiten Beispiel unter Umständen gegen Normen der Sachlichkeit dadurch verstoßen wird, daß der Bürgermeister zu aktiv oder passiv dargestellt wird, ist das dritte Beispiel möglicherweise unsachlich, weil es zu vage formuliert ist. Es stellt somit nicht klar, wer Gegenstand der erhobenen Kritik ist, die unverbindlich-willkürlich bleibt (vgl. auch das unter 6. Ausgeführte).

Schließlich empfindet eine wachsende Zahl von Sprechern und Sprecherinnen die traditionell übliche Mitbezeichnung von Frauen durch maskuline Personen- und Berufsbezeichnungen als generelle Bezeichnung von Männern **und** Frauen als einseitige (sexistische) Sicht der sozialen und politischen Welt, wie es beim sog. «generischen Maskulin» in «Staatsbürger», «Präsident», «Minister», «Politiker», «Student», «Lehrer», «Schüler», «Obmann», «Fachmann» usw. der Fall ist. Diese patriarchalische Sicht der Welt zeigt sich auch in Redewendungen und Sprichwörtern wie «Selbst ist der Mann», «Übung macht den Meister», «seinen Mann stehen» etc., am krassesten in extrem frauenfeindlichen Slogans wie «Typisch Frau am Steuer», «Frauen an den Herd, Emanzen in den Herd» sowie Metaphern wie «Hasen», «Katzen» etc. In vernünftigen, somit auf einen Interessenausgleich zielenden kritischen Diskussionen sollten patriarchalische und frauenfeindliche Äußerungen unterlassen werden.

Was die geschlechtsspezifischen Benennungen betrifft, ist eine ausdrückliche Benennung der Frauen durch den Einsatz von geeigneten Formulierungen zu fordern. Mündlich eignen sich dazu Wortgruppen wie «X und Xinnen», zum Beispiel «Mitbürger und Mitbürgerinnen», «Lehrer und Lehrerinnen» usw. Schriftlich können Ableitungssilben (zum Beispiel Suffixe wie das mittlerweile verbreitete «-Innen») gewählt werden. Dazu kommt mündlich und schriftlich die Bildung neuer

Zusammensetzungen: «Obfrau», «Fachfrau», «Diplomkauf-frau» (so schon im DUDEN-Universalwörterbuch verzeichnet). Zumindest sollte wie in diesem Buch ausdrücklich darauf hingewiesen werden, daß mit generischem Maskulin nicht nur Männer gemeint sind. Diese symmetrisch auf beide Geschlechter bezogenen Ausdrucksweisen werden zunehmend mündlich und schriftlich – auch von Männern – gebraucht. Sie sind auch als vernünftig (da im Interesse **aller** beteiligten Gruppen) anzusehen.

6. Schließlich ist zu betonen, daß für die Sachlichkeit auch sehr wichtig ist, was **nicht** gesagt wird. Oft ist es schwierig zu entscheiden, welche Informationen weggelassen werden können, etwa mit dem Ziel, die Klarheit durch Vermeidung unnötiger Ausführlichkeit zu erhöhen, und wann Manipulation durch einseitiges Weglassen wichtiger Details beginnt.

Bei entsprechender Bemühung können sicher einige der in 1. bis 6. aufgezeigten Probleme gelöst oder zumindest abgemildert werden. So können wir versuchen, statt wertender Ausdrücke möglichst neutrale oder zumindest weniger stark wertende zu verwenden, wie «konservativ eingestellte Männer» statt «Machos» oder «Frauenrechtlerinnen» statt «Emanzen», «religiöse Gemeinschaft» statt «Sekte» oder «Andersgläubige» statt «Heiden». Wenn möglich können wir auch wissenschaftlich-neutrale Termini einsetzen, wie «Homosexuelle» und «Heterosexuelle» statt «Perverse» und «Normale», «Afro-Amerikaner» statt «Neger» (oder gar «Nigger»). Wir können ferner versuchen, Sachverhalte grammatisch eher aus einer neutralen Beobachterperspektive statt aus einer Teilnehmerperspektive zu schildern und sie möglichst vollständig darzustellen. Dabei sollten auch andersgeartete Versionen ‹desselben› Sachverhalts erwähnt werden.

Oft ist das aber nicht oder nur schwer möglich, nämlich durch umständliche Umschreibungen. In diesen Fällen ist die Forderung nach objektivem Sachbezug nicht mehr einfach erfüllbar. Der Bezug auf ‹die› Wirklichkeit ist eben oft gruppenspezifisch geprägt. Sachlichkeit kann in solchen Fällen nicht bedeuten, einfach auf der eigenen Sicht der Realität zu beharren. Dies führt nur zu Bezeichnungskämpfen und zum Aneinandervorbeireden in der Diskussion. Besser ist daher in solchen Fällen, statt Objektivität **Überparteilichkeit** anzustreben. So können wir den Versuch machen, eine gemeinsame Arbeitsdefinition für strittige Gegenstände und Sachverhalte zu finden, die für alle Gesprächsteilnehmer akzeptabel und damit nach Ansicht aller Beteiligten «der Sache angemessen» ist. In einer Diskussion über religiösen Fundamentalismus könnte man sich darauf einigen, alle angesprochenen religiösen Gruppierungen einfach als «religiöse Gemeinschaften» oder «religiöse Traditionen» zu definieren und tunlichst nicht die Etikettierungen «Sekte», «Rechtgläubige», «Ungläubige», «Ketzer» oder gar «Heiden» zu gebrauchen.

In extremen Fällen, wo auch eine solche Arbeitsdefinition nicht gefunden werden kann, sollte zumindest der Versuch gemacht werden, allen Beteiligten ihren Sprachgebrauch vorerst zu belassen. Dabei sollten wir einander zugestehen, daß die Sachlichkeit der entsprechend formulierten Argumente fraglich ist, da eben keine gemeinsame Bezeichnung gefunden werden konnte. Unter dieser Bedingung ist aber zumindest die vorläufige Fortsetzung der Diskussion möglich.

Auch der jeweilige Gesprächsanlaß ist nicht ohne Bedeutung für die Beurteilung der Sachlichkeit von Formulierungen. Was es heißt, «zur Sache» zu reden, ist in unterschiedlichen Institutionen und Zusammenhängen mit unterschiedlicher Strenge und Präzision geregelt, zum Beispiel in privaten Diskussionen im Freundeskreis, in Argumentationen vor Gericht, in Parlamentsdebatten. Entsprechend ist auch die Verwendung wertender Formulierungen oder das Einbringen von Emotionen unterschiedlich zu beurteilen. In privaten, zwanglosen Debatten ist eine gewisse Emotionalität nicht unbedingt als Unsachlichkeit einzustufen und der Gebrauch emotional-wertender Formulierungen nicht immer zu verurteilen. Sterile Sachlichkeit und der krampfhafte Versuch, wertende Ausdrücke zu vermeiden, können sogar auf Kosten der Lebendigkeit der Diskussion gehen und damit einen Interessenausgleich behindern. In diesem weiteren Sinn kann es auch rational sein und damit «zur Sache» gehören, Gesprächspartnern positive oder negative Rückmeldungen über ihr Gesprächsverhalten zu geben. Dazu gehört auch, in Bereichen, wo einem bestimmte positive oder negative Wertungen unvermeidlich erscheinen, dies auch durch entsprechende Formulierungen deutlich anzuzeigen, um ein gutes Gesprächsklima zu verstärken bzw. ein negatives nicht weiter eskalieren zu lassen.

Als Ergebnis dieser Erörterung von Schwierigkeiten beim Versuch, sachlich zu formulieren, halte ich fest: Auch Normen der Sachlichkeit müssen auf die übrigen Faktoren der Angemessenheit Rücksicht nehmen. Neben einem optimalen Bezug auf das Gesprächsthema (durch eine möglichst überparteiliche Benennung der ‹Sache› selbst) muß auch auf die Gesprächsteilnehmer (durch den Versuch, möglichst eine gemeinsame Sprache zu finden) sowie auf den Gesprächsanlaß (zum Beispiel durch mehr oder weniger emotionales Sprechen bei öffentlichen oder privaten, formellen oder informellen Diskussionen) Rücksicht genommen werden.

Stark vereinfacht lassen sich vier Hauptregeln der Sachlichkeit formulieren:

- Formuliere so, daß die Äußerungen möglichst direkt dazu beitragen, die strittige These zu stützen oder zu widerlegen!
- Werde nicht auf unfaire Weise persönlich!
- Versuche, soweit als möglich neutrale oder überparteiliche Ausdrucksweisen zu verwenden!
- Gebrauche emotionale und wertende Ausdrucksweisen nur dann, wenn sie unvermeidlich sind oder gerade im Sinne einer sachlichen Diskussion angemessen sind, da sie das Gesprächsklima verbessern!

Wirksamkeit

Auch für Formulierungen, die wirksam, das heißt überzeugend sein sollen, gilt, daß sie angemessen in bezug auf Gesprächs- thema, Gesprächsteilnehmer und Gesprächsanlaß sein müssen. Wirksamkeit im Hinblick auf die Gesprächsteilnehmer kann je- doch nicht das einzige Ziel angemessener und rational vertretbarer Formulierungen sein (vgl. oben zu Verständlichkeit und Sachlich- keit).

Für die Sammlung und Systematik von Techniken der Formu- lierung hat wie auf vielen anderen Gebieten die antike Rhetorik wertvolle Vorarbeit geleistet. Strategien der Wirksamkeit sind im Rahmen der klassischen Rhetorik als **Stilfiguren** bzw. **Stilmittel** beschrieben worden.

Dabei müssen wir je nach Wichtigkeit einzelner Faktoren der Angemessenheit (Thema, Diskutierende, Anlaß des Gesprächs) über die Auswahl und Verwendung von Stilmitteln entscheiden. Aber auch bei ausschließlicher Berücksichtigung der Wirksamkeit ist es kaum möglich, einfache Rezepte für die Effizienz der emp- fohlenen Ausdrucksmittel zu geben, da meist mehrere stilistische Möglichkeiten bestehen, die ungefähr gleichwertig sind. Eine gute rhetorische Technik läßt sich daher durch das souveräne Verfügen über die **Gesamtheit der möglichen Stilmittel** definieren. Frag- würdig ist dagegen eine strikt beschränkte Auswahl bestimmter Figuren oder eine unter Umständen einseitige Bewertung und zu häufige Verwendung einzelner Ausdrucksweisen. Im allgemeinen läßt sich ein ausgewogener Mittelweg empfehlen, in diesem Fall zwischen einem Mindestmaß an Stilfiguren (trocken-sachlicher Stil) und einem Übermaß an Figuren (üppig-manierierter, gekün- stelter Stil).

Im folgenden beschreibe ich eine Auswahl von solchen Formu- lierungstechniken, die für mündliche Diskussionen von besonde- rer Wichtigkeit sind.

Allgemein lassen sich die Stilfiguren als sprachliche **Operatio- nen** charakterisieren, mit denen in einem Text etwas hinzugefügt

(Wiederholungsfiguren), weggelassen (Auslassungsfiguren), ersetzt (Austauschfiguren) oder umgestellt (Umstellungsfiguren) wird. Dabei ist immer das Ziel, die Wirksamkeit zu erhöhen, indem der Text eindringlicher (Wiederholungen), prägnant-informativer (Auslassungen), witziger und lebendig-anschaulicher (Ersetzungen) und einprägsamer bzw. spannender (Umstellungen) gemacht wird. Nach den sprachlichen Mitteln, die dabei eingesetzt werden, teile ich die Stilfiguren weiter in Lautfiguren, Wort- und Satzfiguren sowie Textfiguren ein. Dabei sind jeweils lautlich-formale und inhaltlich-sinnbezogene Effekte der Figuren zu unterscheiden. Im folgenden Schema sind diese Einteilungsprinzipien zusammengefaßt:

STILFIGUREN	Wiederholung	Auslassung	Ersetzung	Umstellung
Lautfiguren				
Wortfiguren				
Satzfiguren				
Textfiguren				

Grundsätzlich ist für die Wirksamkeit immer das **Zusammenspiel** aller Stilmittel auf den verschiedenen Ebenen der Sprache entscheidend. Durch den kombinierten Einsatz von stilistischen Techniken können wir Einseitigkeiten vermeiden, die die Wirksamkeit herabsetzen. Viele stilistische Techniken sind ja komplementär zueinander. Andererseits dienen manche Techniken mehreren Zwecken zugleich. Dies zeigen die folgenden Stilregeln, die die Wirkung der verschiedenen Figuren kurz zusammenfassen, wobei ich jeweils ein paar Figuren nenne, die einschlägig verwendbar sind:

- *Formuliere intensiv und eindringlich!*
  (Wiederholungsfiguren: Alliteration, Anapher, Parallelismus;
  Ersetzungsfiguren: rhetorische Frage; Umstellungsfiguren:
  Hyperbaton, Chiasmus)
- *Formuliere knapp und informativ!*
  (Auslassungsfiguren: Ellipse, Brachylogie, Aposiopese)
- *Formuliere lebendig und anschaulich!*
  (Ersetzungsfiguren: Metapher, Metonymie, Hyperbel, descriptio)
- *Formuliere witzig und geistreich!*
  (Ersetzungsfiguren: Paronomasie, Ironie, Litotes, Paradoxon)
- *Formuliere einprägsam und anregend!*
  (Wiederholungsfiguren: Parallelismus, Antithese; Umstellungsfiguren: Hyperbaton, Chiasmus; Hinzufügungs- bzw.
  Wiederholungsfiguren: praemunitio, praeteritio)

In der folgenden Übersicht werden die verschiedenen Stilmittel
der leichteren Überschaubarkeit wegen getrennt nach den sprachlichen Ebenen (Laut, Wort, Satz, Text / Dialog) aufgereiht. Dementsprechend beginne ich mit den Lautfiguren.

Lautfiguren

Lautfiguren umfassen stilistische Effekte von Einzellauten, Lautverbindungen in Sprechsilben sowie den wirksamen Einsatz von
Sprechrhythmus und Sprechmelodie (Intonation).

Was die Hinzufügung von Lauten betrifft, so ist schon im Dienste der Klarheit und Verständlichkeit zu fordern, daß wir Laute
und Silben, die wir im alltäglichen Sprechen im Dialekt oder in der
Umgangssprache verschlucken, in öffentlichen Diskussionen
deutlich aussprechen. Dies betrifft besonders die Endsilben («Augen» statt «Augn», «nehmen» statt «nehmn», «Tropfen» statt
«Tropfn», «wir haben» statt «wir ham», «ich frage» statt «ich
frag»), aber auch Weglassungen von Anfangsvokalen wie in «'s ist

gut», «Ich hab's bekommen», «Ich kann's verstehen» oder «Ich will 'ne Erklärung» statt «Es ist gut», «Ich habe es bekommen/kann es verstehen/will eine Erklärung». Allerdings ist zu vermeiden, daß auf diese Weise ein allzu «hochgestochener» Sprechstil entsteht, insbesondere in privaten Diskussionen. Nicht nötig ist beispielsweise die Hinzufügung von «e» im Dativ. In der gesprochenen Sprache ist die Form «dem Walde» (statt «dem Wald») auch nach hochsprachlichen Normen der deutschen Gegenwartssprache nicht mehr erforderlich. Auch bei den meisten Verben in der Befehlsform braucht kein «e» angefügt zu werden: «Sag!», «Komm!», «Sprich!» sind auch in der Standardsprache korrekt (Ausnahmen: Verben auf «-d/-t», zum Beispiel «Binde die Schnur»/«Achte auf ihn!»). Manchmal ist es auch angebracht, je nach Thema und emotionaler Beteiligung der Gesprächspartner öfter zwischen korrekteren und salopperen Aussprachenormen zu wechseln.

Wenn man Ausdrücke so wählt, daß am Anfang oder am Ende von Wörtern dieselben Laute aufscheinen, entstehen Lautwiederholungen. Es handelt sich also um die «Hinzufügung» von Lauten im weiteren Sinn, in der klassischen Rhetorik als **Alliteration** bzw. **Assonanz** und **Homoioteleuton** bezeichnet. Bei der Alliteration werden dieselben Konsonanten, bei der Assonanz dieselben Vokale am Anfang mehrerer aufeinanderfolgender Wörter wiederholt. Beim Homoioteleuton werden dieselben Laute oder Silben am Schluß aufeinanderfolgender Wörter wiederholt. Diese Technik entspricht somit dem Endreim bei Gedichten.

Diese Stilmittel werden zur Intensivierung des inhaltlich Gesagten besonders häufig in der Werbung und politischen Propaganda eingesetzt: «Pack den Tiger in den Tank», «Teekanne für Teekenner», «Veni, vidi, Visa», «Langläufer leben länger», «Mars macht mobil, bei Arbeit, Sport und Spiel», «Medima für jedes Klima», «Stopp den Autowahn, nimm die Bahn». Sie sind aber auch in fixen Wendungen der Alltagssprache verbreitet: «mit Mann und Maus untergehen», «mit Kind und Kegel kommen», «Roß und Reiter nennen», «heuern und feuern», «die Qual der Wahl haben» usw. Schließlich kommen auch in Sprichwörtern Lautwiederholungen nicht selten vor: «Aller Anfang ist schwer», «Ohne Fleiß kein Preis», «Jedem Tierchen sein Pläsierchen» usw.

Als bewußt eingesetztes Stilmittel in mündlichen Diskussionen sollten wir solche Figuren eher sparsam einsetzen, schon um nicht ungewollte Anklänge an Werbesprüche oder Kinderreime zu erzeugen. Sie können bei maßvollem Gebrauch aber inhaltliche Höhepunkte von Argumenten durch die lautlichen Wiederholungen eindringlicher gestalten:

A: Warum wehrt ihr Tiroler euch eigentlich so vehement gegen den freien Warenverkehr im Rahmen der EU-Mitgliedschaft Österreichs, die euch doch auch viele Vorteile bringt?

B: Ganz einfach: der Transit tötet Tirol! Die Wälder, Menschen und Tiere in den Transittälern ertragen keine weitere Zunahme des Transitverkehrs mit den längst bekannten verheerenden Folgen für Gesundheit und Lebensqualität!

Die gehäufte Weglassung von Lauten und Silben ist für formelle, öffentliche Diskussionen kaum zu empfehlen und nur dann zulässig, wenn in privaten Alltagsgesprächen innerhalb der Familie ein salopper Sprechstil und die Verwendung von Dialekt als angemessen zu bezeichnen ist. Hier würden hochsprachliche Lautformen gekünstelt wirken. In formellen Gesprächen ist gelegentliches saloppes Sprechen nur dann wirkungsvoll, wenn es emotionale Höhepunkte in der Diskussion markiert oder gefühlsmäßige Betroffenheit zum Ausdruck bringt.

Die Ersetzung von Lauten steht bei einer Stilfigur im Vordergrund, die durch Wortspiele die Wirksamkeit erhöht. Diese Figur wurde in der Antike als **Paronomasie** bezeichnet. Bei dieser Technik wird sehr häufig auf bekannte Zitate, Sprichwörter und Redewendungen angespielt, indem ein Laut oder eine Silbe ausgetauscht wird und durch diese minimale lautliche Ersetzung ein maximaler inhaltlicher Kontrast entsteht. Dieser Kontrast hat oft einen komisch-satirischen Effekt, in jedem Fall wird die Aufmerksamkeit der Zuhörenden geweckt und damit die Wirksamkeit der vorgebrachten Argumente erhöht. Der Bezug auf altbekannte

Wendungen und Sprichwörter garantiert, daß die Lautersetzung im Wortspiel nicht unbemerkt untergeht. Die Ersetzung selbst gibt der Ausdrucksweise eine überraschende Wendung und erhöht die Lebendigkeit des Sprechens.

Auch solche Wortspiele werden häufig in der Werbung eingesetzt, wie in folgenden Slogans: «Es ist nicht alles Golf [Gold], was glänzt», «Veni, vidi, Visa» [vici] (Cäsars Ausspruch «Ich kam, sah und siegte»: «Veni, vidi, vici»); «Ein Joghurt wie aus alpen [alten] Zeiten», «O du mein Oetkerreich» [Österreich]. Diese Technik begegnet uns auch in Filmtiteln wie «Man lebt nur zweimal», «Mit Schirm, Charme und Melone» und in Zeitungstexten: «Was lange gärt, wird endlich Wut» (aus einem Artikel, in dem der Autor die mangelhafte Umweltpolitik kritisiert und dabei auf das Sprichwort «Was lange währt, wird endlich gut» anspielt). Auch Politslogans benützen Wortspiele: «Lieber Rotwein als Totsein» als Motto der Friedensbewegung zur Zeit des Kalten Krieges versucht das Dilemma des ebenfalls pazifistischen Slogans «Lieber Rotsein als Totsein» witzig aufzulösen. Gemeint ist, daß bei der Wahl zwischen zwei Übeln lieber Unterwerfung unter ein totalitäres kommunistisches Regime («Rotsein») als Tod im Krieg zu wählen sei.

Die Schwierigkeit, wirksame Paronomasien zu finden, besteht bei mündlichen Äußerungen darin, spontan ein geeignetes Wortspiel zu entdecken, das auf eine allgemein bekannte Wendung Bezug nimmt. Es ist jedoch auch möglich, auf unmittelbar vorher geäußerte Gesprächsbeiträge anzuspielen oder sogar eigene Äußerungen spielerisch, auch satirisch-kritisch, aufzugreifen:

A (8 Jahre): Bitte, Papa, spiel mit mir, du hast es mir versprochen!

B (Vater, beim Geschirrspülen): Das würd ich ja sehr gern tun, aber leider kann ich erst mit dir spielen, wenn ich mit dem Spülen fertig bin!

A: Sie werden doch wohl jedem Menschen den Traum vom Eigenheim in der Natur gönnen!

B: Der Traum vom Häuschen in der Natur ist doch schon längst zum Alptraum vom Nachbarn in der Natur geworden!

A: Warum stehst du eigentlich Lebensversicherungen so negativ gegenüber? Das ist doch eine praktikable Geldanlage und zugleich
eine Versicherung für den Ernstfall!
B: Die Lebensversicherungen sind mir schon deswegen zuwider,
weil sie in ihrem zwecklosen Bemühen, unser **Leben** sicher zu machen, gezwungen sind, **tod**sichere Geschäfte zu tätigen.

Auch in literarischen Dialogen werden Paronomasien witzig-spie-
lerisch eingesetzt wie in der folgenden Passage aus Johann
Nestroys Posse «Der Talisman», wo Nestroy den bettelarmen
Halunken Titus Feuerfuchs sich bei der Gräfin von Cypressenburg im Beisein ihrer erwachsenen Tochter Emma einschmeicheln
läßt, indem er die Mutterschaft der Gräfin bezweifelt und dabei
zuletzt eine bombastisch-unpassende Paronomasie verwendet
(2. Akt, 21. Auftritt):

TITUS: So eine junge Dame, und diese große Tochter? Nein, das
machen Sie wem andern weis; das ist eine weitschichtige Schwester, oder sonst himmelweit entfernte Verwandte des Hauses.
Wenn ich Euer Gnaden schon eine Tochter zutrauen soll, so kann
sie höchstens – das is aber schon das Höchste – so groß sein – *zeigt
die Größe eines neugeborenen Kindes.*
FRAU VON CYPRESSENBURG: Es ist so, wie ich gesagt; man hat
sich **konserviert.**
TITUS: Oh, ich weiß, was **Konservierung** macht; aber so weit geht
das **Konservatorium** nicht.

Soviel zur Ersetzung von Lauten; die Umstellung von Lauten innerhalb von Wörtern und Sätzen ist für alltagssprachliche Diskussionen kaum von Bedeutung und eher dichterischen Sprachspielen
vorbehalten.

Dagegen ist der wirksame Einsatz von **Rhythmus** und **Sprechmelodie** auch in der Alltagssprache von großer Wichtigkeit. Für
die Argumentation besonders wichtige Wörter können dadurch
hervorgehoben werden, daß auf deren Silben emphatische Akzente gesetzt werden und so der Inhalt der Argumente eindring-

licher präsentiert wird. Dies ist jedoch nur für argumentative Höhepunkte zu empfehlen, da bei häufiger Wiederholung dieser Technik ein allzu pathetischer Stakkato-Stil entsteht (Akzente werden im folgenden Beispiel durch Großbuchstaben und Fettdruck angezeigt):

A: Ich bin der Meinung, man hätte Saddam Hussein statt durch den Golfkrieg mit seinen für die Menschen am Golf katastrophalen Folgen besser durch die UNO-Sanktionen zur Vernunft bringen sollen!

B: Das hätte doch n**IE** dieselbe Wirkung gehabt und außerdem, denk an Saddams Atomtechniker, die waren g**A**nz k**U**rz vor der f**E**rtigen At**O**mbombe! Da kann man doch nicht z**U**sehen!

Außerdem können größere Sinneinheiten (Wortgruppen, Sätze) durch Wiederholung gleicher Tonkurven sowie durch kurze Pausen zwischen den Sinneinheiten eindringlich hervorgehoben werden. Auch hier muß man jedoch für Abwechslung sorgen, indem ab und zu die fallenden Tonkurven von Aussagesätzen durch steigende Tonkurven von indirekten (rhetorischen) Fragen ersetzt werden (vgl. noch einmal Bs Argumente im obigen Beispiel; Tonkurvengrenzen werden durch «//» angezeigt, Pausen durch «+»):

B: Das hätte doch n**IE** dieselbe Wirkung gehabt // + und A**U**ßerdem // + denk an Saddams Atomtechniker // + die waren g**A**nz k**U**rz vor der f**E**rtigen At**O**mbombe! // Hätte man da z**U**sehen sollen? //

Die Wiederholung von Tonkurven kann auch mit grammatikalischen Mitteln der Wiederholung effektvoll kombiniert werden, zum Beispiel durch Wortwiederholung und parallele Konstruktion von aufeinanderfolgenden Sätzen. Zu letzteren Techniken vgl. den folgenden Abschnitt.

Wort- und Satzfiguren

Wortfiguren und Satzfiguren lassen sich oft nur unscharf abgrenzen, da Wiederholungen, Weglassungen, Ersetzungen und Umstellungen oft sprachliche Einheiten betreffen, deren Umfang zwischen Wort und Satz liegt: Wortgruppen, Phrasen, Teilsätze. Daher stelle ich Wort- und Satzfiguren gemeinsam dar.

Wiederholungsfiguren

Wortwiederholungen stehen wie Lautwiederholungen im Dienst der Intensivierung des Gesagten. Sie können in Diskussionen in vielfältiger Weise eingesetzt werden (in der antiken Rhetorik wurden entsprechende Figuren als **Gemination, Anadiplose, Anapher, Epipher** bezeichnet). So können wir zur Steigerung der Eindringlichkeit unmittelbare Wiederholungen benützen, die wirkungsvoll Empörung zum Ausdruck bringen (Gemination):

A: <u>Gerechtigkeit, Gerechtigkeit</u>, das ist so lange nur ein leeres Wort für viele arme Bauern in Brasilien, bis sie endlich nicht mehr von den Killern der Großgrundbesitzer bedroht sind!

Es können aber auch Bestandteile der vorangegangenen Äußerungen, die zum Ausgangspunkt von Gegenargumenten genommen werden sollen, in geringschätzigem Tonfall wiederholt werden:

A: Es ist kein Wunder, wenn wir uns im Urlaub langweilen, wenn du jedesmal ein so einfallsloses Programm zusammenstellst.
B: <u>Einfallslos, einfallslos</u>! Wenn es dir nicht paßt, warum läßt du dir nicht selbst etwas Besseres einfallen??

Möglich ist auch, ein Wort, das am Ende eines (Teil-)Satzes steht, am Anfang des folgenden Satzes zu wiederholen, um so eine deutliche formale Verklammerung der beiden Sätze zu erreichen. Eine solche Wiederholung (Anadiplose) steht dann auch im Dienste der Klarheit und Einprägsamkeit:

A. Was wir in unserer Beziehung wieder aufbauen müssen, ist gegenseitiges Vertrauen. Vertrauen kann dann die Grundlage für eine wirklich gute und stabile Freundschaft werden.

Wirksam ist ferner die mehrfache Wiederholung desselben Worts oder derselben Wortgruppe am Beginn von aufeinanderfolgenden Sätzen (Anapher):

A: Ich bin ja auch für Evaluation, aber im Grunde genommen ist das doch ein reichlich verschwommenes Schlagwort.
B: Keineswegs! Evaluation heißt, daß die Leistungen aller Angehörigen einer Arbeitsgruppe in gleicher Weise geprüft werden, Evaluation schafft damit Transparenz hinsichtlich der Erfüllung der Arbeitspflichten, Evaluation erzeugt schließlich Motivation bei denjenigen, die leistungsbezogen entlohnt werden wollen.

Diese Technik wird oft auch in politischen Reden wirkungsvoll eingesetzt, wie im folgenden Ausschnitt aus der mittlerweile historischen Rede von Richard von Weizsäcker, die er 1985 als Präsident der Bundesrepublik zum 40. Jahrestag des Endes des Zweiten Weltkriegs gehalten hat:

Lassen Sie sich nicht hineintreiben in Feindschaft und Haß gegen andere Menschen, gegen Russen oder Amerikaner, gegen Juden oder Türken, gegen Alternative oder Konservative, gegen Schwarz oder Weiß.

Die Wiederholung kann schließlich auch am Schluß von Teil(-Sätz)en eingesetzt werden (Epipher):

A: Ich finde dein ständiges Herumreiten auf meiner Unordentlichkeit spießig und pedantisch! Ein wenig Schlamperei hat noch nie geschadet und ist außerdem menschlich.
B: Menschlich ist alles mögliche, damit kannst du viel entschuldigen! Eitelkeit ist menschlich, Faulheit ist menschlich, Bestechlichkeit ist menschlich, sogar Betrug und Diebstahl sind menschlich!

217

Für alle bisherigen Beispiele gilt, daß Wiederholungsfiguren nur dann als rational vertretbare Stiltechniken akzeptabel sind, wenn die mit ihrer Hilfe eindringlicher gemachten Äußerungen inhaltlich ehrlich gemeint sind. Die intensiv zum Ausdruck gebrachten Emotionen dürfen nicht vorgetäuscht sein. Sie müssen auch im jeweiligen Gesprächszusammenhang vertretbar sein, das heißt, sie dürfen nicht angesichts des Themas maßlos übertrieben sein.

Wiederholungen von Wörtern können mit Wiederholungen von Satzkonstruktionen kombiniert werden (der antiken Stilfigur des **Parallelismus** oder **Isokolon**). Im letzten Beispiel baut B seine Sätze jeweils nach der Formel «Subjekt – Hilfsverb – Prädikatsadjektiv»: «Eitelkeit ist menschlich, Faulheit ist menschlich» etc. Durch die Verwendung gleichartiger Satzstrukturen wird die Eindringlichkeit, die durch die Wortwiederholung erreicht wird, noch zusätzlich gesteigert. Außerdem erhöht der gleichförmige Satzaufbau die Klarheit und Verständlichkeit der vorgebrachten Argumente. Parallelismen im Satzaufbau sind jedoch auch ohne Wortwiederholungen wirksam, insbesondere wenn bei gleicher Satzstruktur starke inhaltliche Kontraste gesetzt werden (die Figur der **Antithese**). Ein klassisches historisches Beispiel bildet der Titel von Georg Büchners revolutionärem Aufruf im «Hessischen Landboten» 1834:

Friede den Hütten! Krieg den Palästen!

Diese Überschrift enthält zwei Kurzsätze mit paralleler Struktur: Substantiv im 1. Fall – Artikel im Dativ – Substantiv im Plural, bei zugleich schärfstem inhaltlichem Gegensatz.

Im folgenden dialogischen Beispiel wird eine Reihe von Sätzen nach derselben Strukturformel «Subjekt – Prädikat – Objekt» gebildet, beim letzten Satz findet jedoch ein Inhaltssprung ins Gegenteil statt:

A: Was hast du eigentlich gegen Paul? Schließlich hat er uns allen, auch dir, wertvolle Dienste geleistet.

B: Sicher, er hat unser Institut korrekt geleitet, er hat neue Metho-

den mit Sachkenntnis eingeführt, er hat entsprechende Geräte früher als andere angeschafft – und er hat unsere Nerven unzählige Male mit seiner Kompliziertheit überstrapaziert!!

Im letzten Beispiel verwendet B zusätzlich zur parallelen Satzstruktur als emphatisches Ausdrucksmittel zunehmend längere Sätze, deren längster der letzte, zudem ironisch gemeinte ist. Der letzte Satz enthält nämlich eine starke inhaltliche Antithese zu den positiv wertenden vorherigen Sätzen. Diese Kombination formaler und inhaltlicher «Steigerung» wurde in der antiken Rhetorik als **Klimax** bezeichnet. Wichtig ist für eine gelungene Klimax, daß eine kontinuierliche Steigerung erfolgt, wie etwa im folgenden klassischen Beispiel aus Büchners Drama «Dantons Tod» (3. Akt, 4. Szene). Danton verteidigt sich vor dem Revolutionstribunal, das ihn der hochverräterischen Verschwörung bezichtigt:

Danton: [...] Ich habe auf dem Marsfelde dem Königtume den Krieg erklärt, ich habe es am 10. August geschlagen, ich habe es am 21. Januar getötet und den Königen einen Königskopf als Fehdehandschuh hingeworfen.

Eine mißlungene Klimax weist Brüche in der Steigerung auf oder erreicht den formalen oder inhaltlichen Superlativ der Steigerung zu früh. Eine köstliche Parodie einer verunglückten Klimax liefert Kurt Tucholsky im folgenden Ausschnitt aus seinem fingierten Schüleraufsatz zum Thema «Goethe und Hitler», in dem ein stramm nationalsozialistischer Schüler zu beweisen sucht, daß Hitler weit bedeutender ist als Goethe:

Goethe hat niemals sein Leben aufs Spiel gesetzt; Hitler aber hat dasselbe auf dasselbe gesetzt. Goethe war ein großer Deutscher. Zeppelin war der größte Deutsche. Hitler ist überhaupt der allergrößte Deutsche.

Die verfrühte und inhaltlich diskontinuierliche superlativische Bezeichnung von Zeppelin als «der größte Deutsche» zwingt den Schüler zu sprachlichen Verrenkungen, um nach dem Superlativ für Hitler noch eine weitere Steigerung zu erzielen.

Eine inhaltliche Steigerung liegt auch vor, wenn Ausdrücke mit weitgehend gleicher Bedeutung (Synonyme) gehäuft vorkommen (**Hendiadyoin, Synonymenhäufung**). Eine inhaltliche Wiederholung wird auch benützt, wenn Gegenstände sich selbst gleichgesetzt werden oder ihnen Eigenschaften zugeschrieben werden, die sich bereits aus der Bedeutung des Ausdrucks ergeben, mit dem sie benannt sind (**Pleonasmus, Tautologie**):

A: Die Gleichgültigkeit, Teilnahmslosigkeit, Abgestumpftheit der großen Konzerne gegen das von ihnen mitverursachte Leid in der Dritten Welt finde ich zum Kotzen!

B: Sie sollten bedenken, daß Wirtschaftsunternehmen nun einmal gewinnorientiert arbeiten müssen: Moral ist Moral, Geschäft ist Geschäft!

Während A durch die Häufung inhaltlich ähnlicher Ausdrücke die Intensität der Anklage steigern will, versucht B durch die scheinbar inhaltsleeren (tautologischen) Sätze «Moral ist Moral» und «Geschäft ist Geschäft» die selbstverständliche Evidenz seiner Argumente zu betonen. Es ist nach B eben eine triviale Wahrheit, daß ethische und ökonomische Überlegungen nicht miteinander zu versöhnen sind. Solche «rhetorischen Tautologien» sind nicht mit dem Trugschluß der «petitio principii» (Zirkelschluß) zu verwechseln (vgl. Kapitel 1, S. 51 f.). Das heißt allerdings nicht, daß sie nicht-tautologische Sachargumente ersetzen könnten: Sie sind bekräftigende Formeln, aber noch keine eigentlichen Argumente! Ebensowenig ist in einer kritischen Diskussion akzeptabel, daß das Argument in gleicher Form mehrmals wiederholt wird, obwohl vom Diskussionspartner Gegenargumente vorgebracht werden. Daß diese Technik des sturen Einhämmerns mit dem immer gleichen Argument gelegentlich Erfolge zeigt, macht sie deswegen noch nicht vernünftig. Im folgenden Dialog wird diese Wiederholungsstrategie witzig persifliert (aus: P. O. Chotjewitz: Die Insel; zit. nach: W. Klein: Vorwort zum Themenheft «Argumentation». Zeitschrift für Literaturwissenschaft und Linguistik 38/39, 1980; Hervorhebungen von M. K.):

> **Die Opas sind an allem schuld**, sagte Nagel zu Rottenkopf.
> Rottenkopf antwortete: Wenn die Jungen nicht immer alles besser wissen und machen, bleibt alles beim alten.
> **Die Opas sind an allem schuld**, antwortete Nagel Rottenkopf.
> Rottenkopf antwortete: Wenn es die Alten nicht gäbe, gäbe es auch keine Jungen, oder sie wären gleich in den Windeln verkommen.
> **Die Opas sind an allem schuld**, antwortete Nagel Rottenkopf.
> Rottenkopf antwortete: Die Alten sind auch einmal jung gewesen, und eines Tages wirst auch du ins Opa-Alter kommen. Du kannst doch die Alten nicht einfach abschaffen, und Du kannst ihnen auch nicht verbieten, ihren Blödsinn zu machen.
> **Die Opas sind an allem schuld**, antwortete Nagel Rottenkopf.
> Also gut, antwortete Rottenkopf, du hast mich wieder einmal überzeugt. Die Opas sind an allem schuld.
> Nagel antwortete: Man muß eben reden können.

In realen Dialogen gilt jedoch wie für alle Stilmittel auch für die Wiederholungsfiguren auf Wort- und Satzebene, daß ihr zu häufiger Einsatz die Wirksamkeit der Formulierung nicht mehr weiter steigert oder sogar vermindert (es wird «hohles Pathos» erzeugt). Dies sollten wir nicht nur durch ihren sparsamen und zweckmäßigen Einsatz vermeiden, sondern auch durch die zusätzliche Verwendung von Figuren, die zu den Wiederholungsfiguren in einem klaren Gegensatz stehen und so einen Ausgleich schaffen: den Auslassungsfiguren auf Wort- und Satzebene.

Auslassungsfiguren

Diese Figuren (in der antiken Rhetorik als **Ellipse, Syllepse, Zeugma, Brachylogie** bezeichnet) dienen dazu, durch sparsamen und ökonomischen Stil Merkmale sachlichen Argumentierens wirksam umzusetzen, wie Nüchternheit, Konzentration aufs Wesentliche und Verzicht auf überflüssige Schnörkel oder inhaltsarme Wendungen. Gleichzeitig regen wir durch die Sparsamkeit des Ausdrucks die Aufmerksamkeit der Gesprächspartner an, die sich so mehr als sonst auf den Sinn der knappen Ausdrucksweisen konzentrieren.

Mit der Auslassung von einzelnen Wörtern oder Wortgruppen eines Satzes (Ellipse) kann auch Empörung über einen Vorwurf ausgedrückt werden. Die Kürze signalisiert dann, daß es nicht nötig ist, mehr Worte zur Zurückweisung des Angriffs zu machen. Im folgenden Beispiel ergänze ich die jeweils durch Ellipse eliminierten Teile des Gesprächsbeitrags in Klammern:

A: Du versuchst dich immer als rebellischen Menschen zu verkaufen, dabei bist du doch letzten Endes genauso angepaßt wie alle Normalbürger!

B: Ich (soll) angepaßt (sein)?! Das ist doch die Höhe! Dazu (möchte ich) nur folgende Fakten (anführen): Schon vor Jahren (erfolgte mein) Austritt aus Partei und Kirche, (dazu kommt meine) regelmäßige Teilnahme an Demonstrationen, (ich bin) daher seit vielen Jahren bei der Staatspolizei registriert. (Daraus ergibt sich folgende) Frage: Verhält sich so ein Spießer??

Auch alltagssprachliche Formeln und Sprichwörter sind oft elliptisch formuliert: «(Wenn das) **Ende gut** (ist), (ist) **alles gut**»; «**Träume** (sind) **Schäume**»; «**Ein Mann** (äußert nicht mehr als) **ein Wort**». Außerdem sind elliptische Formulierungen vielfach nicht nur ökonomischer, sondern auch üblicher und geläufiger als entsprechende ausführlichere Gesprächsbeiträge. Trotzdem gilt auch für die Weglassungsfiguren, daß übertriebener Gebrauch mehr schadet als nützt. Es kann nämlich ein allzu knapper, oft auch schwer verständlicher Stil entstehen. Dies gilt insbesondere für grammatisch ‹komplizierte› Formen der Auslassung, die höchstens als gelegentlicher sprachspielerischer Einschub verwendet werden sollten. So wird beim **Zeugma** ein Wort – im folgenden Beispiel «führen» – ausgelassen bzw. nur einmal genannt, das zu zwei Satzteilen – im folgenden Beispiel: «zum Erfolg/hinters Licht») inhaltliche Beziehungen aufweist, aber nicht zu beiden in gleicher Weise paßt:

A: Warum wirfst du mir vor, ich würde mich unmoralisch verhalten?
B: Ganz einfach: Ich will dich **zum Erfolg** und du mich **hinters Licht** führen!

Ebenfalls nur gelegentlich kann eine weitere Auslassungsfigur eingesetzt werden, die höchste emotionale Erregung des Sprechers ausdrücken kann: das plötzliche Verstummen mitten im Satz (**Aposiopese**). Was in ungeplanter Rede einfach Verlust der rationalen Kontrolle bedeutet, kann strategisch genützt werden. Wir können mit dem Verstummen signalisieren, daß bestimmte Sachverhalte zu empörend sind, um sie zu verbalisieren oder argumentativ zu kritisieren. Es «verschlägt uns die Rede», uns «fehlen die Worte»:

A: Das ist doch…!

A: Das soll doch wohl nicht heißen…?!

Verstummen kann auch eingesetzt werden, um die Verwendung von zu starken Ausdrücken zu vermeiden:

A: Diese Drogenbosse gehören doch alle…!

Natürlich muß nach einem solchen «vielsagenden Verstummen» im weiteren Verlauf in einer rationalen Diskussion doch der Begründungspflicht nachgekommen werden ebenso wie bei einer ähnlichen Technik, dem affektgeladenen elliptischen Ausruf (**Exclamatio**):

A: Ach, diese Politiker!

A: Du mit deiner ewigen Rechthaberei!

Obwohl der Ausdruck von Emotionen, wie oben schon mehrfach festgestellt wurde, durchaus positiv und belebend auf das Gesprächsklima wirken kann, müssen wir stets beachten, daß auch die Sachebene nicht zu kurz kommt und negativ besetzte Emotionen (Ärger, Wut, Haß) allenfalls wohldosiert ins Gespräch eingebracht werden. Nur so können solche Formulierungstechniken dem vernünftigen Ziel der Angemessenheit des Ausdrucks dienen.

Umstellungsfiguren

Eine weitere Gruppe von Wort- und Satzfiguren bezieht ihre Wirksamkeit durch die Nutzung von Effekten der Wortstellung. Dabei werden oft unter Abweichung von der neutralen oder unauffälligsten Reihenfolge besonders wichtige Wörter an den Beginn oder den Schluß des Satzes umgestellt und dabei noch besonders durch Betonung hervorgehoben (**Hyperbaton**). Es werden aber auch sinnmäßig eng zusammenhängende Satzteile über Kreuz gestellt, nach dem Muster A-B-B-A. Dem entspricht die Stilfigur des **Chiasmus** der antiken Rhetorik.

In den folgenden Beispielen wird der jeweils inhaltlich wichtigste Ausdruck an den Anfang bzw. Schluß gestellt (Hyperbaton):

A: Was ich Ihnen an Argumenten bisher vorgelegt habe, müßte eigentlich längst ausreichen, um Sie zu überzeugen!
B: **Überzeugt** haben Sie mich noch lange nicht, weil Ihre Argumente eben gerade nicht zwingend sind!

A: Unsere jüngsten Streitereien müssen dir doch zu denken geben: wir sind einfach zu verschieden, um zusammenleben zu können!
B: Aber gelöst wird unser Problem nicht durch gegenseitiges Beschimpfen, sondern durch ein faires, offenes **Gespräch**!

Die Wortstellungsvarianten «Sie haben mich noch lange nicht überzeugt, weil Ihre Argumente nicht zwingend sind!» bzw. «Aber unser Problem wird nicht durch gegenseitiges Beschimpfen, sondern durch ein faires, offenes Gespräch gelöst!» wären in diesen Dialogpassagen weniger wirkungsvoll, da die inhaltlich wichtigsten Ausdrücke weniger markant positioniert sind.

Gelegentlich kann auch durch die syntaktische Abspaltung vom Restsatz («Herausstellung nach rechts») und damit stark hinausgezögerte Nennung am Schluß des Satzes einem inhaltlich entscheidenden Ausdruck zusätzliches Gewicht gegeben und Spannung erzeugt werden:

A: Was wäre denn deiner Meinung nach die Lösung des moralischen und gesellschaftlichen Problems der Abtreibung, wenn weder globales Verbot noch Fristenlösung zufriedenstellend sind?

B: Hier kommt für mich nur eines in Frage, nämlich eine wohldurchdachte, auf bestimmte extreme Notfälle beschränkte Form der **sozialen Indikation**.

Auch hier wäre die Wortstellungsvariante «Hier kommt für mich nur eine wohldurchdachte, auf bestimmte extreme Notfälle beschränkte Form der sozialen Indikation in Frage» farbloser und weniger wirksam, da der wichtigste Ausdruck seine markante Schlußposition verliert.

Überkreuzstellung (Chiasmus) und Betonung fassen im folgenden Beispiel inhaltlich Zusammengehöriges zu einem formal geordneten Ganzen zusammen, was die Bedeutungskontraste schärfer herausarbeitet:

A: Durch dein schroffes Verhalten stößt du nicht nur mich, sondern auch meine Freunde vor den Kopf! Sie kritisieren dich jedenfalls laufend.

B: Das mag schon so sein: **deine** Freunde kritisieren (A) **mich** (B), **dich** (B) kritisieren **meine** Freunde (A) aber auch recht oft!

Ein brillant formuliertes Beispiel für eine Überkreuzstellung liefert das dialogische Gedicht «In der Hauptstadt» von Erich Fried:

«Wer herrscht hier?»
fragte ich.
Sie sagten:
«Das Volk natürlich»
Ich sagte:
«Natürlich das Volk,
aber wer herrscht wirklich?»

Der Chiasmus «Das Volk (A) natürlich (B) ... Natürlich (A) das Volk (B)» verstärkt und verschärft durch die stellungsmarkierte Hervorhebung die Kritik an scheinbar selbstverständlichen politischen Stereotypen.

Austauschfiguren

Austauschfiguren auf der Wort- und Satzebene entstehen meist durch die Versetzung eines Ausdrucks aus einem Satzzusammenhang, in den er inhaltlich paßt, in einen Zusammenhang, in dem er nur in übertragenem Sinn gebraucht werden kann. Viele einschlägigen Figuren dieser Art wurden in der antiken Rhetorik als **Tropen** bezeichnet. Es handelt sich dabei um indirekte Ausdrucksweisen, mit denen wir unseren Gesprächsbeitrag lebendiger, vielschichtiger und abwechslungsreicher gestalten können. Bei zu reichlichem Einsatz beeinträchtigen sie allerdings auch die Sachlichkeit und Verständlichkeit. Zu den wichtigsten Austauschfiguren zählen bildliche Ausdrucksweisen wie **Metapher** und **Metonymie**.

Bei der Metapher werden Ausdrücke in inhaltliche Zusammenhänge gestellt, in die sie von der wörtlichen Bedeutung her nicht passen, zum Beispiel «Lungen» in «Die Parks sind die grünen Lungen der Großstädte». Dadurch entsteht eine inhaltliche Spannung bzw. ein Inhaltssprung, im vorliegenden Beispiel von einem Organ eines menschlichen oder tierischen Lebewesens zu einem

Bestandteil einer Großstadt. Den Sinnzusammenhang ermöglicht eine inhaltliche Gemeinsamkeit, die eine entfernte Ähnlichkeit als Vergleichsgrundlage benützt: «Parks» und «Lungen» sind beide Lieferanten lebensnotwendigen Sauerstoffs für Tiere und Menschen. Oft wird metaphorisch zwischen den Inhaltssphären «konkret» und «abstrakt», «belebt» und «nicht belebt», «menschlich» und «tierisch» gewechselt. Mit diesen Sprüngen können wir unsere Argumente nicht nur farbiger und anregender machen, sondern durch die größere Anschaulichkeit des bildlichen Ausdrucks auch überzeugungskräftiger gestalten. Insbesondere Analogie-Argumente lassen sich gut in verkürzter Form durch metaphorische Ausdrucksweisen präsentieren. Andererseits sind Argumente mit metaphorischen Ausdrücken manchmal auch schwerer verständlich und schwerer kritisch zu überprüfen. Das kann, wie bereits festgestellt, mit Sachlichkeitsnormen kollidieren.

Neben ihrer Funktion der Veranschaulichung dienen die Metaphern aber auch dazu, neue Perspektiven der sprachlichen Betrachtung von Gegenständen und Sachverhalten zu eröffnen. Sie werden dabei häufig zusammen mit inhaltlich ähnlichen Metaphern zu Systemen metaphorischer Erfassung und Deutung der Welt kombiniert, wie unter anderem der Linguist George Lakoff und der Philosoph Mark Johnson gezeigt haben.

So wird in der Alltagssprache die Diskussion oft metaphorisch als «Kampf» präsentiert. Dies zeigen Wendungen wie «eine Position angreifen oder verteidigen», «ein durchschlagendes Argument», «eine Schwachstelle in seiner Argumentation schonungslos aufdecken», «jemanden mit Argumenten einkreisen», «eine Ansicht vernichtend widerlegen», «ein Argument unter der Gürtellinie», «ein verbaler Rundumschlag» usw. Im alltäglichen Sprachgebrauch finden sich aber auch andere Metaphernsysteme, die Diskussionen in einer Weise verbal erfassen, die dem hier vertretenen Vernunftbegriff näherkommt. Einem vernünftigen Dialog als Suche nach dem, was im beiderseitigen Interesse liegt oder zumindest einen Interessenausgleich fördert, kommt beispielsweise die metaphorische Vorstellung von einem Gespräch als «Reise» oder «Weg zu einem Treffpunkt» näher: «ein Stück des

Weges gemeinsam gehen», «einander entgegenkommen», «jemandem goldene Brücken bauen», «eine Annäherung der Standpunkte anstreben», «Gegensätze überbrücken» u. ä. m. Die folgende Abbildung veranschaulicht diesen Inhaltssprung von der **abstrakten** inhaltlichen Ebene der Diskussion zur **konkreten** Ebene der räumlichen Annäherung:

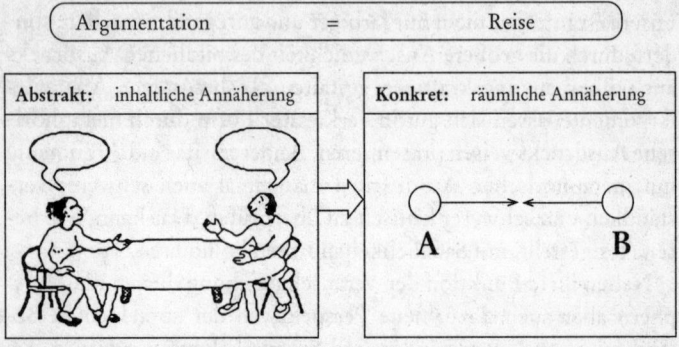

In diesem Zusammenhang ist auch zu betonen, daß es keine absolut metaphernfreie Sprache bzw. Sprachschicht gibt. Zahlreiche mehr oder weniger «verblaßte» Metaphern (auch dies ist eine verblaßte Metapher!) sind im alltäglichen Wortschatz oder in alltäglichen Redewendungen enthalten, so «Fuß des Berges», «Wurzel des Problems», «König der Tiere», «ein Problem anpacken», «den Sinn (nicht) einsehen», «den Rahmen einer Arbeit sprengen», «blühende Wirtschaft», «steinernes Herz», «schwarze Melancholie» usw. Hierzu gehören auch Zusammensetzungen wie «Blechlawine», «Butterberg», «Rüstungsspirale» u. ä. m. In Diskussionen können auch neue Metaphern kreativ gebildet und zur lebendigen Formulierung der Argumente genützt werden:

A: Unser Freund kommt mir oft vor wie jemand, der durch seinen bloßen Starrsinn, durch bloßes Anrennen gegen politische Zwänge Erfolg haben will: Er ist deshalb zum Scheitern verurteilt!

B: Das stimmt nicht ganz; durch bloßes Anrennen können Leute wie
er zwar die Mauern der politischen Sachzwänge nicht niederrei-
ßen, aber er kann Risse und Sprünge erzeugen.
A: Und du glaubst wirklich, in diesen Rissen werden einmal Blumen
wachsen?

A kritisiert einen Freund durch einen metaphorischen Vergleich,
der zwischen der abstrakten Ebene («gegen politische Zwänge»)
und der konkreten Ebene («anrennen») wechselt. Die Verwendung von «Anrennen» im Zusammenhang gesellschaftlich-politi-
scher Zwänge ist allerdings nur mehr eine verblaßte Metapher,
spürbarer ist der Inhaltssprung im Beitrag Bs, der den Vergleich
As aufgreift und ausbaut, indem wieder konkrete («Mauern»,
«Risse», «Sprünge») und abstrakte («der politischen Sachzwänge») Bereiche vermischt werden. Die Anschaulichkeit dieser
metaphorischen Ausdrucksweise – ein teilweise ramponiertes politisches System ist weniger leicht vorzustellen als eine alte, rissige
Mauer! – wird erkauft durch die größere Vagheit und Realitäts-
ferne des so fortgeführten Vergleichs. Das wird oft ausgenützt, um
eine analogische Vergleichsargumentation durch ironische Fortführung (zur Ironie siehe unten) lächerlich zu machen, was A mit
der folgenden rhetorischen Frage versucht. Auf die abstrakte
Ebene rückübersetzt, würde As Beitrag in etwa besagen: Einige
lädierte Punkte im System bedeuten noch lange nicht, daß aus
dem alten System positive neue Formen des Zusammenlebens entstehen.
   Nicht alle möglichen und auch wirksamen Metaphern sind in
kritischen Diskussionen zulässig. Die Grenzen noch akzeptabler Metaphernbildung werden überschritten, wenn Diskussionsteilnehmer Personen, die den Gesprächsgegenstand bilden oder
zu den Gesprächspartnern gehören, durch metaphorische Ausdrucksweisen herabsetzen oder diffamieren. Das geschieht etwa
durch den Gebrauch von Tierbezeichnungen für Menschen. So
kann es nicht dem Interessenausgleich dienen, wenn ein Politiker
wie der ehemalige amerikanische Präsident Ronald Reagan einen
anderen Politiker, nämlich den libyschen Staatsführer Gaddafi als

«mad dog» («verrückter Hund») bezeichnet. Ähnlich inakzeptabel ist die Bezeichnung von Personengruppen mit bestimmter politischer Orientierung als «Kapitalisten-» oder «Kommunisten-Schweine», von Journalisten als «Ratten», von Polizisten als «Bullen», von Frauen als «Hasen» oder «Katzen». Weit weniger drastisch, jedoch immer noch leicht tendenziös sind metaphorische Kennzeichnungen wie «Falken» und «Tauben» für (eher) militaristische oder (eher) pazifistische Gruppen in Regierungen oder Parteien.

In ähnlicher Weise sind Metaphern der Werbung in den Massenmedien zu kritisieren, die in oft lächerlich-infantiler Weise Produkte vermenschlichen, insbesondere in der Waschmittelwerbung, die den «Weißen Riesen» und «Meister Proper» erfunden hat. Werbetexter versuchen auch, auf manipulative Weise negative Assoziationen zu den Produkten «wegzumetaphorisieren». So wird ein Computer als «kleiner Bruder» oder ein Auto als «Freund» bezeichnet, um dem jeweiligen Produkt einen sympathisch-menschlichen Anstrich zu geben.

Es können aber auch an sich unschuldige, neutrale Metaphern ebenso zu vernünftigen wie zu irrational-aufhetzenden Zwecken ge- bzw. mißbraucht werden. So benützt Richard von Weizsäcker in seiner bereits zitierten Rede zum Zweiten Weltkrieg eine Licht-Dunkel-Metaphorik, um seine Strategie der Bewältigung der deutschen Vergangenheit zum Zweck der internationalen Aussöhnung und der Findung eines nationalen Konsenses wirksam umzusetzen. In den folgenden Ausschnitten kontrastiert er die «düsteren» Nachkriegsjahre mit der positiven, aufopfernden Rolle der Frauen in den verschiedenen Nationen in dieser Zeit:

Der Blick ging zurück in einen dunklen Abgrund der Vergangenheit und nach vorn in eine ungewisse, dunkle Zukunft. [...] Sie [die Frauen der verschiedenen Nationen] haben in den dunkelsten Jahren das Licht der Humanität vor dem Erlöschen bewahrt.

Diese Metaphorik verwendete dagegen im Jahre 1932 Joseph Goebbels in seinem «Appell an die Nation» zum Schüren nationalistischer Haßgefühle und zum Anheizen kollektiven Verfolgungswahns:

> **Es gilt die deutsche Arbeit den Klauen der internationalen Raubfinanz zu entreißen und damit dem deutschen Volk wieder Luft und Licht zum Atmen und zum Leben zu geben. [...] Wenn Deutschland stirbt, dann geht das Licht der Welt aus.**

Ich komme nun zur zweitwichtigsten Austauschfigur, der Metonymie. Auch hier finden inhaltliche Sprünge statt. Hier werden jedoch andere inhaltliche Zusammenhänge einbezogen als bei der Metapher, zum Beispiel die Vertauschung von 1. Ganzem und Teil (auch als **Synekdoche** bezeichnet), von 2. Ursache und Wirkung (Rohstoff und Fertigprodukt, Erzeuger und Erzeugtem), 3. Gefäß/Raum und Inhalt, 4. Eigenname und Umschreibung (die letzte Art von Metonymie wird auch **Antonomasie** genannt).

Auch Metonymien finden sich in der Alltagssprache in zahlreichen inzwischen eingebürgerten Formen: «kluge Köpfe» oder «geschickte Hände» statt «kluge/geschickte Menschen», «das Rad» statt «das Fahrrad», «das Leder» statt «der Fußball», «Cäsar eroberte Gallien» statt «Cäsar und seine Legionen eroberten Gallien». In diesen Beispielen geht es um die Ganzes-Teil-Beziehung, ein Teil steht anstelle des Ganzen: **pars pro toto**. Weitere Beispiele für Metonymien sind: «Goethe lesen» statt «Goethes Werke lesen», «Mozart spielen» statt «Mozarts Kompositionen spielen» (Erzeuger statt Erzeugtem), «ein Glas trinken» statt «ein Glas Wasser/Wein/Saft trinken» (Gefäß statt Inhalt), «der Korse» statt «Napoleon», «die eiserne Lady» statt «Margret Thatcher», «der Bärentaler» statt «Jörg Haider», «die Pilzköpfe» statt «die Beatles», «the King» statt «Elvis Presley», «die steirische Eiche» statt «Arnold Schwarzenegger» (Umschreibung statt Eigenname).

Wenn sie kreativ zur Steigerung der Wirksamkeit eingesetzt werden, können die verschiedenen Formen der Metonymie wie die Metaphern zu einem abwechslungsreichen und lebendigen

Ausdruck beitragen. Zu kritisieren sind metonymische Ersetzungen allerdings dann, wenn sie die Wirklichkeit in allzu vereinfachender Weise oder sogar verzerrt darstellen.

Dies geschieht zum Beispiel dann, wenn der Ausdruck fürs Ganze statt Bezeichnungen für Teile (**totum pro parte**) gebraucht wird, obwohl dies im gegebenen Zusammenhang eine unzulässige Vereinfachung darstellt. In politischen Argumentationen werden in diesem Sinn häufig **die** Deutschen, **die** Juden, **die** Serben, **die** Amerikaner, **die** Katholiken, **die** Moslems, **die** Ausländer usw. genannt und in bestimmter Weise bewertet, obwohl strenggenommen das über die jeweilige Gesamtgruppe Gesagte nur auf (kleine) Teile zutrifft.

Ebenso ist zu kritisieren, wenn metonymisch Wirkungen statt Ursachen (Erzeugtes, Produkte statt deren Erzeuger) genannt werden und dabei der Blick auf die für die Folgen Verantwortlichen, die handelnden Personen, verstellt wird. Dies wird im folgenden Dialogausschnitt von B thematisiert und kritisiert:

A: Ich verstehe deine Technikfeindlichkeit nicht: das Auto, die Kernkraftwerke, der Kunstdünger, die Pestizide usw. ermöglichen doch unseren Wohlstand und das Funktionieren unserer modernen Gesellschaft, so daß wir ihre schädlichen Nebenwirkungen in Kauf nehmen müssen.

B: Das glaube ich eben nicht: diejenigen, die diese Produkte moderner Technik herstellen, müssen sie dahingehend verbessern, daß ihre schädlichen Folgewirkungen ausgeschaltet oder zumindest stark reduziert werden. Wenn das nicht möglich ist, müssen sie für die Folgeschäden aufkommen oder Alternativen entwickeln.

Schließlich sind auch herabsetzende oder diskriminierende Umschreibungen von Eigennamen im Sinne einer rationalen Diskussionsführung abzulehnen. Dies gilt auch dann, wenn wir aufrichtig davon überzeugt sind, daß die damit vollzogene Bewertung gerechtfertigt ist, so zum Beispiel bei den Umschreibungen «der Schlächter von Lyon» für Klaus Barbie, «der Henker von Bagdad» für Saddam Hussein.

Weitere wichtige Austauschfiguren operieren mit der Ersetzung von bejahenden und verneinenden Ausdrücken und Sätzen. So können wir statt einer einfachen Behauptung ihr Gegenteil formulieren (**Ironie**), eine doppelte Verneinung gebrauchen (**Litotes**) oder zugleich eine Aussage und ihr Gegenteil behaupten und so einen gewollten (künstlichen) Widerspruch erzeugen (**Oxymoron, Paradoxon**). Diese Austauschfiguren dienen dazu, Inhalte indirekt zum Ausdruck zu bringen und so Erstaunen, Aufmerksamkeit oder Amüsement bei den Hörern zu wecken oder allzu scharfe Formulierungen abzuschwächen.

Der indirekte Ausdruck kann in der Ironie auch dazu dienen, bei heiklen Inhalten unhöfliche oder gar kränkende Formulierungen zu vermeiden. Die Kunst des ironischen Sprechens besteht aber darin, daß wir durch Wortwahl, Stimmführung oder Gestik und Mimik dennoch kenntlich machen, daß wir eigentlich vom Gegenteil dessen, was wörtlich gesagt wird, überzeugt sind:

A: Gerade dir als alter Verfechterin von Toleranz und völkerverbindenden Idealen muß es doch zu denken geben, daß überall in Europa neue Rechtsparteien triumphal Wahlen gewinnen: Deine Ideale sind eben hoffnungslos unrealistisch! Du solltest sie aufgeben und akzeptieren, daß Nationalgefühle ein angeborener Wesenszug des Menschen sind.

B: Genau! Und die kleinen Kinder wissen das nur noch nicht, und deshalb müssen wir durch eine geeignete Erziehung dafür sorgen, daß auch sie kapieren, daß sie Ausländer nicht mögen!

Die von A angesprochenen weltanschaulichen Überzeugungen von B machen es unwahrscheinlich, daß B das, was sie wörtlich sagt, auch ernst meint. Ihre Formulierungen versuchen vielmehr in ironischer Weise die Position von A ad absurdum zu führen, indem B der Ansicht As scheinbar eifrig zustimmt und Maßnahmen zu ihrer Bekräftigung vorschlägt, die gleichzeitig ihre Unhaltbarkeit zu beweisen suchen: Wenn Nationalismus ein angeborener Wesenszug des Menschen ist, kann er eben nicht durch eine entsprechende Erziehung an- oder aberzogen werden.

Die Grenzen vernünftig vertretbaren ironischen Sprechens sind dann erreicht, wenn schärfere Formen der Ironie in verletzender Weise eingesetzt werden («beißende» Ironie, Sarkasmus, Zynismus). Gerade die mildernde Funktion der Ironie als indirekte Ausdrucksweise kann dann nicht mehr erfüllt werden, zumindest nicht, wenn sie verstanden wird. Hier sind auch Fälle einzureihen, wo zynische Ausdrucksweisen zwar nicht von den unmittelbar Angesprochenen verstanden werden, wohl aber von Dritten. Zynismen dienen in diesem Fall zwar einem gemeinsamen Interesse, nämlich der gemeinsamen Belustigung von Sprechern und der Personen, die richtig verstanden haben, aber auf Kosten derer, die naiverweise die zynische Ausdrucksweise nicht mitbekommen haben. Sie dienen also nicht dem gemeinsamen Interesse **aller** am Gespräch Beteiligten.

Nicht immer reicht jedoch unsere Geduld für die Führung vernünftiger Dialoge aus, zum Beispiel, wenn die Gesprächspartner mehr als aufdringlich sind. In diesen Fällen kann eine beißend ironische Äußerung, die als Höflichkeitsformel (unzulänglich) getarnt ist, als eine Art Notwehr und kommunikativer Schutzschild entschuldbar sein. So in der von Friedrich Torberg in seiner Anekdotensammlung «Die Tante Jolesch» überlieferten Begebenheit: Der Schriftsteller Leo Perutz versuchte sich der lästigen Bekanntschaft der Pädagogin und Schulleiterin Eugenie Schwarzwald wiederholt dadurch zu entziehen, daß er sich den Anschein gab, sie nicht zu kennen. So mußte er ihr stets aufs neue vorgestellt werden. Eines Tages machte sie ihm gekränkt den folgenden Vorwurf:

> «Sie haben mich ja schon wieder nicht gegrüßt, Herr Doktor Perutz!»
> «Entschuldigen Sie», erwiderte Perutz mit vollem Mund. «Ich habe geglaubt, Sie sind die Schwarzwald.»

Doppelte Negationen bedeuten logisch gesehen nichts anderes als einfache Bejahungen («nicht-nicht-p» = «p»). In der Alltagssprache nehmen solche Formulierungen jedoch indirekte Bedeutungen an: so ist **nicht un**schön», «**nicht un**erfahren» nicht mit «schön» oder «erfahren» gleichzusetzen, sondern in der Regel mit «ziemlich schön» bzw. «ziemlich erfahren». Verneinungen von negativen Bewertungen wie «Er ist **nicht schlecht/kein übler Mensch**» bedeuten nicht «Er ist gut/ein rechtschaffener Mensch», sondern «Er ist ziemlich gut/ein ziemlich netter Mensch». Diese Figur (die **Litotes** der antiken Rhetorik) ermöglicht somit, sich vorsichtig auszudrücken, polare Bewertungen zu entschärfen, indem Zwischentöne ins Spiel gebracht werden:

A: Ich finde, Hans hat eine umwerfende Technik auf seinem Instrument!

B: Na, sagen wir, seine Technik ist nicht übel.

In Diskussionen werden doppelte Negationen in diesem Sinne oft als höfliche Einleitungstechnik gebraucht, um den Gesprächspartnern in einem Nebenpunkt indirekt zuzustimmen, dann aber um so entschiedener in der Hauptsache Gegenargumente anzuschließen (vgl. unten S. 244 f. zur **concessio**):

A: Ich finde, Hans hat das Zeug dazu, Musiker zu werden: Seine Technik ist einfach umwerfend!

B: Seine Technik ist wirklich nicht übel, aber ihm fehlen die Ausdauer und die Kreativität, ohne die es ein Musiker auf die Dauer zu nichts bringen kann.

Paradoxa sind bewußt widersprüchlich formulierte Äußerungen. Paradoxe Formulierungen dienen häufig dazu, Aufmerksamkeit zu erwecken. Scheinbar widersprüchliche Formulierungen fallen nämlich unwillkürlich auf, da normalerweise alle Gesprächsteilnehmer versuchen, Widersprüche zu vermeiden (vgl. Kapitel 2, S. 116 ff.). Im Fall der rhetorischen Paradoxa vermitteln die miteinander unverträglichen Teile der Äußerung jedoch indirekt eine Aussage, die den Widerspruch auflöst:

A: Ich finde die Millionentransfers im internationalen Fußball verrückt: Da werden Unsummen zum Fenster hinausgeworfen,
während die Vereine halb bankrott gehen!
B: Da kann ich dir nicht zustimmen: der teuerste Spieler ist oft der
billigste! Denn der zieht die Zuschauermassen an.

B widerspricht sich hier keineswegs, wie das auf das Paradoxon
folgende kausale Argument zeigt: der Gegensatz zwischen
«teuer» und «billig» ist im Fall von Publikumsmagneten durchaus
aufhebbar. Auch im folgenden Beispiel widerspricht sich B nicht:

A: Warum nehmen eigentlich Leute, die sich über ihre lange Arbeitslosigkeit beklagen, nicht einfach jede sich bietende Arbeit
an? So wird ihr Jammern doch unglaubwürdig.
B: Aber Arbeit ist doch nicht gleich Arbeit! Wärst du etwa bereit,
jeden sich bietenden Job zu ergreifen?

Diesmal soll die paradoxe Formulierung nur deutlich machen, daß
sich scheinbar logisch Identisches («Arbeit» ist gleich «Arbeit»)
deutlich unterscheiden kann, im vorliegenden Fall etwa nach At-
traktivität (Art und Schwere der Arbeit, Bezahlung) der verschiedenen Arbeitsmöglichkeiten. Deshalb läßt B ein fiktives Gerechtigkeitsargument in Form einer rhetorischen Frage folgen (zur
rhetorischen Frage siehe S. 240ff.).
Paradoxa können auch verwendet werden, um elegant indirekte
Vorwürfe zu formulieren, wie in der folgenden, ebenfalls von
Friedrich Torberg überlieferten Anekdote: Der Schriftsteller
Franz Molnár verdächtigt den Journalisten Pataky, einen Jugend-
freund, der bei ihm ein und aus ging, ein Verhältnis mit seiner Frau
zu haben. Als Molnár eines Tages den in seiner Bibliothek einge-
nickten Pataky weckt, schreckt dieser auf und schaut verlegen.
Molnár kleidet seinen Verdacht in eine paradox formulierte rhetorische Frage:

«Warum fährst du allein auseinander?»

Paradoxe Formulierungen finden sich wie andere Stilfiguren auch häufig in Wendungen der Alltagssprache («schwarzes Gold» statt «Erdöl»; «offene Türen einrennen», «den Wald vor lauter Bäumen nicht sehen») oder der Werbung:

Indien ist nicht gleich Indien. Und Indien-Rundreise ist nicht gleich Indien-Rundreise. Dazwischen können Welten liegen. (Werbung von KUONI-International)
Sparen ist nicht gleich Sparen, und jedes Ziel sieht anders aus. (Werbung der Commerzbank)

Zum Schluß dieser Beispiele für Austauschfiguren möchte ich noch drei Formulierungstechniken erwähnen, die mit Übertreibung, Untertreibung und Beschönigung operieren (**Hyperbel, Meiosis, Understatement, Euphemismus**). Dabei werden Ausdrücke durch offenkundig stark über- oder untertreibende bzw. beschönigende Formulierungen ersetzt. Charakteristisch ist dabei, daß es sich um Über- oder Untertreibungen handelt, die so offenkundig sind, daß sie nicht wörtlich und ernst genommen werden können. Oft sind diese Figuren auch mit einem ironischen Unterton versehen. Die Funktion solcher Formulierungen besteht darin, daß wir den Zuhörenden den von uns als real angenommenen Wert eines Gegenstandes wirksam nahebringen wollen. Zur Erreichung dieses Zieles formulieren wir so, daß die ursprüngliche Bewertung seitens der anderen Diskutierenden in unserem Sinne verändert wird. Von uns übertrieben hoch bewertete oder beschönigend benannte Gegenstände (Hyperbel, Euphemismus) sollen von den Hörern höher als ursprünglich, jedenfalls immer noch hoch geschätzt werden. Zu niedrig bewertete Gegenstände (Meiosis, Understatement) sollen aufgrund der offenkundigen Untertreibung höher geschätzt und unsere Bescheidenheit soll betont werden. Natürlich darf die Diskrepanz zum angenommenen realen Wert nicht zu extrem ausfallen, da sich sonst statt der ‹Wertsteigerung› oft Lächerlichkeit ergibt.

Bei (selbst)ironischer Verwendung von Hyperbel, Meiosis und Euphemismus ist dies sogar beabsichtigt. So spielt Johann Nestroy in der folgenden Passage aus seinem Stück «Der Talisman» mit der skurrilen Komik, die entsteht, weil Titus Feuerfuchs auf die Frage von Gräfin von Zypressenburg nach dem Beruf seines Vaters wortreich das Tabuthema Tod euphemistisch umschreibt, bevor er den Tod seines Vaters schlicht konstatiert (2. Akt, 17. Auftritt):

FRAU VON ZYPRESSENBURG: Ist Sein Vater auch Jäger?
TITUS: Nein, er betreibt ein stilles, abgeschiedenes Geschäft, bei dem die Ruhe das einzige Geschäft ist; er liegt von höherer Macht gefesselt, und doch ist er frei und unabhängig, denn er ist Verweser seiner selbst; – er ist tot.

In Diskussionen mit Anspruch auf Vernünftigkeit sind nur Hyperbeln und Understatements akzeptabel, die Bewertungen akzentuieren sollen, hinter denen wir ernsthaft stehen können. Ganz anders liegt der Fall bei den unseriösen, dabei scheinbar ernstgemeinten und letztlich unfreiwillig komischen Übertreibungen in der Werbungssprache, nach dem Stichwort: «X ist der beste Kühlschrank/die beste Waschmaschine/das beste Auto der Welt». Ebenso kann es dazu kommen, daß bei «übertriebener Untertreibung» ein Gegenstand zu weit unter seinem Wert präsentiert und so von den übrigen am Gespräch Beteiligten zu gering eingeschätzt wird.

Wie andere Stiltechniken können sich auch Hyperbel und Meiosis abschleifen und schließlich in die Alltagssprache eingehen. Davon zeugen Formeln wie «in Tränen zerfließen», «vor Schmerz die Wände hochgehen», «vor Scham in den Erdboden versinken», «vor Wut platzen/in die Luft gehen» (Hyperbel) oder «zu tief ins Glas gucken» statt: «sich (gewohnheitsmäßig) betrinken», «es mit der Treue nicht genau nehmen» statt «ehebrechen», «nur seine Pflicht erfüllen» statt «nach besten Kräften eine Aufgabe bewältigen» (Euphemismen, Meiosis).

In kritischen Diskussionen ist es angebracht, vorsichtig die Mitte zwischen unangemessener Über- und Untertreibung zu halten, um bei kritischen Einwänden die tatsächlich vertretbare Bewertung eines Gegenstandes sachlich rechtfertigen zu können.

Über- bzw. untertreibende Formulierungstechniken tauchen häufig in Debatten über den Rang und die Qualität von Personen verschiedener Berufssparten in Politik, Wirtschaft, Sport und Kunst auf. Im folgenden Beispiel wird über die Einstufung von Jazzmusikern debattiert. Ähnliche verbale Techniken der Bewertung werden aber auch in Diskussionen über den Rang berühmter klassischer Komponisten und deren Interpreten, Pop- und Rockstars usw. benützt:

A: Ich weiß nicht, warum du immer dermaßen von Miles Davis schwärmst.

B: Also bitte, Miles Davis ist einfach der größte Jazzmusiker aller Zeiten! So jemand muß man doch bewundern.

A: Na, jetzt übertreibst du aber ein klein wenig: was ist mit Duke Ellington, Thelonious Monk, Dizzy Gillespie, Charlie Parker, John Coltrane, Ornette Coleman, Joe Zawinul und vielen anderen? Die haben auch ein paar nette Einfälle gehabt.

B: Das stimmt schon, aber Miles Davis war nicht nur epochemachend auf seinem Instrument und hat großartige Nummern geschrieben, sondern hat auch mehrfach seinen Stil gewechselt und immer wieder großartige junge Musiker gefördert und angeregt.

A kritisiert Bs Superlativ («der **größte** Jazzmusiker **aller Zeiten**»), B kann jedoch einige Argumente für die übertreibende Bewertung vorbringen, die sie zumindest für Miles Davis-Fans akzeptabel macht. A gebraucht andererseits bewußt untertreibende Formulierungen, die As Bewertung von Miles-Davis ironisch herabsetzen («jetzt übertreibst du aber **ein klein wenig**») bzw. den Stellenwert anderer Jazzgiganten bewußt viel zu niedrig ansetzen («Die haben auch **ein paar nette Einfälle** gehabt»).

Text- / Dialogfiguren

Zum Unterschied von den bisher behandelten Figuren erstrecken sich die Text- und Dialogfiguren über längere Redepassagen (zum Beispiel längere Beschreibungen) oder sind dadurch gekennzeichnet, daß sie auf folgende oder vorausgegangene Diskussionsbeiträge Bezug nehmen, sie bedingen oder auf sie reagieren. Dies ist beispielsweise bei Fragen und Antworten der Fall. Dialogfiguren sind daher typisch für ganze Sequenzen von Gesprächsbeiträgen in Argumentationen. Viele dieser Figuren wurden in der Antike als **Gedankenfiguren** bezeichnet. Als Oberbegriff werde ich im folgenden «Textfiguren» verwenden. Textfiguren sind meist Austausch- oder Hinzufügungs- bzw. Wiederholungsfiguren. Es werden zum Beispiel Feststellungen durch (Serien von) Fragen ersetzt (bei rhetorischen Fragen), oder es werden in den Text/Dialog ergänzende Sätze eingefügt (wie die Vorwegnahme von Einwänden oder Einschübe).

Eine der wichtigsten Textfiguren ist die rhetorische Frage (**Interrogatio**). Die Verwendung eines Fragesatzes statt eines Aussagesatzes dient der Intensivierung des Gesagten. Sie hat oft speziell die beiden folgenden Funktionen: Die rhetorische Frage steht zum einen statt einer Feststellung, die so als trivial bzw. in höchstem Maße evident hingestellt wird. Eine Antwort erübrigt sich sozusagen, da der Inhalt der Feststellung als klar und unwiderleglich wahr aufgefaßt wird. Die rhetorische Frage steht zum anderen statt eines Vorwurfs und bringt das fassungslose Staunen bzw. die empörte Überraschtheit des Sprechers/der Sprecherin zum Ausdruck. In den folgenden Beispielen wird durch Fettdruck die emphatische Betonung hervorgehoben:

A: Ich meine, wir müssen unsere ganze Art, miteinander umzugehen, grundlegend umgestalten, denn seien wir doch ehrlich: Was hat sie bisher gebracht außer chaotischen Streitereien?

B: Nicht sehr viel, aber man muß doch mit kleinen Fortschritten zufrieden sein, wenn keine Gesamtlösungen in Sicht sind.

A: Aber gibt es denn **ein** Beispiel dafür, daß unsere Beziehung für beide Seiten wirklich erfreulicher geworden ist? Müßten wir nicht die Umgangsformen **insgesamt** verändern?

A stellt nur scheinbar eine Frage («Was hat sie bisher gebracht als chaotische Streitereien?») und bringt indirekt zum Ausdruck, daß die Feststellung «Die gesamte Art, miteinander umzugehen, hat bisher nichts gebracht als chaotische Streitereien» trivialerweise wahr bzw. ihr Gegenteil trivialerweise falsch ist. B kontert mit dem Hinweis auf die Nichtvernachlässigbarkeit kleinerer Fortschritte, was A mit zwei weiteren rhetorischen Fragen (mit emphatisch betonten Schlüsselwörtern) aufgreift, die wieder die Unwiderlegbarkeit der entsprechenden indirekten Feststellungen suggerieren: «Es gibt kein Beispiel dafür, daß die Beziehung für beide Seiten wirklich erfreulicher geworden ist» und «Wir müßten die Umgangsformen insgesamt verändern».

Die Technik der rhetorischen Frage könnte dahingehend kritisiert werden, daß hier die Unangreifbarkeit von Feststellungen eben nur suggeriert wird und es ehrlicher wäre, direkte Behauptungen aufzustellen. Wie bei anderen Stiltechniken gilt jedoch auch für die rhetorische Frage, daß sie ein legitimes Ausdrucksmittel ist, solange die Argumentierenden ehrlich davon überzeugt sind, daß die entsprechenden indirekt gemachten Feststellungen in hohem Maße offensichtlich sind. Analoges gilt für die indirekten Vorwürfe, die mit rhetorischen Fragen realisiert werden:

A: Ich finde, die Dritte Welt müßte viel stärker von den reichen Industriestaaten unterstützt werden. Wie kann man zusehen, wenn vor laufender Fernsehkamera Menschen verhungern? Wie kann man nur hinnehmen, daß Millionen Kinder auf der Straße leben?

A: Jetzt sind die Geschäfte schon geschlossen, und du hast genau gewußt, daß du heute mit dem Einkaufen dran bist!

B: Ausgerechnet du willst mir unterstellen, daß ich mich absichtlich drücken wollte?! Das ist doch vollkommen ungerecht! Habe ich nicht zum Unterschied zu dir meine Haushaltpflichten immer zuverlässig erfüllt?

Die beiden Beispiele zeigen, daß rhetorische Fragen als Vorwürfe sowohl offensiv (im ersten Beispiel) als auch defensiv (als eine Art Gegenvorwurf im zweiten Beispiel) eingesetzt werden können.

Rhetorische Fragen können auch mit Ironie gekoppelt sein und dann spöttische Kritik und empörte Geringschätzung zum Ausdruck bringen. Auch hier gilt, daß solche Fragen als durchaus vernünftige Stiltechniken anzusehen sind, wenn die empörte Kritik ehrlicher Überzeugung entspringt, zum Beispiel weil der Kontrahent übertrieben harte Argumente vorbringt. Ein Beispiel hierfür liefert die folgende von Friedrich Torberg in seiner «Tante Jolesch» erzählte Begebenheit im Gerichtssaal. Der für seine Schlagfertigkeit berühmte Wiener Anwalt Hugo Sperber verteidigte häufig arme Schlucker. Einmal war sein Mandant ein Einbrecher:

> Der Mann hatte zwei Einbruchdiebstähle begangen, den einen bei Tag, den andern bei Nacht, und der Staatsanwalt legte ihm als erschwerend im ersten Fall die besondere Frechheit zur Last, mit der er sein verbrecherisches Handwerk sogar bei Tageslicht ausübte, im zweiten Fall die besondere Tücke, mit der er sich das Dunkel der Nacht zunutze gemacht hatte.
> An dieser Stelle erdröhnte der Gerichtssaal von Dr. Sperbers Zwischenruf:
> «Herr Staatsanwalt, wann soll mein Klient eigentlich einbrechen?»
> In dieser Sekunde erdröhnte der Gerichtssaal von Gelächter.

Eine komplexere Frage-Antwort-Strategie besteht darin, sich gleich selbst die Antworten zu geben (die Figur der **Subiectio**). Auf diese Weise können wir uns ‹maßgeschneiderte› Antworten erteilen, die natürlich unsere eigene Position verstärken, wie in den beiden folgenden Beispielen:

> A: Ich verstehe nicht, warum du heute so gereizt bist. Was habe ich dir eigentlich getan? Nichts. Habe ich dich etwa bei der Arbeit gestört? Nie. Hat dich sonst jemand gestört? Niemand. Also nimm dich jetzt zusammen!

B: Moment, du hast anscheinend schon vergessen, wie sehr du mich gestern beim Kochen genervt hast.

A: Die Entwicklungshilfe macht nur einen beschämend kleinen Teil, meist nicht einmal 1 % der Budgets der Industrienationen aus. Das sollte sich wirklich ändern.
B: Nein, denn es werden doch enorme Gelder in die Dritte Welt gepumpt. Aber was tun die dort Herrschenden damit? Sie kaufen Waffen!

Diese Figur kann zur Anregung des Gesprächs und zur Provokation von Antworten der jeweils anderen Dialogpartei (vgl. Bs Reaktion im ersten Beispiel) nützlich sein. Sie wird jedoch irrational, wenn sie als dauernder Ersatz für ‹echte› Antworten der Gesprächspartner herangezogen wird und so zur bloßen Immunisierungstechnik gegen Einwände verkommt.

Eine weitere Fragestrategie besteht darin, auf eine Frage mit einer Gegenfrage zu antworten, um so für die Suche nach geeigneten guten Antworten Zeit zu gewinnen. Außerdem kann so eingeklagt werden, daß **alle** Beteiligten ihrer Begründungspflicht nachkommen müssen:

A: Was hast du denn für Lösungen für das verwickelte Problem der staatlichen Förderung von Kunst anzubieten?
B: Welche Lösungen hast **du** anzubieten?

Auch diese Technik dürfen wir jedoch nicht dazu mißbrauchen, uns vor der argumentativen Rechtfertigung überhaupt zu drücken. Wir können mit Gegenfragen aber legitimerweise einfordern, daß es nicht von vornherein selbstverständlich ist, wer mit der Begründung beginnt.

Eine Reihe weiterer Textfiguren dient dazu, für die eigene Position ungünstige Themen, Inhalte und Argumente vorweg aufzugreifen und so eine günstigere Ausgangsposition für die eigenen Argumente zu schaffen. Dazu gehören die Vorwegnahme von Einwänden (**Praemunitio**), Zugeständnisse in unwichtigeren oder ohnehin aussichtslosen Nebenpunkten (**Concessio**), das Eingeständnis von Unwissen, Unsicherheit oder Unterlegenheit in bestimmten Bereichen (**Confessio, Dubitatio**).

Die Vorwegnahme von Einwänden vermindert deren Gewicht
und bringt die Diskussionspartner unter günstigen Umständen sogar dazu, auf eigene Einwände ganz zu verzichten und die vorgebrachten Argumente zu akzeptieren. So im folgenden Beispiel:

A: Ich weiß, du bist dagegen, daß ich einen Video-Recorder kaufe,
weil die Kinder den modernen Medien ohnehin schon im Übermaß ausgesetzt sind: Aber die Kinder müssen wir eben an einem
übermäßigen Gebrauch hindern, und wir selbst sind wohl imstande, uns auf wichtige und für unsere Zwecke sinnvolle Aufnahmen zu beschränken. Und außerdem: Für unsere Lehrtätigkeit ist es oft äußerst praktisch, eine geeignete Aufzeichnung bei
der Hand zu haben. Wie oft haben wir uns schon geärgert, wenn
wir ein Video privat ausleihen oder sonstwie mühsam beschaffen
mußten!
B: Da hast du eigentlich recht...

In dieser Passage bereitet A die eigenen Pro-Argumente (mit
«Und außerdem:...» eingeleitet) durch die präventive Widerlegung möglicher Einwände sorgfältig vor.

Angesichts sehr starker Gegenargumente oder in festgefahrenen
Gesprächen kann es im Dienste einer vernünftigen Gesprächsführung angemessen sein, in bestimmten Punkten nachzugeben bzw.
zuzugestehen, daß die eigene Position in diesen Punkten nicht aufrechterhalten werden kann (**Concessio**):

A: Sie haben ja recht, wenn Sie mir vorwerfen, ich hätte in einigen
Bereichen ein zu düsteres Bild der Überlebenschancen unseres
Unternehmens gezeichnet. Vielleicht habe ich auch einige Zahlen und Daten nicht mehr ganz präzis im Kopf gehabt. Trotzdem
muß ich in der Hauptsache auf meinem Standpunkt beharren:
Die Situation war noch nie so ernst, und zwar für die gesamte
Branche.

Vielfach ist es auch im eigenen Interesse, in einzelnen schwachen Bereichen die eigene Position aufzugeben, da manche Gesprächspartner die unfaire Strategie verfolgen, andere Diskutierende dazu zu reizen, eine schwache oder sogar unhaltbare Position zu verteidigen, um so einen leichten Erfolg bei der Widerlegung dieser schwachen Argumente zu erringen. Wenn dagegen alle Beteiligten bereit sind, teilweise Zugeständnisse zu machen, fördert dieses partielle Nachgeben zweifelsohne den Interessenausgleich.

Falls die eigene Position aufgrund von mangelndem Wissen, von Gedächtnislücken, emotionaler Verwirrtheit oder angeschlagener Verfassung insgesamt prekär ist, kann auch angebracht sein, die eigenen Schwächen und Selbstzweifel offen zuzugeben (**Confessio, Dubitatio**). Dies ist zugleich dazu geeignet, Sympathie und Wohlwollen für die offenkundige Ehrlichkeit oder zumindest Mitleid zu erwecken:

A: Ihr Kommentar weist Sie nicht gerade als Fachmann aus.
B: Ich muß zugeben, daß ich auf dem Gebiet der Gen-Technologie wenig Fachwissen besitze.

A: Sie bringen offenkundig einige Personen durcheinander, wie das Verhandlungsprotokoll klar beweist!
B: Es stimmt, ich kann mich nicht mehr genau erinnern, wer damals die Beschwerden Ihrer Firma referiert hat. Es ist auch schon einige Monate her.

A: Ich gestehe ganz offen, daß ich in dieser Situation, mit berühmten Spezialisten vor der Fernsehkamera zu diskutieren, sehr aufgeregt bin. Noch dazu ist das mein erster Auftritt im Fernsehen.

A: Du reagierst ja wieder einmal reichlich aggressiv!
B: Ja, es stimmt, daß ich zornig und betroffen bin, aber gewisse Dinge kann ich einfach nicht kühl und unbeteiligt hinnehmen!

Ein klassisches historisches Beispiel für diese Technik liefert Martin Luther in der folgenden Passage aus seiner Rede vor dem Reichstag zu Worms 1521, wo er präventiv etwaige Verstöße gegen höfische Sitten mit seiner Unwissenheit entschuldigt:

> Und so ich von wegen meiner Unerfahrung jemand entweder seine gebührenden Titel nicht geben würd oder aber mit einigen Gebärden und Weise wider die höfischen Sitten handeln, mir solches gnädiglich zu verzeihen als einem, der nicht an fürstlichen Höfen erzogen, sondern in Mönchswinkeln aufkommen und erwachsen, welcher ich mir nichts anders anzeigen kann, denn daß ich bisher mit solcher Einfalt des Gemüts geschrieben und gelehrt habe, daß ich auch auf Erden nichts anders denn Gottes Ehre und die unentgänzte Unterweisung der Christgläubigen gesucht hab.

Eine weitere Dialogtechnik besteht darin, für die Kontrahenten negative Punkte scheinbar zu übergehen und zu anderen Punkten überzugehen, die Schwachpunkte dabei aber doch beim Namen zu nennen. Dieses scheinbare Übergehen (**Praeteritio**) kann dazu dienen, diese Schwachpunkte der gegnerischen Position sogar stärker zu betonen als durch direkte Erwähnung:

> A: Ich will jetzt gar nicht aufzählen, wie oft du mich betrogen hast, aber daß du jetzt die Stirn hast, mir Undankbarkeit vorzuwerfen, ist wirklich die Höhe!

> A: Ich möchte es mir wirklich ersparen, auf die traurigen Skandale in Ihrer Partei näher einzugehen, der jetzige Zustand ist trostlos genug und schreit nach einer tiefgreifenden Reform.

Diese Technik ist aber in einer kritischen Diskussion nur dann akzeptabel, wenn man sie nicht nur dazu verwendet, das Gespräch auf die scheinbar übergangenen Punkte hinzulenken. Außerdem sollten wir ehrlich davon überzeugt sein, daß es sich bei den beiläufig erwähnten Bereichen wirklich um Schwachpunkte handelt, die außerdem mit dem Hauptgegenstand der Diskussion inhaltlich eng zusammenhängen. Ansonsten kann das scheinbare Übergehen zu einer destruktiven Technik der Kränkung degenerieren.

Eine weitere Gruppe von Textfiguren dient einer möglichst effektvollen Präsentation von Sachverhalten. Diese Figuren könnten daher auch als «Präsentationsfiguren» bezeichnet werden (in der antiken Rhetorik wurden hier unter anderem angeführt: **Descriptio, Definitio, Emphasis**).

Um Sachverhalte und Situationen wirkungsvoll zu präsentieren, können wir versuchen, Definitionen (Definitio) oder ausführlichere Beschreibungen (Descriptio) zu liefern, die Aspekte und Bereiche der Sachverhalte hervorheben und betonen, die unserer eigenen Position nützen bzw. unserem eigenen Standpunkt entgegenkommen. Dies erscheint auf den ersten Blick geradezu als Aufruf zur Parteilichkeit, ja Unsachlichkeit. Nicht am Ideal der Objektivität orientierte Definitionen sind auch entsprechend als «persuasive» oder «rein rhetorische» Definitionen bezeichnet und kritisiert worden. Wie ich oben (S. 201 ff.) jedoch zum Problem der Sachlichkeit zu zeigen versucht habe, ist Objektivität der Benennung und Bezeichnung im strengen Sinn in vielen strittigen Problembereichen nahezu unmöglich. Der Sprachgebrauch gesellschaftlicher Gruppierungen, die sich nach Weltanschauung, Geschlecht und Alter deutlich unterscheiden, divergiert nämlich meist beträchtlich. Deshalb ist bei Definitionen und Beschreibungen allenfalls die Forderung nach größtmöglicher Überparteilichkeit realisierbar. Sofern möglich, sollten wir demnach eine für alle Beteiligten akzeptable Formulierung finden, die als Definition oder Beschreibung genützt werden kann.

Wo auch dies nicht möglich erscheint (weil zum Beispiel Schlüsselbegriffe der Diskussion wie «Abtreibung» total gegensätzlich definiert werden), bleibt als Minimalforderung im Sinne vernünftiger Dialogführung, daß man ehrlich von der Korrektheit der eigenen Definition oder Beschreibung überzeugt ist. Dies schließt manipulative Definitionen und Beschreibungen aus. Die Grenze zu rational nicht mehr akzeptablen persuasiven Definitionen ist ebenfalls überschritten, wenn sie nur dazu dienen, die Gesprächspartner zu provozieren, herabzusetzen oder lächerlich zu machen.

Wenn aber manipulative oder kränkende Formulierungen vermieden werden und eine überparteiliche Definition nicht verfügbar ist, kann es durchaus angemessen sein, persuasiv zu definieren oder zu beschreiben. Die inhaltliche Einseitigkeit solcher Formulierungen wird sich im Idealfall durch das gemeinsame Suchen nach einem Kompromiß im Sinne aller Beteiligten im Laufe der Diskussion ausgleichen.

Im folgenden gehe ich zunächst auf Definitionen ausführlicher ein. Sie werden zwar oft mit Hilfe einzelner Sätze formuliert, gehören aber als Kern- und Ausgangspunkte von ausführlicheren Beschreibungen doch zur Textebene.

Was macht eine Definition wirksam? Zunächst soll sie zum Unterschied von einer ausführlicheren Beschreibung kurz und prägnant wesentliche Eigenschaften des definierten Gegenstandes benennen. Dabei soll sie keine vagen, dunklen oder mehrdeutigen Ausdrücke enthalten:

Ein Häretiker ist ein Mensch, der sich mit dem Bösen eingelassen hat.

Diese Definition ist wegen der Doppeldeutigkeit von «**dem** Bösen» (**das** Böse oder **der** Böse?), aber auch wegen der Vagheit und Dunkelheit dieser Bezeichnungen kaum akzeptabel.

Eine Definition darf auch nicht zirkulär sein, das heißt, sie darf den zu definierenden Gegenstand nicht wieder selbst enthalten («Zirkeldefinition», **petitio principii**):

Eine Irrlehre ist ein Aberglaube, der die Menschen in die Irre führt.

Ein einfacher Satz ist eine Wortfolge, die mindestens die Satzglieder

Subjekt und Prädikat enthält.

Wie sollte demgegenüber eine akzeptable Definition aussehen? Nach einer seit Aristoteles klassischen Definitionsformel wird der zu definierende Gegenstand zuerst in die nächsthöhere Gattung eingeordnet, der er angehört, und dann durch zusätzliche Bestimmungen als Unterart präzis von anderen Unterarten abgehoben. In der mittelalterlichen Scholastik wurde diese «Definition der Definition» prägnant so formuliert:

Definitio fit per genus proximum et differentiam specificam.
Die Definition erfolgt durch Angabe des nächsthöheren Genus und der spezifischen Differenz.

Die Präzision in der Benennung von Gattung und spezifischen Eigenschaften der Art kann dabei je nach Gesprächsthema, -teilnehmern und -gegenstand durchaus variieren. Keineswegs immer ist die (natur)wissenschaftliche Definition das anzustrebende Ideal, da oft durch zu weit gehende Präzision und Gebrauch fachsprachlicher Terminologie gegen die Forderung nach Verständlichkeit bzw. Angemessenheit verstoßen würde. Dies gilt besonders für informelle Alltagsdiskussionen, an denen überwiegend Nichtfachleute teilnehmen. Außerdem ist zu betonen, daß zu zahlreichen Gesprächsthemen keine allgemein akzeptierten wissenschaftlichen Definitionen existieren (vgl. oben S. 202).

Als Faustregel ist zu empfehlen, von einer eher allgemeinen, den alltäglichen Sprachgebrauch fixierenden Definition auszugehen. Sollten Alltagswissen und alltagssprachliche Intuition zur Definition nicht ausreichen, ist diese erst bei Bedarf nach strengeren, nötigenfalls wissenschaftlichen Kriterien zu präzisieren. Das ist oft besonders bei Gegenständen unschwer möglich, die «natürlichen» Arten angehören, zum Beispiel chemischen Elementen und Stoffen, Mineralien, Tieren, Pflanzen usw.

So kann «Dioxin» im Anschluß an verbreitete und leicht verfügbare Nachschlagwerke definiert werden. Ich entnehme dieses und auch weitere Beispiele dem Deutschen Universalwörterbuch der DUDEN-Redaktion (2. Aufl. 1989), das in etwa den allgemeinen Sprachgebrauch wiedergibt. Für spezifischere und präzisere Definitionen wären natürlich umfangreiche Enzyklopädien oder wissenschaftliche Fachbücher heranzuziehen:

Dioxin: (als Abfallprodukt entstehende) hochgiftige Verbindung von Chlor und Kohlenwasserstoff, die schwere Gesundheits- und Entwicklungsschäden verursacht.

Diese Definition zeigt die typischen Elemente der allgemeinen Formel: «X ist ein Y (GENUS), das die (wesentlichen) Eigenschaften Z (SPEZIFISCHE DIFFERENZ) aufweist.» Dabei entspricht dem Element «X» «Dioxin», dem Element «Y» «Verbindung von Chlor und Kohlenwasserstoff» und dem Element «Z» «hochgiftige…, die schwere… verursacht». Sie unterscheidet sich somit im wesentlichen nur durch ihre Kürze von der ausführlicheren Beschreibung in der Brockhaus-Enzyklopädie, die weit mehr Informationen bietet (19. Aufl. 1988):

Dioxine [griech.], Sammel-Bezeichnung für chemische Verbindungen, die sich vom **Dioxin**, einer sechsgliedrigen heterozyklischen Verbindung mit zwei Sauerstoffatomen in 1,4-Stellung, ableiten. Diese Verbindung ist als solche nicht bekannt, tritt aber in Form kondensierter Ringsysteme, z. B. im **Dibenzodioxin**, auf. – Als D. werden heute (vereinfachend) v. a. die mehrfach chlorierten Derivate des Dibenzodioxins, die **Polychlor-dibenzodioxine (PCDD)**, bezeichnet. Diese Verbindungen entstehen in geringen Mengen als Nebenprodukte bei der Herstellung der als Herbizide verwendeten Chlorphenoxyessigsäuren und der v. a. als Holzschutzmittel verwendeten Polychlorphenole; sie können auch in Altölen vorkommen. Alle diese Polychlor-dibenzodioxine sind sehr giftig, haben aber eine unterschiedliche Toxizität. Am giftigsten ist das als **Seveso-Gift** bekannt gewordene **2,3,7,8-Tetrachlordibenzodioxin (2,3,7,8-TCDD, kurz TCDD)**. […] TCDD bewirkt 1) den Massenzerfall von Leberzellen […] 2) das Auftreten von Chlorakne […] und ist 3) im Tierversuch hochgradig teratogen (Mißbildungen erzeugend); darüber hinaus ist es im Tierversuch die stärkste bekannte krebserzeugende Substanz.

Ähnlich ist z. B. auch die folgende Definition aufgebaut:

Mahagoni: wertvolles, rotbraunes, hartes Holz, das besonders für Möbel und im Bootsbau verwendet wird.
Mahagonibaum: (in Tropengebieten heimischer, zu den Zedrachgewächsen gehörender) Baum, der das echte Mahagoniholz liefert.

Eben weil in diesen Bereichen oft unstrittige Definitionen gegeben werden können, sind sie aber auch selten zentraler Gegenstand von Streitgesprächen. Dies heißt natürlich nicht, daß in hitzigen Debatten etwa über ökologische Fragen die Definition von Ausdrücken wie «Dioxin» und «Mahagoni» keine Rolle spielen könnte. Aber hier würden doch eher Fragen eines drohenden Dioxinaustritts in der Industrieproduktion oder des Tropenholzimports im Zentrum stehen als die Definition von «Dioxin» oder «Mahagoni».

Je problematischer zentrale Gesprächsgegenstände sind, desto schwieriger wird es, von einem unstrittigen allgemeinen Sprachgebrauch ausgehend zu definieren. Deshalb werden für vieldiskutierte Schlüsselbegriffe in Wörterbüchern oft keine allgemeinen Definitionen angeboten, sondern mehrere Definitionsvarianten unterschieden. Das muß kein Nachteil sein. Im Sinne einer pluralistischen Weltsicht ist diese Praxis der Nachschlagwerke sogar ausdrücklich zu begrüßen.

Die angebotenen Varianten sind dann jedoch nurmehr für einzelne weltanschauliche Gruppen ohne weiteres akzeptabel, wie zum Beispiel die Angaben zu «christlich» und «Imperialismus» im DUDEN-Universalwörterbuch:

christlich: a) auf Christus, dessen Lehre zurückgehend [...], b) der Lehre Christi entsprechend [...], c) sich zum Christentum bekennend [...], d) im Christentum verwurzelt, verankert [...], e) der christlichen Kirche entsprechend, kirchlich [...].

Imperialismus: 1. [...] Bestreben einer Großmacht, ihren politischen, militärischen und wirtschaftlichen Macht- und Einflußbereich immer weiter auszudehnen [...], 2. [...] (marxistische Wirtschaftstheorie) zwangsläufig eintretende Endstufe des Kapitalismus mit konzentrierten Industrie- und Bankmonopolen.

Die Definitionen a) bis e) für «christlich» und 1. wie 2. von «Imperialismus» sind bei weitem nicht für alle Deutschsprechenden in gleicher Weise verbindlich und akzeptabel. Besonders gilt dies für e) und 2.).

Ein Nichtmitglied der christlichen Kirchen könnte zum Beispiel für sich in Anspruch nehmen, sich christlich zu verhalten, weil er oder sie «christlich» ähnlich wie in b) definiert und e) ablehnt. Umgekehrt könnte ein Mitglied einer christlichen Kirche einwenden, es gebe viele Arten, gut zu handeln, ohne daß man entsprechendes Handeln gleich «christlich» nennen könne. Ähnlich würden Marxisten behaupten, die Definition 1. habe nur Sinn, wenn man «Großmacht» um die Bestimmung «(spät)kapitalistisch» ergänzt, in Einklang mit Definition 2). Nichtmarxistisch orientierte Personen würden dagegen einwenden, man könne hier **auch** «kommunistisch» ergänzen, Antimarxisten würden vielleicht sogar behaupten, man könne **nur** «kommunistisch» ergänzen.

In solchen Fällen muß wohl allen Diskutierenden zugestanden werden, **ihren** Sprachgebrauch in entsprechend möglichst präzis und wirksam formulierte Definitionen umzumünzen, um nicht dogmatisch **einen** Sprachgebrauch definitorisch zu zementieren. Man weiß dann zumindest, worüber man sich uneinig ist, und ein Aufheizen des Gesprächsklimas durch Mißverständnisse wird vermieden. Sollte der weitere Diskussionsverlauf durch die stark unterschiedlichen Definitionen jedoch blockiert werden, dann sollten Vergleichsmuster eingesetzt werden, um zu einer Bewertung der Definitionen und der Auswahl einer für möglichst alle beteiligten Personen akzeptablen Definition zu gelangen.

Zu Schwierigkeiten kommt es auch dann, wenn wir zwar über eine allgemeine Definition verfügen, die für alle Beteiligten verbindlich ist, sie aber zu wenig speziell ist, um im jeweiligen Gespräch eine Entscheidung der jeweiligen strittigen Frage herbeizuführen oder auch nur zu fördern. Ein Beispiel bieten die Definitionen von «abtreiben» im DUDEN – Deutsches Universalwörterbuch und in LANGENSCHEIDTs Großwörterbuch «Deutsch als Fremdsprache» (3. Aufl. 1994):

abtreiben: [...] 2. b) die Leibesfrucht aus der Gebärmutter entfernen und dadurch die Schwangerschaft abbrechen (lassen) [...]. (DUDEN)

abtreiben: [...] 2 eine Schwangerschaft abbrechen [lassen]. (Langenscheidt)

Strikte Abtreibungsgegner würden hier konkreter definieren: «abtreiben» heißt, «ein ungeborenes Kind ermorden» und allenfalls extreme Ausnahmefälle zulassen, wie «außer wenn das ungeborene Kind bereits tot ist oder nur durch die Abtreibung das Leben der Mutter gerettet werden kann».

Abtreibungsbefürworter würden 2. b) eher übernehmen, aber noch hinzufügen: «wobei dies innerhalb bestimmter Fristen (so die Befürworter der Fristenlösung) bzw. in bestimmten sozialen Indikationen (so die Befürworter der Indikationslösung) eine legale Handlung ist, nur andernfalls ein Verbrechen». Es ist keine Frage, daß diese stark divergierenden Definitionen ganz unterschiedliche Ausgangspositionen für die weitere Diskussion festlegen. Eben deshalb kommt es oft zu Auseinandersetzungen um ‹die› richtige Definition. In jedem Fall liefern die Lexika zumindest eine sehr allgemeine definitorische Festlegung, die es beiden Gruppen ermöglicht, den strittigen Sachverhalt zu benennen, ohne die speziellere gegnerische Definition übernehmen zu müssen.

«Definitionskämpfe» entzünden sich oft schon an der Bestimmung der Gattung, in die der zu definierende Gegenstand eingeordnet werden soll. So werden ausländische Personen, die um Asyl ansuchen, von den Befürwortern einer liberalen Asylpolitik eher global als «Flüchtlinge» eingeordnet, von den Befürwortern

einer restriktiveren Politik dagegen teilweise als «Wirtschaftsflüchtlinge» eingestuft (was «liberal» und «restriktiv» bedeutet,
ist dabei oft Gegenstand weiterer Definitionskämpfe!): Vergleichen wir die Definitionen dieser Gattungen im DUDEN:

Flüchtling: [...] jemand, der aus politischen, religiösen oder rassi-
schen Gründen seine Heimat eilig verlassen hat oder verlassen
mußte und dabei seinen Besitz zurückgelassen hat.

Wirtschaftsflüchtling: [...] Flüchtling, der nicht aus politischen, sondern aus wirtschaftlichen Gründen sein Land verläßt.

Die so definierten Gattungen sind eigentlich gar nicht miteinander
verträglich: «Wirtschaftsflüchtlinge» sind keine Unterart von
«Flüchtlingen» im Sinne der ersten Definition von «Flüchtling»
als «(aus verschiedenen Gründen) verfolgte Person». Vertreter
einer restriktiven Asylpolitik wollen entsprechend auch Wirtschaftsflüchtlinge als «Pseudoflüchtlinge» erst gar nicht ins Land
lassen. Vertreter einer liberalen Asylpolitik betonen dagegen die
Schwierigkeit, zwischen «echten» Flüchtlingen und sogenannten
Wirtschaftsflüchtlingen präzis zu unterscheiden, und wollen daher eine möglichst globale Definition, die es erlaubt, im allgemeinen Asylsuchende als «Flüchtlinge» im Sinne der Genfer Konvention aufzufassen.

Häufig werden Gegenstände und Sachverhalte in Diskussionen
nicht nur durch eine kurze Definition präsentiert, sondern mittels
einer längeren Beschreibung veranschaulicht. Beschreibungen
bauen Definitionen aus und können dadurch auch weniger wichtige, aber für die eigene Position günstige Eigenschaften des Be-
schriebenen enthalten. Insgesamt dienen sie durch konkrete, de-
tailfreudige und manchmal auch übertreibende Darstellung der
Veranschaulichung und Verlebendigung des präsentierten Gegenstands oder Sachverhalts. Dabei werden auch Metaphern und rhetorische Fragen eingesetzt.

Im folgenden Beispiel versuchen die Gesprächspartner durch
zwei Beschreibungen, die ebenfalls die oben thematisierte Flücht-

lingsproblematik zum Thema haben, ganz unterschiedliche Akzente zu setzen, um Personen als «Wirtschaftsflüchtlinge» bzw. als «Flüchtlinge» zu charakterisieren:

A: Ich verstehe deine unrealistische Position zur Flüchtlingspolitik der Regierung gar nicht: Die meisten, die da jetzt in unser Land strömen, sind doch gar nicht bedroht. Nein, sie sehen schlicht und einfach die Warenberge in unseren Geschäften, unsere schmucken Häuser und schnittigen Autos und wollen da kräftig mitnaschen. Wir haben das aber nicht geschenkt bekommen, wir haben das alles in jahrzehntelanger harter Schufterei selbst aus Trümmern, Schutt und Asche wiederaufgebaut und können doch für die Mißwirtschaft in den Herkunftsländern der Wirtschaftsflüchtlinge nicht verantwortlich gemacht werden. Die sollen gefälligst dort mal kräftig Hand anlegen und dafür sorgen, daß die Wirtschaft so geschmiert läuft wie bei uns!

B: Du entwirfst da ein völlig einseitiges Bild! Wer verläßt denn schon einfach so seine Heimat, seine vertraute Umgebung, um in ein fremdes Land zu gehen, wo man die Landessprache schlecht oder gar nicht versteht, keine Arbeit und keine Unterkunft hat, vor einem elendig langen Hürdenlauf durch die Behörden steht und wo man dazu auch noch Ablehnung, ja oft sogar Haß erfährt? Außerdem ist es oft kaum zu entscheiden, ob jemand mit Repressalien, Folter oder Todesdrohung so weit gebracht wurde, lieber zu fliehen als den täglichen Schrecken noch länger zu ertragen, oder ob dies ausschließlich aus wirtschaftlichen Gründen getan wurde.

Auch solche parteilichen Beschreibungen sind durchaus rational akzeptabel, sofern sie ehrlich gemeint sind und keine persönlichen Angriffe enthalten. Durch «Beschreibung» und «Gegenbeschreibung» entsteht insgesamt ein lebendiges und differenziertes Bild der umstrittenen Sachverhalte. So gesehen sind auch persuasive Beschreibungen im Interesse aller am Gespräch beteiligten Personen, da sie insgesamt einen Lernprozeß aller Konfliktparteien begünstigen können.

Weitere Präsentationsfiguren dienen dazu, Sachverhalte nur indirekt anzudeuten (**Emphasis, Periphrase**). Dies ist insbesondere dann angebracht, wenn eine direkte Darstellung der eigenen Sache schaden würde oder kränkend für die Gesprächspartner wäre oder allgemein akzeptierte Tabus, Normen und Konventionen unnötigerweise übertreten würde (vgl. auf der Wort[gruppen]ebene den **Euphemismus**). Die Darstellungsabsicht der Argumentierenden darf aber durch die andeutende Präsentation nicht völlig verdeckt oder entstellt werden (vgl. oben zur **Ironie**).

Dazu wieder einige Beispiele. In einem Kontext, in dem A B davon überzeugen will, daß B gemeinsame Bekannte durch schroffes und wenig verbindliches Verhalten oft vor den Kopf stößt, kann es wenig ratsam sein, direkt zu argumentieren und zum Beispiel negative Folgen dieses Verhaltens zu erwähnen. Dies ist besonders dann der Fall, wenn B empfindlich auf Belehrungen aller Art reagiert und leicht zu kränken ist. In einem solchen Fall ist es besser, gute Ratschläge als Andeutungen (Emphasis) zu verpacken. Dies ist auch rational, da nicht nur im Interesse von B, der / die ja überzeugt werden soll, sondern auch im eigenen Interesse. Wir wollen ja, daß unsere Ratschläge fruchten:

B: Du, warum sind denn Peter und Paula in letzter Zeit so komisch? Ich komme kaum noch mit ihnen ins Gespräch.

A: Ach, ich weiß auch nicht so genau, nur bei einer Sache bin ich mir völlig sicher: Wenn man mit ihnen auskommen will, muß man großes Feingefühl und viel Takt zeigen. Aber das weißt du ja ohnehin.

B: Jaja, natürlich ... ach so.

Der letzte Satz von A baut B goldene Brücken und ist zugleich ein Beispiel dafür, daß in bestimmten Kontexten auch kleinere Unaufrichtigkeiten (A ist ja davon überzeugt, daß B «das **nicht** ohnehin weiß») angemessen und rational rechtfertigbar sein können. Zum Unterschied von der Ironie darf A in diesem Fall natürlich nicht signalisieren, daß er vom Gegenteil dessen überzeugt ist, was er sagt. Trotzdem soll die Andeutung B auf die richtige Spur lenken, was im obigen Beispiel gelungen ist, wie das nachdenkliche «ach so» in der Reaktion von A zeigt.

Andeutungen sind auch dann angebracht, wenn direktes Sprechen die Gesprächspartner bloßstellen und damit allgemein akzeptierte Normen des Anstandes und der Höflichkeit verletzen würde. Wenn A weiß, daß B aufgrund eines Schicksalsschlages (Krankheit, Verlust eines Angehörigen, Arbeitslosigkeit) zu depressiven Stimmungen neigt, ist es wenig ratsam, zu versuchen, B durch direkte Belehrung («Kopf hoch! Das Leben geht weiter!») und Argumente zur Ursache der Mißstimmung zu einer Bewältigung der Krise zu veranlassen. Statt dessen ist es eher angebracht, zunächst Verständnis zu bekunden und für etwaige Ratschläge eine eher indirekte (z. B. unpersönliche) Ausdrucksweise zu wählen:

A: Wie geht's?
B: Ach, schlecht. In letzter Zeit habe ich einfach keine Energie mehr und lasse einfach alles dahintreiben.
A: Das geht jedem irgendwann einmal so. Da muß man einfach eine Weile Geduld haben und Zeit vergehen lassen. Wenn man aber erst einmal Abstand hat und die Ursache für das Tief erkannt hat, kann man zweckmäßig reagieren. Dann ändert sich die Lage. Danach sieht die Welt bald wieder anders aus.

Die Grenzen andeutender und umschreibender Techniken im Sinne einer vernünftigen Gesprächsführung sind natürlich überschritten, wenn vage oder gar manipulativ «um den heißen Brei herumgeredet» wird oder eine direkte Ausdrucksweise ohne weiteres erträglich und akzeptabel wäre.

So können Andeutungen auch als «soziales Gift» eingesetzt werden, um Personen, die nicht am Gespräch beteiligt sind, zu verleumden. Im folgenden Ausschnitt aus Nestroys Posse «Der Talisman» versucht der Schwindler Titus Feuerfuchs die Kammerzofe Constantia bei ihrer Herrin, der Gräfin von Zypressenburg, zu verleumden. Er greift Constantia nicht etwa offen an, sondern deutet an, daß sie ihm in ungebührlicher Weise schöne Augen gemacht habe (2. Akt, 20. Auftritt):

TITUS: [...] Oh, gnädige Frau, dieses Frauenzimmer hat noch andere Sachen in sich.

FRAU VON ZYPRESSENBURG: War sie etwa unhöflich gegen Sie?

TITUS: Oh, das nicht, sie war nur zu höflich; es sieht kurios aus, daß ich darüber red', aber ich mag das nicht; diese Person macht immer Augen auf mich, als wenn – und red't immer, als ob – und tut immer, als wie – und – ich mag das nicht.

FRAU VON ZYPRESSENBURG: Sie soll fort, heute noch.

Obwohl Titus Feuerfuchs keine offene Anklage erhebt, erweckt er mit seinen zahlreichen, durch sein häufiges Verstummen (vgl. oben S. 223) verhüllten Andeutungen Zorn in der Gräfin, was zu ihrem Entschluß führt, Constantia zu entlassen. Solche und ähnliche Strategien sind in einer kritischen Diskussion natürlich unakzeptabel.

Zusammenfassung

In den vorangegangenen Kapiteln hoffe ich deutlich gemacht zu haben, daß stilistische Angemessenheit ein äußerst vielschichtiges Phänomen ist. Oft müssen wir, um klar, sachlich und wirksam zu formulieren, gleichzeitig gegensätzlichen Anforderungen Genüge tun: Kürze und inhaltliche Präzision, Klarheit und metaphorische Veranschaulichung, Offenheit und höfliche Indirektheit, Sachlichkeit und wirksame Formulierung der eigenen Position, Konzentration auf das Wesentliche und Intensivierung durch formale und inhaltliche Wiederholung. All diese Forderungen scheinen unmöglich unter einen Hut gebracht werden zu können.

Ist angemessenes Formulieren also notwendigerweise in sich widersprüchlich oder gar stets opportunistisch? Dieser skeptischen Frage will ich ihre Berechtigung nicht absprechen. Sicherlich erfordert eine Formulierungstechnik mit Anspruch auf Rationalität ein feines Gespür für die nötige Gratwanderung zwischen Sach- und Beziehungsebene, zwischen Thema und Anlaß der Diskussion. Ständig muß danach gestrebt werden, noch rational akzeptable Kompromisse zu finden und komplementäre Anforderungen an das Sprechen auszubalancieren. Dafür ist jedoch die Kenntnis der grundlegenden stilistischen Operationen (Wiederholung, Weglassung, Ersetzung und Umstellung) und der speziellen Figuren, die oben ausführlich erörtert worden sind, ein nützliches Hilfsmittel. Wenn man sich die wesentlichsten Operationen gut eingeprägt hat, sie einem also «in Fleisch und Blut» übergegangen sind, ist man auch spontan und unvorbereitet in der Lage, wirksame und dabei rational vertretbare Formulierungen von Gesprächsbeiträgen zu liefern.

Die wesentlichsten Formulierungsregeln sind im folgenden noch einmal knapp zusammengefaßt. Den Beginn macht die Hauptregel, dann folgen vier Faustregeln für Klarheit und Verständlichkeit, vier für Sachlichkeit und fünf für Wirksamkeit.

Hauptregel
- *Formuliere angemessen!*

Klarheit und Verständlichkeit
- Formuliere so einfach wie möglich und so komplex und differenziert wie nötig!
- Formuliere so kurz wie möglich und so ausführlich wie nötig!
- Gib jeder Äußerung einen klaren, wohlstrukturierten Aufbau!
- Sprich klar und deutlich, aber nicht monoton!

Sachlichkeit
- Formuliere so, daß die Äußerungen möglichst direkt dazu beitragen, die strittige These zu stützen oder zu widerlegen!
- Werde nicht auf unfaire Weise persönlich!
- Versuche, soweit als möglich neutrale oder überparteiliche Ausdrucksweisen zu verwenden!
- Gebrauche emotionale und wertende Ausdrucksweisen nur

dann, wenn sie unvermeidlich sind oder gerade im Sinne einer sachlichen Diskussion angemessen sind, da sie das Gesprächsklima verbessern!

Wirksamkeit
- Formuliere intensiv und eindringlich!
- Formuliere knapp und informativ!
- Formuliere lebendig und anschaulich!
- Formuliere witzig und geistreich!
- Formuliere einprägsam und anregend!

Literaturhinweise

Im folgenden präsentiere ich eine knappe und keineswegs repräsentative Auswahl von 42 Arbeiten aus der reichen antiken und modernen Literatur zu Rhetorik und Argumentation. Sie soll zu weiterführender Lektüre anregen. Der Schwerpunkt liegt auf praxisorientierten Arbeiten, es werden aber auch Klassiker der wissenschaftlichen Literatur angeführt. Jeder Titel wird kurz kommentiert. 14 eher anspruchsvolle wissenschaftliche Arbeiten werden durch * gekennzeichnet. Die übrigen 28 Werke sind einerseits Einführungen, Handbücher und praxisorientierte Arbeiten und andererseits auch für interessierte Laien gut lesbare wissenschaftliche und philosophische Literatur. Wo immer möglich, habe ich bei fremdsprachigen Originalen deutsche Übersetzungen zitiert.

Aristoteles: Rhetorik. München 1980
Die erste umfassende und bis heute grundlegende Darstellung der Rhetorik im Abendland! Aristoteles behandelt besonders die grundlegenden Formen der rhetorischen Argumente, die Berücksichtigung der Emotionen der Zuhörer sowie die wichtigsten stilistischen Techniken. Ein Meisterwerk.

*Aristoteles: Topik. Paderborn 1952
Das dialogische Gegenstück zur Rhetorik: Hier werden Regeln für die vernünftige und effiziente Führung philosophischer Streitgespräche (= Dialektik) vermittelt. Zentral ist die Klassifizierung der «Topoi», das heißt, der Suchformeln, mit denen Argumente gefunden werden können; zugleich sind Topoi Schlußregeln, die den Übergang von den Argumenten zur Konklusion gewährleisten.

J. Born: Reden und Ansprachen von A–Z. Planegg / München 1992
Kurzer praktischer Leitfaden zum Verfassen und Halten von Reden, enthält auch Ratschläge zur Bekämpfung des Lampenfiebers und eine Sammlung von Musterreden.

* P. Brown, St. Levinson: Politeness. Cambridge 1987
Klassische Abhandlung zur Theorie der Höflichkeit. Grundannahme:
Höflichkeitstechniken dienen dazu, imagegefährdende Äußerungen
so zu formulieren, daß das Gesicht aller Beteiligten gewahrt bleibt. Es
wird eine umfassende Typologie von Höflichkeitsstrategien präsentiert, die auf empirischem Material aus sehr verschiedenen Sprachen
(britisches und amerikanisches Englisch; Tzeltal, eine Maya-Sprache;
Tamil, eine drawidische Sprache in Südindien) und Kulturen beruht.

D. Carnegie: Wie man Freunde gewinnt. Gütersloh 1981
Klassiker der Literatur zur erfolgreichen Kommunikation. Carnegie
gibt Ratschläge, die ermöglichen sollen, Konflikte im alltäglichen
Umgang elegant zu lösen oder im Idealfall von vornherein zu vermeiden.

**Cicero: De oratore / Über den Redner. Lateinisch-deutsch.
Stuttgart 1976**
Rhetorisches Hauptwerk des größten römischen Redners. Cicero ent-
wirft ein Idealbild des umfassend gebildeten Redners und gibt zugleich eine brillante Gesamtdarstellung aller wesentlichen Bereiche
der Rhetorik. Die besondere Lebendigkeit der Darstellung ergibt sich
daraus, daß Cicero das Werk als fiktiven Dialog zweier Meisterredner
(L. Crassus und M. Antonius) Anfang des 1. Jahrhunderts v. Chr.
über das Wesen der Redekunst konzipiert.

*** J. Dubois, F. Edeline, J. M. Klinkenberg, P. Minguet, F. Pire,
H. Trinon: Allgemeine Rhetorik. München 1974**
Anspruchsvoller theoretischer Versuch, alle Stilfiguren als Abweichungen vom normalen Sprachgebrauch (der sog. Nullstufe) zu erklären und in eine strenge Systematik zu bringen. Die Systematik beruht
auf vier Änderungskategorien und den verschiedenen sprachlichen
Ebenen. Die Figurentypologie wird auch auf Stilmittel des Films aus-
gedehnt.

*F. van Eemeren, R. Grootendorst: Speech Acts in Argumentative Discussions. Dordrecht 1984
Klassische Abhandlung zur Argumentationstheorie. Beschreibung der grundlegenden Sprechakte in verschiedenen Phasen von argumentativen Dialogen; darauf aufbauend, wird ein System von Regeln entwickelt, die eine optimal rationale Lösung der Meinungsunterschiede ermöglichen sollen. Dieser Ansatz wird als «pragmadialektisch» bezeichnet, weil er von Sprechhandlungen («pragma» kommt vom altgr. práttein = handeln) ausgeht und Argumentieren als Dialog auffaßt («dialektisch» kommt vom altgr. dialégesthai = sich unterhalten).

*F. van Eemeren, R. Grootendorst: Argumentation, Communication and Fallacies. Hillsdale, N. J. 1992
Der pragmadialektische Ansatz wird hier zur systematischen Beschreibung von Trugschlüssen («fallacies») genützt. Trugschlüsse werden als Verstöße gegen die verschiedenen Regeln der rationalen Diskussionsführung aufgefaßt.

H. Geißner (Hg.): Rhetorik. München 1978
Sammlung von Aufsätzen zu verschiedensten Aspekten und Bereichen der Rhetorik. Nützlicher Gesamtüberblick.

D. Gerhardus, S. M. Kledzik, G. H. Reitzig: Schlüssiges Argumentieren. Göttingen 1975
Schrittweise Einführung in die Methode der konstruktiven Wissenschaftstheorie der Erlanger Schule. Dabei wird der für schlüssiges Argumentieren nötige verständliche und verläßliche Sprachgebrauch in exemplarischen Lehr- und Lernsituationen eingeübt und erprobt und Schritt für Schritt eine Dialoglogik aufgebaut.

K. H. Göttert: Einführung in die Rhetorik. Grundbegriffe – Geschichte – Rezeption. München 1991
Darstellung der elementaren Inhalte der klassischen Rhetorik, zentraler Autoren und Abschnitte ihrer Geschichte von der Antike bis in die Neuzeit. Auch ihre Nachwirkung in zeitgenössischen Neuansätzen in verschiedenen Disziplinen wird behandelt.

* J. Habermas: Theorie des kommunikativen Handelns. 2 Bde.
Frankfurt a. M. 1981
Umfassende Erörterung von Grundlagen der Kommunikation und
Argumentation. Beim kommunikativen Handeln werden bestimmte
Voraussetzungen («Geltungsansprüche») unterstellt, zum Beispiel
die Wahrheit des Gesagten, die Richtigkeit von Handlungsnormen,
die Wahrhaftigkeit des Sprechens und die Verständlichkeit des Gesagten. Diese Voraussetzungen sind allerdings nur in einer «idealen
Sprechsituation» wirklich erfüllt. Beim Argumentieren wird versucht,
fraglich gewordene Voraussetzungen erneut konsensfähig zu machen
(im Idealfall: ausschließlich durch Sachargumente in einem «herr-
schaftsfreien Diskurs»).

R. Hofmeister: Rhetorik. Handbuch der Redekunst. 2 Bde.
Augsburg 1993
Umfassende praktisch orientierte Einführung in Techniken und Strategien der Rhetorik. Alle Phasen der Redevorbereitung bis hin zum
Vortrag werden ausführlich dargestellt. Es folgen Kapitel über Diskussionen in Gruppen und Verhandlungsführung. Musterreden und
eine Sammlung von (Ausschnitten aus) historischen Reden sind bei-
gefügt.

W. Jens: Von deutscher Rede. München 1983
Sammlung von Aufsätzen über große deutschsprachige Redner und
Literaten, denen ein anregendes Plädoyer für eine «weiße», demokra-
tisch-pluralistische Rhetorik vorangestellt ist, die so von der «schwarzen», totalitären Propaganda abgegrenzt wird.

Kienpointner: Argumentationsanalyse. Innsbruck 1983
Linguistische Beschreibung verschiedener Aspekte der Argumentation: Aufbau argumentativer Dialoge, Muster und Sequenzen in der
Alltagsargumentation, verbale und nonverbale Strategien der Diskussionsführung, Ethik und Argumentation, Argumentation in antiken
und modernen literarischen Dialogen.

* M. Kienpointner: Alltagslogik. Stuttgart 1992
Klassifikation und Beschreibung von ca. 60 inhaltlichen Mustern der
Alltagsargumentation auf der Grundlage von authentischen Beispie-
len. Abgrenzung der Alltagslogik von Modellen der formalen Logik,
Besprechung früherer Ansätze zur Klassifikation von Argumenta-
tionstypen und -mustern.

B. Kirchner: Dialektische Rhetorik. München 1974
Knapper Leitfaden der Gesprächsführung. Grundsätze der Rhetorik
und Dialektik (hier: Kunst des richtigen Fragens und Antwortens)
werden auf eine Reihe von Gesprächstypen (zum Beispiel Kontaktge-
spräch, Bewerbergespräch, Verkaufsgespräch, Debatte) angewendet
und durch Bemerkungen zur Sprechtechnik ergänzt.

* J. Kopperschmidt: Allgemeine Rhetorik. Stuttgart 1976
Anspruchsvoller Entwurf einer allgemeinen Theorie der Rhetorik.
Regeln für den persuasiven Sprechakt werden auf der Grundlage von
Habermas' Kommunikationstheorie aufgestellt. Die allgemeine Rhe-
torik wird von speziellen Formen der Rhetorik abgegrenzt (zum Bei-
spiel politische Rhetorik, Werbung, antike Rhetorik).

* J. Kopperschmidt: Argumentation. Stuttgart 1980
Entfaltung einer umfassenden Argumentationstheorie, die Ansätze
der antiken Rhetorik (Aristoteles, Cicero, Quintilian) ebenso aufgreift wie moderne Entwicklungen in Philosophie (v. a. Habermas,
Toulmin, Perelman) und Linguistik (Sprechakttheorie und Text-
linguistik).

**E. Korff: Technik und Psychologie erfolgreicher Gesprächsfüh-
rung und Diskussion. München 1979**
Praktische Einführung in Techniken der Gesprächsführung, ange-
wendet auf Gesprächstypen wie Interview, Verhandlung, Diskussion.
Bemerkungen zu verbalen Techniken des Fragens, Argumentierens,
Beeinflussens und Veranschaulichens werden im Zusammenhang mit
Verhandlungsgesprächen angeführt.

*G. Lakoff, M. Johnson: **Metaphors we live by. Chicago 1980**
Grundlegende Arbeit zur Metapher. Die zentrale These ist, daß alltägliche Metaphern nicht nur schmückendes Beiwerk sind, sondern wesentlich unser Denken lenken. Außerdem wird gezeigt, daß einzelne
Metaphern in ganze Systeme bildlicher Ausdrücke eingeordnet sind.

H. Lausberg: **Handbuch der literarischen Rhetorik. München
1960**
Umfassende Gesamtdarstellung des Lehrgebäudes der antiken Rhetorik mit zahlreichen Beispielen aus der griechischen, lateinischen und
französischen Literatur. Die komplizierte Systematik wird durch ein
Begriffsregister zugänglich gemacht.

F. Naumann: **Miteinander streiten. Die Kunst der fairen Aus-
einandersetzung. Reinbek 1995**
Eine gut lesbare Anleitung zum «konstruktiven Streiten». Es werden
Regeln angeboten, mit denen sich die unvermeidlichen alltäglichen
Konflikte und Auseinandersetzungen auf eine möglichst für alle Be-
teiligten gewinnbringende Weise lösen lassen.

A. Naess: **Kommunikation und Argumentation. Kronberg
1975**
Knappe und übersichtliche Darstellung wichtiger Grundbegriffe der
Argumentation (Haltbarkeit, Relevanz, Pro- und Kontraargumenta-
tion). Anleitung zur inhaltlichen Präzisierung der in der Diskussion
verwendeten Ausdrücke. Aufstellung von Normen für Sachlichkeit.

*Ch. Perelman, L. Olbrechts-Tyteca: **Traité de l'argumentation. La nouvelle rhétorique. Bruxelles 1983 (1. Aufl. 1958)**
Klassiker der Argumentationstheorie! Die Autoren beleben die Tradition der aristotelischen Rhetorik und Dialektik neu (La nouvelle
rhétorique = die Neue Rhetorik). Dabei versuchen sie Vorrausset-
zungen des Argumentierens zu klassifizieren, erstellen eine umfassende Typologie von Mustern der Argumentation und behandeln
auch das Zusammenspiel der Argumente in einer Rede. Besonders die
detaillierte Typologie der Argumentationsmuster ist grundlegend für
die zeitgenössische Forschung geworden.

Ch. Perelman: Logik und Argumentation. Königstein 1979
Dieses Werk zerfällt in zwei Teile: eine knappe Einführung in die formale Logik und eine kurze Zusammenfassung der Argumentationstheorie Perelmans.

Ch. Perelman: Das Reich der Rhetorik. München 1980
Eine kurze aktualisierte Gesamtdarstellung der Neuen Rhetorik Perelmans.

Platon: Gorgias. In: Platon. Sämtliche Werke. Bd. 1. Reinbek 1994
Meisterhaft gestalteter Dialog zwischen Sokrates und Vertretern der sophistischen Rhetorik, vor allem dem gefeierten Redner Gorgias. Platon kritisiert die zeitgenössische Rhetorik vernichtend und setzt den Anfang eines bis in die heutige Zeit dauernden Streites über Wert und Unwert der Rhetorik.

Quintilianus: Institutio oratoria / Ausbildung des Redners. 2 Bde. Darmstadt 1972 / 1975
Beste und umfassendste Gesamtdarstellung der antiken Rhetorik. Quintilian diskutiert die wesentlichen Konzepte der Aristotelischen und Ciceronianischen Beiträge zur Rhetorik und berücksichtigt in souveräner und ausgewogener Manier die zahlreichen terminologischen Verästelungen des antiken Lehrgebäudes. Ein Klassiker der Rhetorik!

Reden und reden lassen. Rhetorische Kommunikation. Sammelband mit Beiträgen u. a. von B. u. C. Badura, H. u. U. Geißner. Stuttgart 1975
Ein Sammelband mit Beiträgen aus Rhetorik, Psychologie und Soziologie zu grundlegenden Sprechhandlungen in Dialogen (Beraten, Streiten, Fragen, Bewerten, Manipulieren, Argumentieren usw.) und zu Voraussetzungen der Kommunikation.

B. Reutler: Logisch gedacht – überzeugend gebracht. München 1992

Praxisorientiere Einführung in logische, rhetorische und psychologische Voraussetzungen der effizienten Gesprächs- und Diskussionsführung. Relativ ausführlich im Hinblick auf Formen des logisch gültigen Schließens und Abweichungen von diesen gültigen Schlußformen.

B. Sandig. Stilistik der deutschen Sprache. Berlin 1986

«Stil» wird als «die Art der Durchführung einer sprachlichen Handlung» in Texten, Reden und Gesprächen definiert. Die hier beteiligten Faktoren (Verfasser, Leser/Hörer, Formulierung der Äußerungen, Situation, Epoche) werden hinsichtlich ihres Beitrags zum stilistischen Sinn erörtert. Es werden auch Typen der Stilwirkung aufgezählt und beschrieben.

F. Schulz von Thun: Miteinander reden. 2 Bde. Bd. 1: Störungen und Klärungen. Bd. 2: Stile, Werte und Persönlichkeitsentwicklung. Reinbek 1995

An der humanistischen Psychologie orientierte Einführung in Grundlagen der Kommunikation. Konflikte, Probleme und deren Lösung werden anhand eines vierteiligen «Nachrichtenquadrats» erörtert. In Band 2 werden acht Stile der Kommunikation, ihre Stärken und Schwächen sowie Möglichkeiten der persönlichen Weiterentwicklung beschrieben. Gut lesbare Darstellung, die praktische Hinweise auf überzeugende Weise mit einem ethischen Anspruch verbindet.

H. Schlüter. Grundkurs Rhetorik. München 1980

Praxisorientierte Einführung in die Rhetorik, die vor allem stilistische Techniken anhand der Werbung analysiert und klassifiziert. Kurzer Überblick über die Geschichte der Rhetorik und Sammlung von (Ausschnitten aus) historischen Reden.

D. Tannen: Das hab' ich nicht gesagt! Kommunikationsprobleme im Alltag. Hamburg 1992

Darstellung von Konflikten in der Alltagskommunikation, deren Ursachen oft unbemerkt bleiben, da sie auf unterschiedlichen Gesprächsstilen, Verwechslung von Inhalts- und Beziehungsebene und Differenzen in der Situationseinschätzung («Rahmung») beruhen. Tannen beschreibt diese Probleme anhand von zahlreichen Fallbeispielen, bietet aber auch Lösungsvorschläge.

* St. Toulmin: Der Gebrauch von Argumenten. Kronberg 1975
Diese zuerst 1958, also zeitgleich mit Perelman/Olbrechts-Tyteca, erschienene Arbeit leitete eine neue Epoche in der wissenschaftlichen Auseinandersetzung mit Argumentation ein und ist zu den absoluten Klassikern des Genres zu zählen. Ähnlich wie Perelman/Olbrechts-Tyteca plädiert Toulmin für eine Beschäftigung mit inhaltlichen, nicht-formallogischen Aspekten der Argumentation und erstellt ein seither klassisches Basismodell der Argumentation («Toulmin-Schema»).

G. Ueding, B. Steinbrink: Grundriß der Rhetorik. Stuttgart 1986
Abriß der Geschichte der Rhetorik von der Antike bis zur Gegenwart, verbunden mit einer systematischen Übersicht über die wesentlichen Konzepte der Redekunst, die im wesentlichen an der antiken Rhetorik orientiert ist.

P. L. Völzing: Begründen – Erklären – Argumentieren. Heidelberg 1979
Darstellung der grundlegenden Aspekte argumentativen Handelns im Anschluß an Habermas und Toulmin. Verwendung einer erweiterten Fassung des Toulmin-Schemas. Ausführliche Behandlung von Argumentationsstrategien. Anschauliche Darstellung, die stets von konkreten Beispielen aus Alltagstexten (aus Politik, Werbung, Therapiegesprächen etc.) ausgeht.

P. Watzlawick, J. H. Weakland, R. Fisch: Lösungen. Bern 1979
Ausgehend von kommunikationstheoretischen Grundlagen werden für eine Reihe von Kommunikationsproblemen des Alltags originelle und scheinbar der Vernunft zuwiderlaufende Lösungen angeboten, die trotz ihres paradoxen Charakters in der psychotherapeutischen Praxis oft erfolgreich sind.

*D. N. Walton: **The Place of Emotion in Argument.** University Park / Pennsylvania 1992

Darstellung der klassischen Trugschlüsse, die mit Emotionen operieren. Einleuchtender und an zahlreichen authentischen Beispielen aus dem Alltag demonstrierter Versuch, gerechtfertigten Einsatz von Emotionen in Diskussionen vom trugschlüssigen Emotionalisieren zu trennen.

*L. Wittgenstein: **Philosophische Untersuchungen.** Frankfurt a. M. 1975

Klassische Abhandlung der modernen Sprachphilosophie, die die Grundlage für die Betrachtung von Sprache als eine Form des Handelns legte (= die Entwicklung der Sprechakttheorie in Philosophie und Linguistik). Gleichzeitig rehabilitierte Wittgenstein die Alltagssprache als eine vollwertige und der formallogisch-wissenschaftlichen Fachsprache keineswegs prinzipiell unterlegene Ausdrucksform. Ein Meilenstein des modernen Denkens!